PARIS
파 리

CHALET Travel Book

CONTENTS

1 Bonjour, Paris 봉주르, 파리

놓치지 말자 파리 Paris MUST	010
파리지앵 True or False	014
파리 여행 코스 Itinerary	015

2 Paris Je T'aime 사랑해 파리

파리를 걷다 Flâneur	022
영화 속 그곳 Cinéma Français	026
파리를 영원히 간직하는 법 Paris Toujours	030
파리의 박물관 Les Musées	032
예술가들을 위한 도시 Les Artistes	048
파리의 무대 Les Spectacles	051
파리의 푸름 Pique Nique	056
파리의 여름과 겨울 Été & Hiver	061
파리의 라라랜드 LA LA LAND in PARIS	063
그들의 파리 Paris vu par…	064
파리의 하늘 Le Ciel de Paris	066
미드나잇 인 파리 Midnight in Paris	068

3 A Moveable Feast 파리는 날마다 축제

꼭 먹어야 할 프랑스 음식 C'est bon	072
레스토랑 기본예절 Restaurant Etiquette	074
미슐랭 & 파인 다이닝 Michelin & Fine Dining	076
프랑스 요리 Cuisine Française	079
세계 각지에서 날아온 최고의 맛 Cuisine Internationale	083
파리의 햄버거 Le Burger	088
파리 카페 Paris Cafés	090
빵빵빵 Pain Pain Pain	104
마카롱 Macaron	108
쇼콜라 & 디저트 Chocolat & Dessert	110
와인 & 치즈 Vins & Fromage	116
칵테일 바 Cocktail Bar	120
길거리 음식 Cuisine de Rue	123

이 책을 보는 방법

본문 정보

- Ⓜ 📍 찾아가는 방법
- 🏠 주소
- ☎ 전화번호
- 🕐 오픈 시간
- € 요금(입장료, 숙박 요금)
- @ 홈페이지

지도

- ℹ️ 인포메이션
- 관광 명소
- 🏛 박물관, 미술관
- 🚆 기차역
- Ⓜ 메트로 역
- RER RER
- 🛍 숍, 시장, 쇼핑몰, 백화점
- 🍸 바
- ☕ 카페
- 🍰 디저트
- 🥐 베이커리
- 🍴 레스토랑

4 Paris Shopping 파리 쇼핑

백화점 Les Grand Magasins	126
- 라파예트 백화점 쿠폰	127
명품 쇼핑 Shopping de Luxe	132
프랑스 패션 브랜드 Marque	136
편집 숍 Concept Store	139
라 발레 빌리지 La Vallée Village	141
- 라 발레 빌리지 쿠폰	143
시장 놀이 Marché	144
슈퍼마켓 Supermarché	148
세포라 Séphora	150
드럭 스토어 Pharmacie	152
- 몽쥬 약국 쿠폰	154
기념품 Les Souvenirs	155
프랑스 향수 Les Parfum Français	156

5 Paris City Travel 파리 여행

달팽이 모양의 도시 - 파리의 20개 동네 Arrondissement	160
파리의 일요일 Dimanches	166
라 센 La Seine	167
우안 Rive Droite	170
우안 Quartier 몽마르트르 Montmartre	179
우안 Quartier 마레 Le Marais	182
우안 Quartier 소피 SoPi (South Pigalle)	187
우안 Quartier 생마르탱 운하 Canal Saint-Martin	189
우안 Quartier 베르시 Bercy	192
시테 섬 & 생 루이 섬 Île de la Cité & Île Saint-Louis	194
좌안 Rive Gauche	197
좌안 Quartier 라탱 지구 Latin	205
라 데팡스 La Défense	210
라 빌레트 La Villette	212

여행 정보 업데이트

≪샬레트래블북 파리≫는 2020년 4월까지 수집한 정보와 자료로 만들었습니다. 단, 책에 소개되어 있는 관광지와 숍, 레스토랑의 오픈 시간 및 요금, 교통편과 관련된 내용은 현지 사정에 따라 변경될 수 있습니다. 샬레트래블북은 6개월 또는 1년마다 가장 최신 정보가 업데이트된 개정판을 발행합니다.

6 Paris et apres... 파리 그리고...

베르사유 Versailles	216
지베르니 Giverny	221
몽 생 미셸 Mont St. Michel	223
에트르타 & 옹플뢰르 Étretat & Honfleur	225
파리 디즈니랜드 Disneyland Paris	227
파리의 기차역 Gares à Paris	228
현지 한인 투어 Korean Tours	231

8 Travel Info Paris 파리 여행 정보

한눈에 보는 파리 기본 정보	240
파리의 공항	241
파리 시내 교통	244
파리 여행 패스	247
장기 여행자를 위한 정보	248
택스 리펀 Tax Refund	249
스마트폰 사용하기	250
파리 전도	252
파리 01~05	QR 코드 삽입 지도	253
파리 Métro & RER 노선도	262

7 Les Nuits 파리의 밤

추천 숙소 Accommodation	232

파리 지도 01~05번에 수록된 QR 코드를 스캔하면 해당 지도의 정보가 담긴 구글맵을 스마트폰으로 바로 볼 수 있습니다.

글	**맹지나**
	여행 작가, 작사가
	고려대학교 국제학/언론학 학사

마음이 동하면 언제든 뛰어들 수 있는 바다가 있는 여행을 좋아한다. 눈부신 태양과 나른한 오후가 있는 무더운 여름, 오래 머무는 여행, 솔직한 기록과 진한 공감을 좋아한다. 즉흥적으로 떠나는 것과 오래 품은 낯선 길에 비로소 서는 것 모두, 여행이라면 무엇이든 괜찮다.

저서 | 에세이 ≪이탈리아 카페여행≫, ≪크리스마스 인 유럽≫, ≪그리스 블루스≫, ≪그 여름의 포지타노≫, ≪알프스, 행복해지기 위해≫와 가이드북 홀리데이 시리즈의 바르셀로나, 프라하, 포르투갈, 남프랑스 편, 인조이 시리즈의 크로아티아와, 치앙마이, 스위스, 지금 시리즈의 런던, 하와이, ≪트리플 홍콩≫, 정보서 ≪유럽여행 백과사전≫, ≪여자를 위한 여행영어≫ 등

PROLOGUE

파리는 가장 건조하고 메마른 여행자의 감정도 자극한다.

그러나 세계 제일가는 몽상가들과 연인들과 예술가들이 마음의 고향으로 앞다투어 꼽는 이 도시에 미지근한 감정은 존재하지 않는다. 파리를 만나는 사람들은 파리를 열렬히 사랑하거나, 다시는 가지 않겠다 몇 번이고 다짐한다.

파리와 사랑에 빠지는 수많은 이들은, 잠시 머물렀던 사람이라도 그 잠깐의 황홀함을 평생의 낭만과 동경으로 치환하여 가슴에 품고 살게 된다.

나 역시 그렇다. 매일 헤매고 싶은 거리와 크루아상 굽는 냄새에 잠을 깨는 아침이 있는 파리, 맑은 날엔 센강과 나란히 걸으며 에디트 피아프의 노래를 흥얼거릴 수 있고 흐린 날엔 에스프레소 향이 더욱 진해지는 파리를 나는 온 마음 다해 사랑한다. 여행을 마치고 돌아와서는 늘 파리를 그린다.

파리는 심장이 멎을 듯한 벅찬 감동을 원하는 사람들을, 또 소소한 즐거움과 작은 아픔에 민감한 사람들을 위한 곳이다. 어떤 마음으로, 어떤 눈빛으로 바라보는지에 따라 완전히 다른 여행지가, 잠깐의 집이, 영혼의 안식처가 되어준다.

파리는 매번 무언가 다른 것을 안겨준다. 모든 계절의 파리가 다르고, 작년과 올해의 파리가, 혼자 여행하고 연인과 여행하고 가족과 여행하는 파리가 다르다. 나는 똑같아도 파리는 매번 다른 향기를 풍기고 다른 추억을 만들어준다. 매번 이렇게 받기만 해도 될까, 생각하게 만드는 반짝이는 밤의 에펠탑 앞에서 다음 여행을 거듭 다짐하게 되는 이유다.

파리 여행의 가장 큰 묘미는 우연히 발견하는 작은 카페나 친절한 웨이터가 있는 호텔 옆 브라스리, 느닷없이 앞을 가로막는 막다른 좁은 골목, 혹은 그 어떤 가이드북에도 나와 있지 않던 작은 동네 정원과 같은 일상의 모습들을 찾아내는 것이다. 책에서 소개하는 명소 외에도 여행자들이 각자의 파리에서 멋지고 사랑스러운 순간을 만나기를 소망한다.

2020년 언제나 파리를 꿈꾸며

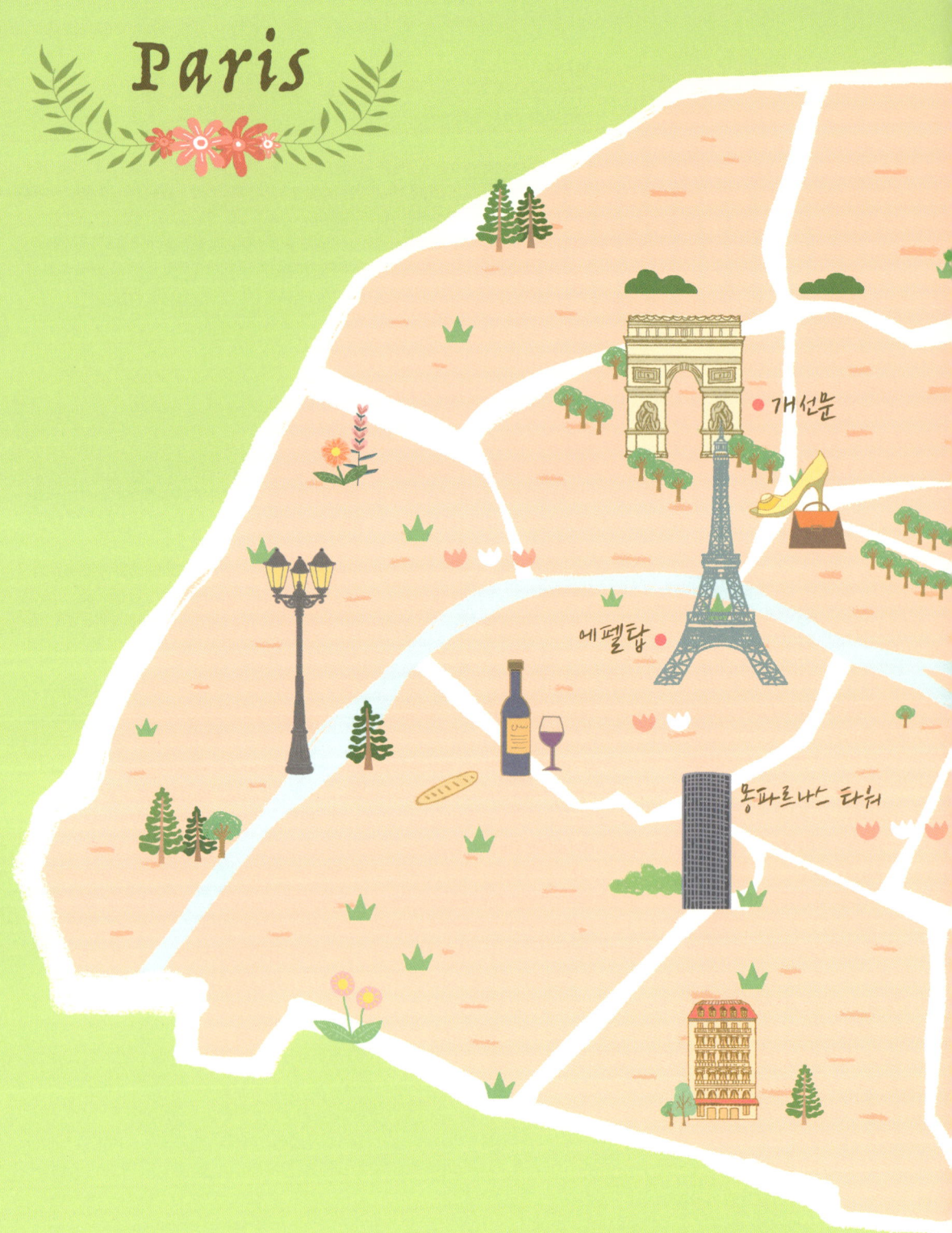

Bonjour, Pa

모든 로맨티시스트의 종착지인 꿈에 그리던 빛의 도시, 파리.
마침내 만나 나지막한 목소리로 봉주르, 인사를 건넨다.

놓치지 말자
Paris MUST

1 에펠탑

강가에서의 에펠탑과 멀리서 보는 에펠탑 꼭대기, 밤에 보는 에펠탑이 쏘는 레이저, 배 위에서 감상하는 물결같이 흐르는 에펠탑의 반짝임… 파리 여행은 어떻게든 에펠탑과 함께하게 되고 그렇기에 이렇게 아름답고 황홀하다. 바게트 샌드위치와 €3짜리 와인 한 병을 들고 햇볕 좋은 날 샹 드 마스 잔디에 누워 에펠탑을 올려다보는 순간, 때마침 선선한 바람이 얼굴을 쓰다듬을 때 파리 여행의 목적과 이유가 충족된다.

2 전시와 공연

파리에서 1년을 머물러도 박물관, 갤러리, 공연장을 모두 보는 것이 어렵다. 파리 박물관의 양대 산맥을 이루는 루브르나 오르세의 굵직한 전시는 언제나 좋다. 오페라 가르니에에서 발레 공연을 보고 호텔로 돌아가는 저녁도, 불로뉴 숲 깊숙이 자리한 루이 비통 미술관 재단도 좋다. 샹젤리제를 걷다가 쉬려고 들어가 만나는 프티 팔레와 그랑 팔레의 특별 전시에 하루가 완벽해진다. 학생 할인 폭이 크니 국제 학생증을 만들어 가도록 한다.

3
달콤한 디저트

프랑스의 디저트를 보고 있노라면 눈으로 먹는다는 말이 어떤 뜻인지 정확하게 이해할 수 있다. 파티세리의 진열대 앞에서 넋을 놓고 구경하다가 하나만 고르지 못해 한 아름 안고 나오게 되는 밀푀유, 에클레르, 오페라, 슈, 타트 시트롱… 세계에서 가장 맛있는 요리에 대해서는 의견을 모으기 어렵지만 디저트에서는 자신 있게 프랑스가 으뜸이라 말한다. 진하고 깊은 달콤함을 위해 식사 때 꼭 디저트 배를 남겨두자.

4
노천 카페에서의 오후

옆 사람과 어깨를 부딪히지 않을까 걱정될 정도로 가까이 붙어 있는 파리 노천 카페의 테라스 자리에 앉아 시간 보내기. 막 오픈한 핫플레이스도, 수십 년 동안 동네 터줏대감이었던 골목 카페도 제각각의 매력이 있다. SNS에서 인기 폭발인 트렌디한 카페도 가봐야지. 파리 커피는 맛있다. 인테리어가 예쁘다고 커피가 엉망인 곳은 없을 것이다. 햇빛 쨍한 날 테라스에 앉아 파리지앵들을 구경하며 마시는 커피가 맛이 없을 수 없지만.

5
센강 바토 타기

센강을 건너는 여러 바토(bateaux, 보트) 중 일정에 맞는 것을 골라 타보자. 강둑을 따라 수없이 걷고 모든 다리를 한 번씩 건너봤다 해도 강 위에서 감상하는 풍경은 또 다르다. 작은 강물의 출렁임에 기분이 덩달아 들뜬다. 오디오로 간단한 가이드 안내가 나오는데, 좋아하는 음악을 담아가서 감상하는 편이 더 좋다. 낮과 밤의 분위기가 완전히 달라 시간 여유가 된다면 두 번 타보는 것도 재미있을 것이다.

6
제대로 된 프렌치 식사

안타깝지만 파리는 길을 가다가 아무 음식점에나 들어가서 먹어도 성공하는 도시가 아니다. 하지만 조금만 찾아보고 가면 그 맛을 잊지 못해 다시 파리에 오게 되는 맛집이 많이 있다. 미슐랭 가이드를 따르면 성공률이 높고, 미슐랭 별이 없어도 훌륭한 프렌치 식당이 많다. 한국에서보다 훨씬 저렴한 가격으로 좋은 프랑스 와인을 마실 수 있으니 와인 페어링도 욕심내보자.

7
몽마르트르 언덕에서

사크레쾨르 대성당이 우뚝 서 있는 예술가들의 동네, 몽마르트르를 빼놓을 수 없다. 초상화를 그리는 아마추어 화가들이 모여 있는 광장과 달리와 고흐의 이야기가 서린 골목들을 지나 작은 와인 밭에 이르는 일대는 그리 크지 않은데도 한참을 머무르게 된다. 물랑 루즈 네온사인에 불이 켜지면 데시벨도 흥도 한껏 오른다. 최근 몇 년 사이 바와 클럽, 식당 등이 연이어 문을 연 소피SoPi(p.185 참고) 지역까지 내려와 서 나이트 라이프를 즐길 수 있다.

8
생마르탱 운하에 앉아 피크닉

환상적인 에펠탑 뷰의 샹 드 마스 못지않게 인기 많은 피크닉 장소는 생마르탱 운하다. 폴에서 산 바게트 샌드위치와 모노프리 슈퍼마켓 와인 한 병이면 된다. 날씨가 좋으면 운하 양옆은 금세 맥주나 주스를 들고 앉아 이야기꽃을 피우는 사람들로 가득하다. 좋은 카페가 밀집해 있고 젊은이들이 많은 동네라 활기찬 에너지를 뿜어낸다. 아침 일찍 나오면 조깅하는 사람들의 발소리만 작게 울리는 잔잔한 운하를 볼 수 있다.

Bonjour Paris
Paris MUST

9
걷자

휴대폰도 넣어두고, 지도도 접고, 그냥 발이 이끄는 대로 걸어도 여행 명소를 찾는 것만큼이나 좋은 시간을 보낼 수 있다. 지붕도, 우편함도, 카페 메뉴판도, 과일 가게의 딸기 바구니도 신기하고 예쁜 파리의 길거리들에 취하게 된다. 시간 가는 줄 모르고 한참 걷다보면 어느새 파리와 친해져 있을 것이다.

10
뤽상부르 공원의
초록 의자에 앉아보기

공원 내 큰 연못 주변에 놓인 초록 의자들 중 각도로 꺾여 거의 눕다시피 앉게 되는 편한 의자 하나를 골라 기대어본다. 아무 말도 하지 않고 나른함에 푹 빠져 광합성하는 파리지앵들 사이에서 책 한 권 읽고 가기에 딱이다. 하늘이 유난히 맑고 해가 쨍하면 더없이 좋다.

11
지름신을 불러보자

봉 마르셰 식품관에서 트러플 버터를 쓸어 담는 것도, 라파예트에서 택스 프리를 받으며 원 없이 명품 브랜드 쇼핑을 하는 것도, 근교 아웃렛에서 내일이 없는 듯 카드를 긁는 것도, 속는 셈 치고 길거리에서 파는 €1짜리 에펠탑 열쇠고리를 10개씩 사는 것도 파리에서만 할 수 있다. 한 가지 단점은 보세 쇼핑은 거의 불가능하다는 것. 어쩌다 보세 가게를 발견하더라도 한국보다 질이 안 좋고 가격은 비싸니 패스하자.

파리지앵
True or False

파리지앵만큼 세계적으로 잘 알려진 여러 가지 선입견에 둘러싸인 사람들도 없을 것이다. 파리 여행을 꺼리는 사람들 중에는 파리 사람에 대한 이러이러한 이야기를 들었다더라 하는 경우도 꽤 있다. 파리지앵에 대한 만연한 이야기들이 사실인지 알아보자.

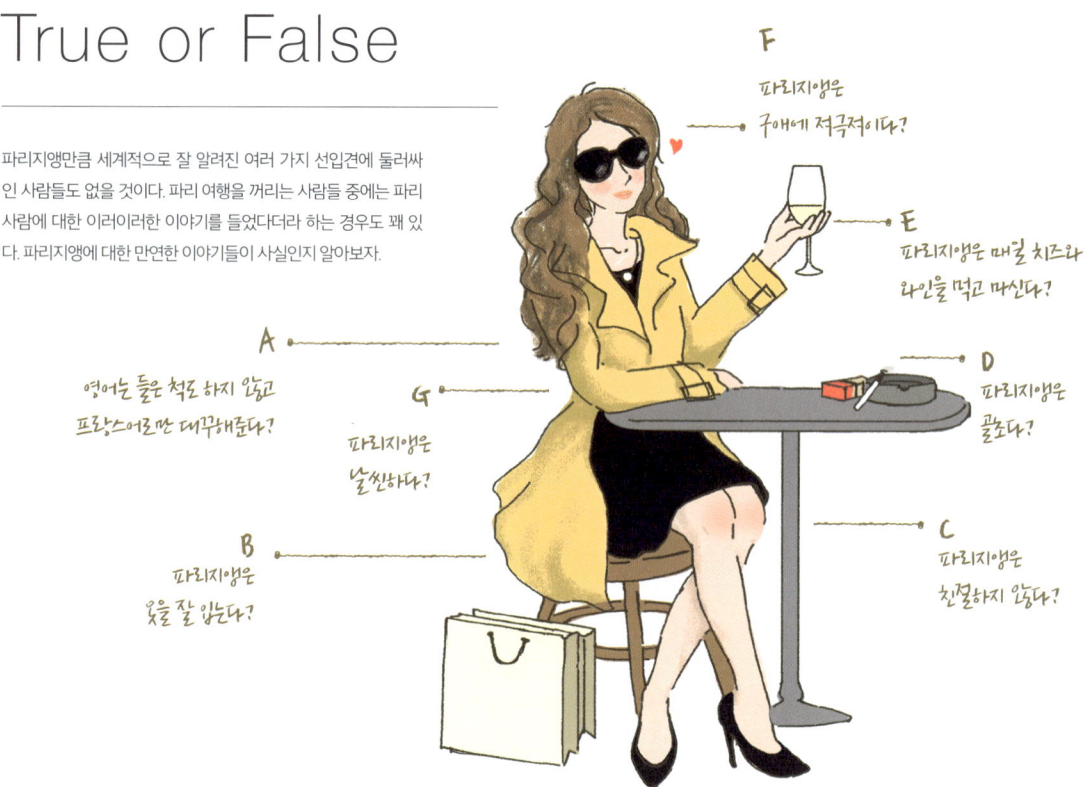

A. 영어는 들은 척도 하지 않고 프랑스어로만 대꾸해준다?
B. 파리지앵은 웃을 잘 않는다?
C. 파리지앵은 친절하지 않다?
D. 파리지앵은 골초다?
E. 파리지앵은 매일 치즈와 와인을 먹고 마신다?
F. 파리지앵은 구애에 적극적이다?
G. 파리지앵은 날씬하다?

A
20세기에는 아마 그랬을 것이다. 요즘 프랑스 젊은 이들은 영어를 사용하는 데 큰 어려움이 없고 연습해보고자 하는 마음을 갖는 이들도 많은 편이다. 하지만 서툴더라도 프랑스어로 간단한 인사나 문장을 시도하면 더 따뜻하고 친절하게 반응한다. "봉주르~" 인사라도 건네고 난 후 영어를 쓰는 편이 좋다.

B
모든 사람들이 모델처럼 입는 것은 아니지만 확실히 패션 센스가 있다. 브랜드를 고집하지도 않고 트렌드를 따르지도 않는다. 이탈리아 사람들처럼 시선을 잡아끄는 화려한 패션보다는 아무거나 걸쳤는데 조화로운, 본인에게 어울리는 옷을 개성 있게 입는 편이다.

C
사생활과 개인 공간을 중요하게 여기기 때문에 일부러 먼저 다가와 도움을 제안하지 않지만 길을 묻거나 할 때 뿌리치지는 않는다. 요즘 젊은 파리지앵들은 영어로 이야기해보고 싶어 하는 경우도 많아 여행자들이 어려움을 겪으면 잘 대답해주는 편이다. 웃을 일이 아니면 굳이 웃지 않는 편이라, 인사를 건네거나 도움을 줄 때도 겉으로는 드라이해 보일 수 있다.

D
식당, 카페, 길거리에서 흡연을 자유롭게 할 수 있다 보니 담배 피우는 사람이 눈에 잘 띈다. 프랑스의 흡연율은 유럽 평균과 비슷하거나 조금 낮고, 유럽에서 가장 흡연을 많이 하는 국가 Top 10에도 끼지 못한다. 다만 금연 관련 규제가 많은 편인데 거의 지켜지지 않는다. 낮은 연령대의 흡연이 상당하나 매년 흡연율이 떨어지고 있다.

E
그러기엔 파리에 맛있고 다양한 음식이 너무 많다. 다만 한국에서 와인을 비싼 술로 취급하는 것과 달리 물보다 싼 가격으로도 살 수 있어 식사 때 반주로 한두 잔은 즐겨 마신다.

F
로맨틱한 사람들인 것은 맞지만 표현에서는 절제를 하는 편이다. 생각보다 굉장히 수다스러운데, 아름다운 말로 사랑 고백과 애정 표현을 하면서도 표정이나 제스처는 거의 없는 사람들이 많다.

G
2001년에는 프랑스가 유럽에서 가장 비만율이 낮은 국가였다. 건강에 대한 관심이 높아지고 외모 지상주의를 지양하는 움직임이 늘어나며 현재는 OECD 국가 평균보다 낮지만 한국 비만율의 3배인 15.3%이다. 매년 패션 위크 시즌이 돌아올 때마다 너무 마른 모델을 런웨이에 올리는 이슈가 화제가 되고, 점점 마른 체형을 고집하지 않는 쪽으로 변해가는 양상이다.

파리 여행 코스
Itinerary

파리 스톱오버 24시간

유럽 여행 중 파리에 들렀다가 출국하거나 파리를 지나 다른 도시로 가는 비행 중 파리 스톱오버의 행운을 누릴 수 있다면 망설이지 말고 공항 밖으로 나가자. 시간이 많지 않아 마음이 조급할 수 있지만, 계획대로 안 되더라도 선택과 집중으로 과감히 포기하며 누릴 수 있는 즐거움을 최대한 만끽하는 것이 포인트.

09:00 파리 샤를 드골 공항 도착
RER로 이동 (스케줄이 꼬이지 않도록 교통 체증 변수를 없애기 위해 생미셸역에서 하차)
도보 3분
10:30~11:00 셰익스피어 앤 컴퍼니
RER C선으로 17분
11:00~11:30 생 루이 섬의 베르티용에서 맛있는 아이스크림
63번 버스로 21분
11:30~12:40 센강 바토 무슈
도보 6분
13:00~14:00 셰 페르낭에서 점심 식사
도보 10분
14:30 라뒤레 (Rue Bonaparte 지점)
RER C, B선으로 환승해 16분
15:00~15:30 뤽상부르 공원
메트로 12호선으로 28분
15:45~17:00 오르세 미술관
도보 14분
17:30~19:00 몽마르트르
메트로 2, 4호선으로 환승 또는 74번 버스로 24분
19:30~20:30 핑크 마마에서 저녁 식사
도보 5분
21:00~21:30 엑스페리멘탈 칵테일 클럽
도보 5분
22:00~22:30 센강변 야경 감상
23:00~00:30 카보 드 라 위셰트 재즈 공연

HOT TIP

스톱오버 Stopover

파리 공항들은 시내와 꽤 떨어져 있어 이동 시간을 고려해야 한다. 대여섯 시간 정도 빈다면 공항에 있는 것이 낫다. 밤만 보내고 다시 공항으로 돌아오는 경우는 공항 주변 호텔 중 공항 셔틀로 쉽게 이동할 수 있는 곳이 많으니 이동 편을 잘 알아보고 결정한다. 파리의 샤를 드골 공항은 세계에서 밤새우기 가장 힘든 공항 중 하나로 꼽히기 때문에 이곳에서 밤을 보내는 것은 추천하지 않는다. 1터미널에 누구든 하루 €30에 이용할 수 있는 아이케어 라운지ICare Lounge(매일 06:00~22:00)가 있지만 시설이 그리 좋지 않다. 오를리 공항은 샤를 드골 공항보다 시내와 가깝지만 역시 아주 편하지 않고, 보베 공항은 가능하면 피하는 것이 좋다. 시내와의 교통편도 불편하고 공항 자체도 작고 편의 시설이 거의 없다.

핵심만 골라 여행하는 3박 4일

파리를 처음 짧게 여행한다면 이 3박 4일이 얼마나 즐거운지에 따라 두 번째 파리 여행을 결정짓게 된다. 그러니 파리의 큼직한 명소들은 모두 보고 가자. 중남부 도시를 포함하는 프랑스 여행에도 파리에 3~4일 정도를 할애하는데, 여유롭게 움직이는 스케줄이 아니기 때문에 이동을 짧고 간단하게 하여 피로가 덜하도록 계획했다.

• DAY 1 •

- **09:05** 인천공항 출발
  - 비행기 11시간 55분
- **14:00** 파리 샤를 드골 공항 도착
  - 시내로 이동 (교통 p.240 참고)
- **16:00** 호텔 체크인
  - 메트로 또는 버스
- **16:30** 사크레쾨르 대성당
  - 도보 3분
- **17:00** 테르트르 광장 & 카페
- **17:30** 사랑해 벽 등 몽마르트르 일대 구경
  - 도보 6분
- **18:30** 프랭탕 또는 라파예트 백화점 구경
  - 메트로 12호선으로 17분~21분
- **20:00** 저녁 식사
- **21:30** 다시 몽마르트르로 돌아가서 밤의 몽마르트르를 여행하거나 칵테일 또는 와인 한잔

• DAY 2 •

- **09:00** 생트샤펠
  - 도보 6분
- **10:30** 시테 섬 꽃과 새 시장
- **12:00** 점심 식사
- **13:30** 생토노레 거리 아이쇼핑
  - 도보 5~15분
- **14:00** 팔레 호얄과 루브르의 피라미드를 지나 샤틀레
  - 도보 10분
- **15:30** 시청사
  - 도보 10분
- **16:00** 마레 지구
  - 도보 14분
- **17:30** 생마르탱 운하
- **19:00** 저녁 식사
- **20:00** 센강 바토 무슈

• DAY 3 •

- **09:00** 생미셸 & 생제르맹데프레 대로 주변 구경
- 도보 10분
- **10:30** 뤽상부르 공원
- 메트로 10호선, 13호선으로 환승해 19분 또는 도보 19분
- **11:00** 로댕 미술관
- **12:30** 점심 식사
- **13:30** 샹 드 마스 & 트로카데로
- 도보 9~17분
- **14:00** 현대미술 박물관 또는 팔레 드 도쿄
- 메트로 1호선으로 18분
- **15:00** 콩코드 광장 & 튈르리 정원 또는 오랑주리 미술관
- 도보 1분
- **16:00** 앙젤리나에서 진한 쇼콜라 쇼
- 메트로 1호선 11분
- **17:30** 샹젤리제
- **19:00** 저녁 식사
- **20:30** 개선문
- **21:30** 커피나 와인

• DAY 4 •

- **09:00** 에펠탑
- **11:30** 점심 식사
- 도보 15분 또는 메트로 12호선으로 16분 또는 버스 68번으로 11분
- **13:00** 오르세 미술관
- **15:00** 봉 마르셰 백화점
- 메트로 10호선으로 17분
- **17:00** 셰익스피어 앤 컴퍼니
- **18:00** 파리 샤를 드골 공항으로 이동

알차고 부지런히 보내는 6박 7일

파리에서의 일주일이라니! 길다면 길고 짧다면 짧은 일정이라 어떻게 계획하여 돌아다니느냐에 따라 여행의 질이 크게 달라진다. 스케줄에서 빼거나 더하고 싶은 것을 미리 정하고, 일정이 어긋나지 않도록 교통권이나 뮤지엄 패스 등을 어디서 어떻게 구입할 것인지 생각해두면 좋다.

• DAY 1 •

- **09:05** 인천공항 출발
- 비행기 11시간 55분
- **14:00** 파리 샤를 드골 공항 도착
- 시내로 이동
- **16:00** 호텔 체크인
- 메트로 또는 버스
- **17:00** 센강 크루즈
- 도보 또는 메트로, 버스로 10~30분
- **18:00** 샹젤리제 구경 & 저녁 식사
- **20:30** 개선문에 올라 야경 감상

• DAY 2 •

- **09:00** 튈르리 정원 & 오랑주리 미술관
- 도보 11분
- **10:30** 프티 팔레 정원에서 커피
- 메트로 1호선으로 13분
- **13:00** 점심 식사
- 도보 11분
- **14:00** 오페라 가르니에
- 도보 4분
- **15:00** 프랭탕 & 라파예트 백화점 구경 & 옥상에서 전망 감상
- 도보 23분 또는 메트로 12호선으로 22분
- **16:30** 몽마르트르
- **18:30** 9구를 지나 걸어 내려가기
  시간 여유가 있다면 낭만주의 박물관 관람 또는 이브리크 같은 트렌디한 카페 잠시 들르기
- **19:00** 샤틀레 구경 후 저녁 식사
- **20:00** 셰익스피어 앤 컴퍼니
- 도보 11분
- **21:00** 프리스크립션 칵테일 클럽
- 도보 9분
- **21:45** 카보 드 라 위셰트 재즈 클럽
- 도보 2분
- **23:00** 센강변 야경 감상하며 걷기

• DAY 3 •

- 메트로 1, 7호선으로 16분
- **09:00** 생트샤펠
- **11:00** 앙젤리나
- **12:00** 히볼리 가 & 생토노레 가 따라 걸으며 아이쇼핑
- **13:00** 점심 식사 아이쇼핑
- **14:00** 마레 지구 아이쇼핑
- **15:30** 피카소 미술관
- **16:30** 마레 카페
- Rambuteau역에서 RER B선으로 15분
- **18:00** 뤽상부르 공원
- **19:00** 저녁 식사
- **20:00** 카페나 바에서 한잔
- **21:00** 2CV / 마이리얼트립 / 자전거 나라 등 야경 투어 또는 BHV 옥상 바에서 야경 감상

• DAY 4 •

- 09:30 몽파르나스 타워
- 도보 7분
- 10:00 부르델 박물관
- 메트로 12호선으로 19분
- 11:15 봉 마르셰 백화점
- 도보 12분
- 12:00 로댕 미술관
- 메트로 10호선, 13호선으로 환승해 23분
- 13:30 셰 페르낭에서 점심 식사
- 도보 5분
- 14:30 어린 왕자 상점, 타르트 트로피지엔느 등 생제르맹데프레 & 생미셸 일대 구경
- 도보 10~15분
- 15:30 카페 드 플로르에서 쇼콜라 쇼 한잔
- 63번 버스로 18분
- 16:30 현대미술 박물관 & 팔레 드 도쿄
- 72번 버스로 13분
- 18:00 샹 드 마스 & 트로카데로
- 19:00 저녁 식사
- 20:00 에펠탑 오르기

• DAY 5 •

- 10:00 생마르탱 운하 따라 걷다가 카페에서 휴식
- 메트로 9호선으로 26분
- 11:30 페르 라셰즈 묘지
- 64번 버스로 15분
- 12:30 마마 쉘터에서 피자 또는 11구 맛집에서 점심 식사
- 76번 버스로 19분
- 14:00 바스티유 광장
- 메트로 7호선으로 10분
- 14:30 식물원 & 모스크
- 16:00 무프타르 가 구경
- 도보 7분
- 17:00 오 프티 그렉
- 도보 1분
- 18:00 세포라나 약국 쇼핑
- 19:00 저녁 식사
- 20:00 오페라 바스티유, 생트샤펠 등에서 공연 감상 또는 물랑 루즈, 크레이지 호스 등 카바레 관람

• DAY 6 •

베르사유, 지베르니, 디즈니랜드, 에트르타, 몽 생 미셸 등으로 떠나는 당일치기 근교 여행(p. 212 참고)

• DAY 7 •

꼭 보고 싶었던 전시나 가보고 싶었던 명소 또는 쇼핑 즐기기.
날씨 등 여러 요인으로 6일의 일정에서 분명 아쉬움이 남을 것이다.
마지막 하루는 쫓기지 않고 이러한 아쉬움을 달래고 파리를 오롯이 즐기며 보내자.

18:00 파리 샤를 드골 공항으로 이동

21:00 파리 출발

Paris Je T'aime

사랑해 파리

파리를 사랑하는 마음을 어떻게 설명해야 할까, 한참을 고민했다. 형용할 수 없는 기분을 조목조목 이유를 달아 세어본다. 수많은 이유로 꿈꾸고 그려온 이 도시와 사랑에 빠지는 열두 가지 방법을 소개한다.

파리를 걷다 Flâneur

에펠탑에 오르지 않고, 센강 크루즈를 타지 않고, 루브르 박물관은 유리 피라미드만 지나쳤더라도 파리를 온 마음 다해 여행할 수 있는 방법은 열심히 걷는 것이다. 수많은 이야기를 안고 있는 파리의 골목들이 플라너flâneur를 나지막이 부른다. 파리를 이루는 큰 요소 중 하나인 플라너는 한가롭게 거니는 사람, 거닐기를 좋아하는 사람, 어슬렁거리는 사람, 빈둥거리며 시간을 보내는 사람 등 맥락에 따라 따로 또는 동시에 여러 의미를 가진다. 19세기 파리의 화가들이 그리는 그림에는 플라너가 빠지지 않고 등장했고, 지금도 매일 파리 골목을 지동지서 하는 플라너들을 볼 수 있다. 해가 쨍한 오후 2시에도, 부슬비가 내리는 이른 아침에도, 깜빡이는 가로등 불빛이 길을 밝히는 깊은 밤에도 걸어보라. 다시 찾아가라면 그럴 수 있을까 싶은, 이름도 잘 기억나지 않고 사진도 찍지 않은 그런 골목들에서 파리는 잊을 수 없는 순간을 선물한다.

Paris Je T'aime
Flâneur

느린 걸음으로 돌아보면 좋다. 오래 머물게 되는 매혹적인 파리의
파사주와 갤러리 Passages et Galeries

1786년 파리의 심장부에 지어진 팔레 호얄Palais-Royal의 목재 갤러리를 시초로 쇼핑과 맛있는 음식, 반가운 만남이 함께하는 만남의 광장이 너도나도 생겨났다. 19세기 중반까지만 해도 파리에는 250여 개의 파사주와 갤러리가 있었는데, 제2 제정 시대의 도시계획으로 상점들이 대로변으로 이동하며 20여 개만 남았다. 건물과 건물 사이에 자리한 아케이드 형태의 다목적 공간인 파사주, 갤러리들은 앤티크 상점, 장난감 가게, 호텔, 박물관, 몇 백 년의 역사를 자랑하는 식당, 찻집, 베이커리 등으로 이루어져 있다. 주말 오전 파리 외곽의 벼룩시장에 가기 여의치 않다면 파사주와 갤러리에 가보자. 좀 더 다양한 파사주 정보는 passagesetgaleries.fr 참고.

파리가 가장 아름다웠던 벨 에포크 시절
갤러리 비비엔느 Galerie Vivienne

섬세한 모자이크 타일 바닥으로 파리에서 가장 유명한 갤러리다. 디자이너 장 폴 고티에Jean-Paul Gauthier가 자신의 첫 상점을 이곳에 열었다. 주요 스팟으로는 나무 목마와 퍼즐 등 손으로 깎아 만든 듯 투박하고도 정겨운 장난감을 파는 가게 시 투 부Si Tu Veux, 로맨틱한 분위기로 인기가 좋은 비스트로 비비엔느 Bistrot Vivienne, 훌륭한 와인 카브로 꼽히는 레 카브 르그랑Les Caves Legrand 등이 있다.

- 메트로 3호선 Bourse에서 도보 5분
- 4 Rue des Petits-Champs, 75002
- 08:30-20:30

HOT TIP

플라너들이 주의해야 할 점은 무단 횡단과 개똥. 파리에서는 신호등을 지키는 경우가 거의 없고 보행자 우선이라 무단 횡단이 만연하니 항상 조심하자. 파리의 고질적인 문제점 중 하나로 예전부터 지적되어온 개똥은 점점 줄어들고 있지만 아직 눈에 자주 띈다.

파리 파사주 터줏대감
파사주 데 파노라마 Passage des Panoramas

1799년 문을 연 파노라마는 1817년 파리에서 맨 처음 가스등을 켠 곳이기도 하다. 에밀 졸라Emile Zola의 1880년 명작 <나나>에 배경으로 등장했고 역사 유적으로도 등재되었다. 내부는 오래된 우표와 엽서, 진한 향신료 냄새가 후각을 자극한다. 글루텐을 전혀 사용하지 않고 건강한 디저트를 만드는 작고 트렌디한 카페 노 글루No Glu, 수제 초콜릿 전문점 쇼콜라티에 마르퀴Chocolatier Marquis, 아늑하고 고전적인 콘서트 극장 바리에테Théâtre des Variétés는 보고 갈 것.

- Ⓜ 메트로 8, 9호선 Grands Boulevards에서 도보 2분
- 🏠 11 Boulevard Montmartre, 75009
- 🕐 매일 06:30-00:00

우아한 높은 천장으로 쏟아져 들어오는 햇살
파사주 뒤 그랑 세르프 Passage du Grand-Cerf

1825년 조성되어 오스만Haussman의 대대적인 파리 중심부 재건축 프로젝트 이후 2세대 파사주를 대표한다. 높이 12m의 금속 구조와 유리 천장이 특징인 그랑 세르프는 프랑스어로 '큰 수사슴'이라는 뜻으로, 나무로 만든 사슴 머리가 파사주 한가운데 걸려 있다. 파사주라는 단어를 'Pas sage가 착하지 않아요'라는 뜻의 두 단어로 나눈 재치 넘치는 바, 빈티지 안경점, 천연 화장품 가게 등에서 실속 있는 쇼핑을 할 수 있다.

- Ⓜ 메트로 4호선 Étienne Marcel에서 도보 3분
- 🏠 145 Rue Saint-Denis, 75002
- 🕐 월~토요일 08:30-20:00, 일요일 휴무

사이 좋은 이웃 파사주 두 곳
파사주 쥬프로와 & 파사주 베르도 Passage Jouffroy & Passage Verdeau

파사주 쥬프로와 Passage Jouffroy

양옆으로 밀랍 박물관 뮤제 그레뱅Musée Grévin과 하드록 카페가 있어 쉽게 찾을 수 있다. 입장하는 순간 타임머신을 탄 듯 19세기 중반의 모습을 그대로 간직하고 있다. 이 파사주는 중고 서적, 특히 예술 서적을 많이 판매한다. 끝까지 걸어가면 오래된 작은 호텔 쇼팽Chopin을 만나게 된다. 미니어처 인형 집 부품과 목마 등 장난감을 판매하는 팽 데피스 Pain d'epices도 쥬프로와의 명물이다.

- 메트로 8, 9호선 Grands Boulevards에서 도보 1분
- 10-12 Boulevard Montmartre, 75009
- 매일 07:00-21:30

파사주 베르도 Passage Verdeau

1847년 쥬프로와와 함께 만들어진 파사주로 아방가르드 구조에 요람 형태를 한 유리 천장이 특징이다. 쥬프로와에 비해 수수하고 훨씬 조용하다. 이유는 모르지만 베르도의 천장은 생선 가시를 모티브로 한 것이라고. 앤티크 상점과 오래된 엽서, 우표를 판매하는 말 없는 상인들로 가득하다. 사람들은 입을 꾹 다물고 긴 세월에 눅눅해진 누런 책장을 소리 없이 넘긴다.

- 메트로 8, 9호선 Grands Boulevards에서 도보 3분
- 6 Rue de la Grange-Batelière, 75003
- 월~금요일 07:30-21:00, 토~일요일 07:30-20:30

영화 속 그곳 Cinéma Français

오래전부터 영화감독들의 뮤즈로 활약해온 빛의 도시, 파리. 은막에 비치는 그 미모는 영화마다 새로워서 자꾸 보고 다시 보아도 매번 큰 감동으로 마음을 울리고 여행 욕구를 자극한다. 많고 많은 명작 중 몇 개만 골라 소개하기가 아쉬울 정도로 좋은 영화들이 많다. 여행 전에 또는 파리로 향하는 비행기 안에서 몇 편 보고 떠나면 훨씬 더 파리를 즐겁게 여행할 수 있을 것이다. 내가 아닌 다른 사람의 눈으로 바라보는 파리는 어떤 모습인지, 어떤 향기를 풍기는지, 어떤 조명 아래 반짝이는지 알아보자.

미드나잇 인 파리 Midnight in Paris(2011)

감독 | 우디 알렌
주연 | 오웬 윌슨, 레이첼 맥아담스
눈여겨볼 로케이션 | 브리스톨 호텔 Le Bristol Hotel, 르 그랑 베푸르 Le Grand Vefour 레스토랑, 로댕 미술관 Musée Rodin, 르 모리스 호텔 루프톱 바 라 벨 에뜨왈 La Belle Étoile, 지베르니 Giverny, 베르사유 Versailles

뉴욕을 가장 잘 표현하는 감독으로 유명한 우디 알렌이 유럽으로 눈을 돌려 환상적인 파리의 밤을 그려냈다. 오프닝 시퀀스는 파리 관광청이 제작했을까 싶을 정도로 파리의 아름다운 모습을 재즈 색소폰 선율에 얹어 보여준다. 벨 에포크와 로스트 제너레이션의 작가와 화가를 잘 알면 훨씬 더 재미있다. 실제 인물과 흡사하게 분장한 배우들은 인물의 말투와 특징을 잘 살렸고, 여러 작품에 대한 레퍼런스도 대사에 녹아 있다.

Paris Je T'aime
Cinéma Français

아멜리에 풀랑의 엄청난 운명
Le Fabuleux Destin d'Amélie Poulain
(2001)

감독 | 장 피에르 주네
주연 | 오드리 토투
눈여겨볼 로케이션 | 카페 데 뒤 물랭Café des Deux Moulins, 동역Gare du l'Est, 북역Gare du Nord, 생 마르탱 운하Canal Saint-Martin, 노트르담 대성당 Cathédrale Notre-Dame de Paris

파리를 배경으로 한 영화 중 독특함과 사랑스러움으로 따라올 자가 없는 인기 작으로 국내 개봉명은 아멜리에Amélie이다. 엉뚱한 파리지엔느 아멜리에가 사진을 남기고 사라지는 의문의 남자를 쫓고 이웃 할아버지와 우정을 나누며 카페에서 함께 일하는 동료들의 연애사에 참견하는, 소소하지만 궁금하고 귀여운 에피소드로 가득하다.

네 멋대로 해라 À Bout de Souffle (1960)

감독 | 장 뤽 고다르 **주연** | 장 폴 벨몽도, 진 세버그
눈여겨볼 로케이션 | 샹젤리제, 르 셀렉트Le Select 카페, 레 히브 드 노트르담 호텔Les Rives de Notre-Dame Hotel, 맥마혼 극장Cinema Mac-Mahon

<헤럴드 트리뷴>을 들고 샹젤리제를 멋들어지게 걷는 남자 주인공과 짧게 자른 픽시 컷 헤어스타일의 여주인공 비주얼이 너무나 파리다워서 스틸 컷 하나만으로 많은 관객의 마음을 단번에 사로잡았다. 프랑스 누벨바그 열풍을 일으킨 작가주의 감독 고다르의 데뷔작. 쫓기는 신세인 허세 가득한 강도가 우연히 만나게 된 여자와 사랑에 빠지는 이야기로, 사전 허가 없이 촬영한 저예산 영화이기에 파리 거리 장면들의 리얼리티가 대단하다.

파리의 미국인 An American in Paris(1951)

감독 | 빈센트 미넬리 **주연** | 진 켈리, 레슬리 카론 **눈여겨볼 로케이션** | 콩코드 광장, 리츠 호텔 등

파리 전경을 제외하고는 미국에 세트를 지어 촬영했다. 실제 장소에서 찍지 않았지만 너무나 예쁘게 담아낸 몽마르트르 신이 가장 기억에 남는다. 3명의 미국인이 파리에서 일을 구하려고 애 쓴다. 셋은 친한 친구 사이이지만 동시에 같은 여자와 사랑에 빠지고, 우정은 흔들린다. 주인공들이 화가, 카바레 가수의 약혼자, 콘서트 피아니스트인 관계로 음악과 안무가 돋보인다. 진 켈리가 가벼운 발걸음으로 사뿐사뿐 몽마르트르의 골목을 춤추며 내려가는 장면은 잊을 수 없다.

사랑해 파리 Paris, Je T'aime(2006)

감독 | 구스 반 산트, 알폰소 쿠아론, 코엔 형제, 올리비에 아사야스 등

주연 | 나탈리 포트만, 줄리엣 비노쉬, 스티브 부세미, 윌렘 데포 등

눈여겨볼 로케이션 | 마레 지구, 라탱 지구, 페르 라셰즈 묘지, 에펠탑 등

20개 구역으로 이루어진 달팽이 모양의 파리를 조각내어 18명의 감독이 하나의 구역에서만 촬영한 단편들을 모은 옴니버스 영화다. 감독과 배우들의 특색과 해당 지역의 특징을 잘 살린 연출이 감상 포인트. 서로 같은 구석이 하나도 없는 파리 곳곳의 매력을 느낄 수 있다. 모두 '사랑'을 주제로 하기에 영화 제목은 도시에 대한 사랑 고백으로 붙였다.

휴고 Hugo(2011)

감독 | 마틴 스콜세지 **주연** | 아사 버터필드, 클로이 모리츠
눈여겨볼 로케이션 | 몽파르나스역Gare Montparnasse(역의 옛 모습을 세트로 지어 찍었기 때문에 지금의 역 모습과는 다르다), 소르본 대학교La Sorbonne, 생 쥬느비에브 도서관Bibliothèque Saint-Geneviève, 아테네 루이-주베 극장Théâtre de l'Athénée Louis-Jouvet

판타지 시네마의 아버지라 불리는 조르주 멜리에스George Méliès에게 헌정하는 현시대 최고의 감독 중 하나인 스콜세지의 동화 같은 영화다. 1930년대의 파리를 배경으로 하며 영화를 사랑하는 독특한 박물관 주인과 아이들이 주인공이다. 그동안 거칠고 야성미 넘치는 액션물을 주로 찍었던 감독이 이렇게 사랑스러운 아이들의 이야기를 담아낼 줄 몰랐다는 호평을 받았다.

비포 선셋 Before Sunset(2004)

감독 | 리처드 링클레이터 **주연** | 에단 호크, 줄리 델피
눈여겨볼 로케이션 | 셰익스피어 앤 컴퍼니 서점, 센강 바토 무슈, 퓨어 카페Le Pure Café(14 Rue Jean-Macé, 75011, www.lepurecafe.fr)

기차에서 우연히 만난 남녀가 첫눈에 반해 사랑에 빠지는 이야기로 유레일 열풍을 불러왔던 '비포 선라이즈Before Sunrise(1995)'의 후속작. 비포 시리즈의 두 번째 영화다. 파리에서 재회하는 두 주인공은 파리 곳곳을 거닐며 만나지 못한 서로의 사정을 이야기하고 추억을 더듬는다.

이 외 추천작 | 사브리나 Sabrina(1954), 몽상가들 The Dreamers(2003), 뉴욕에서 온 남자, 파리에서 온 여자 2 Days in Paris(2007), 라따뚜이 Ratatouille(2007)

HOT TIP

파리에서 영화 보는 법

'한국에서도 볼 수 있는 영화를 왜 파리에서 봐야 하나?' 하고 물을 수도 있겠지만 영화가 탄생한 이 나라의 시네마들은 한 번쯤 가볼 만하다. 상영작의 폭도 넓고 시내 곳곳에 있어 여행 중 지친 다리를 쉬어 가기에도 좋다. 프랑스의 대표적인 체인 영화관으로는 엠까뚜MK2, 파테Pathé, 고몽Gaumont, 유쎄제UCG 등이 있고, 독립 영화나 예술영화 또는 고전을 주로 상영하는 스크린이 한 개뿐인 작은 극장도 곳곳에 있다. 할리우드 최신작은 물론 한국에 상영할 계획이 없는 영미권 & 프랑스 영화들이 빠르게 업데이트되고, 한국 멀티플렉스와 마찬가지로 내부 시설이 잘 되어 있다. 보통 좌석을 지정하지 않고 티켓 가격은 €7~11정도다. 학생 할인, 조조 할인, 3~5개 영화권 묶음 할인 등을 받을 수 있다.

파리를 영원히 간직하는 법 Paris Toujours

요즘은 스냅 촬영을 일정에 넣어 사진에 신경 쓰지 않으면서 여행 중 최고의 순간을 간직하는 똑똑이들이 있다. 무겁지만 확실히 퀄리티가 다른 DSLR 카메라를 가져가느냐 마느냐의 수많은 여행자들의 딜레마다. 최근 몇 년 동안 여행의 큰 트렌드로 자리 잡은 스냅 사진은 포토제닉한 파리에서 가장 인기가 많기 때문에 여행 일정이 정해지면 바로 예약을 해야 원하는 업체와 진행할 수 있다. 그림 같은 배경을 최대한 잘 담아내고 싶은 욕심은 전문 작가가 해결해주니 믿고 맡겨보자.

파리에서 가장 포토제닉한 곳은?

스냅 인 파리와 라발렌 파리의 작가들에게 가장 인기 있는 촬영지를 물었다. 단연 에펠탑 배경이 일등. 트로카데로만 가도 한국 여행자들은 물론 세계 각국에서 온 사람들이 웨딩이며 여행 사진을 촬영하는 모습을 많이 볼 수 있다. 에펠탑을 배경으로 계단에 걸터앉아 찍는 사진은 파리 스냅의 단골 컷. 그 다음으로는 촬영 날의 날씨에 따라 좌우된다. 날이 좋으면 공원이나 센강 배경으로 찍으면 잘 나오지만 비가 조금 오거나 구름이 낀 흐린 날에는 루브르 피라미드나 다리 위, 메트로 역, 카페나 상점, 심지어 횡단보도에서까지 멋진 컷을 만들어낸다.

HOT TIP

SNS 등에서 해시태그로 파리 스냅, 여행 스냅 등을 검색해 마음에 드는 사진의 작가나 스튜디오에 연락하는 것도 방법이다. 홈페이지 포트폴리오 외에 더 많은 결과물을 볼 수 있다. 예약할 때는 취소나 촬영 일자 변경, 촬영 시간 지연, 촬영 시 주의 사항, 환불 규정, 원본과 수정본 수령 일자 등을 꼼꼼히 살펴보도록 한다.

스냅 촬영 노하우 전수

수없이 많은 여행자들의 사진을 찍고 체득한 작가들의 깨알 팁!

1. 실험적인 의상 말고 내게 가장 잘 어울리는 옷 입기. 한 번도 입어보지 않은 새 옷을 가지고 왔다가 낭패를 보는 경우도 있다고 한다. 작가에게 어떤 색이나 디자인의 옷이 나을지 물어봐도 좋다.
2. 싸우지 말기. 촬영 분위기가 좋아야 사진도 잘 나온다. 낯선 곳에서 바쁜 스케줄을 소화하다보면 평소보다 더 날이 서 있을 수 있지만 친구든, 연인이든, 가족이든 배려하며 즐겁게 촬영을 할 수 있도록 노력한다.
3. 여행 초반에 촬영하기. 가급적이면 첫날 또는 둘째 날에 스냅을 진행하는 것이 좋다고 한다. 작가들은 파리에서 오랜 시간 거주해 여행 및 일정에 대해 많은 조언을 해줄 수 있다.

스냅 인 파리

사진, 영상 전공의 전문 포토그래퍼들로 이루어진 내공이 대단한 팀이다. 에펠탑과 루브르 앞에서 찍는 사진이 다 똑같다고 생각하겠지만 스냅 인 파리의 디렉팅으로 나만의 특별한 사진을 받을 수 있다. 인물과 파리의 매력을 모두 잘 살려 사진을 보는 순간 여행하던 그 순간이 오롯이 떠오르게 된다. 원본과 보정본에 추가로 정밀 보정까지 포함하는 1, 2, 3, 4시간 패키지를 진행하고, 별도의 출장비를 추가해 파리 외의 지역에서도 촬영할 수 있으니 문의해보자. 패키지 종류와 가격은 www.snap-in.co.kr 참고.

라발렌 파리

친절하고 따뜻한 디렉팅으로, 처음 만난 사이인데도 편안하게 촬영을 하게 되는 것이 라발렌 파리의 최대 장점이다. 여행 일정과 숙소 위치 등 여행자의 상황에 맞춰 촬영 동선을 추천해주고, 원하면 여행자가 원하는 장소에서 촬영한다. 파리에서 사진을 전공한 멋진 여성 작가는 어디에서 찍어야 사진이 잘 나오는지 알고 있다. 패션 포토, 베이비 스냅, 야간 촬영도 있어 일정에 맞춰 무리하지 않고 예약할 수 있다. 생화 부케, 부토니에, 촬영 도우미 등 추가 옵션은 장시간 촬영에 짐이 많다거나 좀 더 특별한 사진을 남기고 싶은 경우 추천한다. 패키지 종류와 가격은 www.studiolabaleine.com 참고.

파리의 박물관 Les Musées

루브르 박물관 Musée du Louvre

프랑스를 대표하는 예술의 보고, 루브르를 빼놓고는 파리를 말할 수 없다. 유리 피라미드 앞에서부터 어지럽게 늘어져 있는 줄에 위축되기 쉽지만 그럼에도 불구하고 꼭 가볼 수밖에 없는 세계 3대 미술관이다. 시를 보호하는 요새였던 루브르 궁 건물에 1793년 개관했다. 소장된 미술품 규모는 세계 최대로 프랑수아 1세, 루이 13세, 루이 14세 등 역대 프랑스 국왕들이 수집했던 방대한 2만 5000점의 미술품 컬렉션을 볼 수 있다. 고대 오리엔트와 이슬람, 이집트, 그리스, 로마 미술에서 이탈리아와 프랑스 조각, 시대별 프랑스 회화와 네덜란드, 플랑드르, 독일 회화를 아우른다. 대표적인 작품은 <모나리자>와 <밀로의 비너스>. 전시하지 않고 비공개로 보관하는 작품까지 합하면 소장품이 약 30만 점이나 된다. 루브르의 상징인 유리 피라미드는 1981년 미테랑 대통령의 루브르 박물관 대개조 계획 '그랑 루브르Grand Louvre'의 일환으로 1989년 세워져서 최고의 포토 스폿 역할을 톡톡히 하고 있다. 박물관은 각각의 입구가 있는 드농Denon관, 리슐리외Richelieu관, 쉴리Sully관으로 나뉘고 지하층~2층으로 이루어져 있다. 시대, 국가별로 컬렉션을 분류해놓았는데 보고 싶은 작품이 어느 관에 있는지 확인하여 동선에 따라 입구를 선택한다. 레오나르도 다빈치의 <모나리자>는 1층 드농관에 있다.

- 메트로 1호선 Louvre-Rivoli에서 도보 2분   Place du Louvre, 75008
- 월, 목, 토~일요일 09:00-18:00, 수, 금요일 09:00-21:45, 공휴일 09:00-18:00, 화요일, 1/1, 5/1, 5/8, 12/25 휴관
  * 전시관은 폐관 30분 전에 문을 닫기 시작한다. / 공휴일과 전시마다 다른 휴관일 안내는 홈페이지 참고.
- 온라인가(30분 안에 입장 가능한 빠른 입장권) €17, 매표소가 €15, 오디오 가이드(한국어 지원) €5 (홈페이지에서 신청하여 당일 신분증 제시 후 수령 가능)
- www.louvre.fr

1 <민중을 이끄는 자유의 여신> 2 <그랑드 오달리스크> 3 <사모트라케의 니케> 4 <모나리자>
5 <자화상> 6 <레이스 뜨는 여인> 7 <발팽송의 목욕하는 여인> 8 <거대 스핑크스> 9 <함무라비 법전> 10 <밀로의 비너스>

> **HOT TIP**
>
> - 홈페이지에 한국어로 관람 안내 PDF가 있으니 읽어보고 가면 좋다. 루브르 박물관을 모두 살펴보려면 3박 4일도 부족하다. 워낙 규모가 커서 어떤 전시를 볼지 미리 정하고 가지 않으면 아쉬움이 크게 남을 것이다.
> - 표를 구매하지 않은 경우 매표소에 들러야 하기 때문에 온라인으로 표를 미리 구입하는 것을 추천한다.
> - 오디오 가이드 대신 My Visit to the Louvre 앱을 다운받아 이용해도 좋다.
> - 루브르 입장권으로 48시간 이내 들라크루아 박물관을 무료로 관람할 수 있다.
> - Affluences라는 스마트폰 앱을 다운받으면 루브르 박물관 세 곳의 입구 대기시간을 알려준다(프랑스어만 지원하지만 입구명과 시간만 확인하면 되니 문제없다).

0층 상설 전시

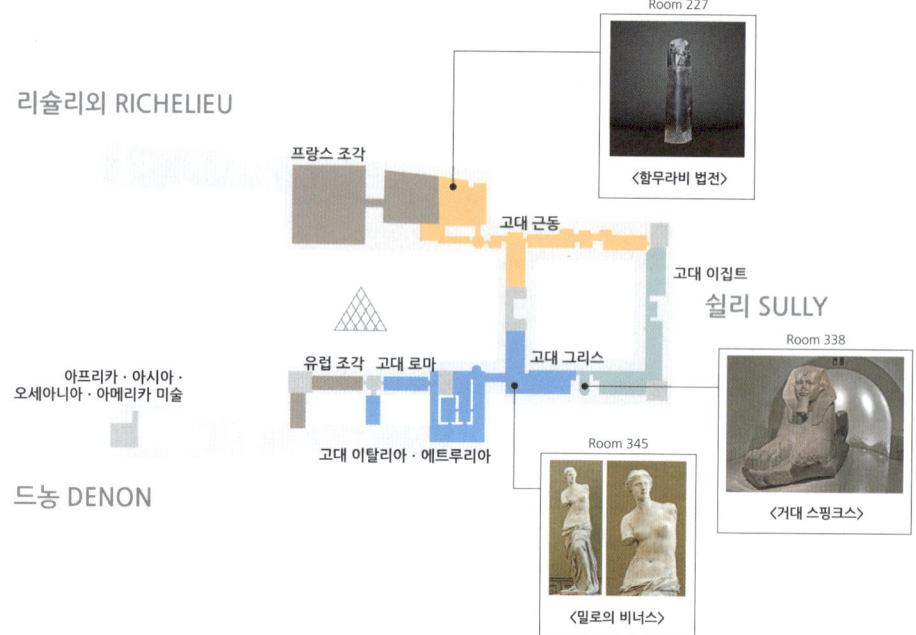

1층 상설 전시

2층 상설 전시

지하 2층 안내와 기획 전시

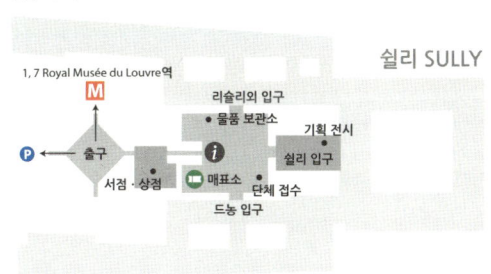

지하 1층 상설 전시와 기획 전시

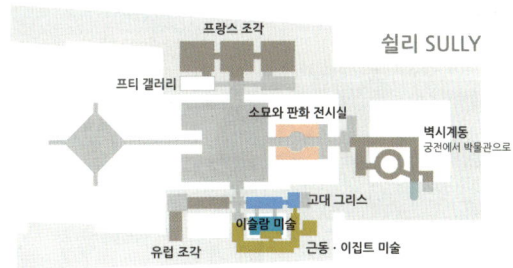

카루셀 개선문 Arc de Triomphe du Carrousel

루브르를 마주하고 선 견고한 승리의 문. 나폴레옹이 여러 전쟁에서 승리한 것을 기념하기 위해 1808년 루브르 궁전 안뜰인 카루셀 광장에 세워졌다. 높이 14.6m, 너비 19.5m로 샹젤리제 끝에 있는 것보다 작고 귀엽다. 본래 개선문 위에는 나폴레옹이 베네치아에서 가져온 네 마리의 황금 말 장식이 있었지만 1815년 왕정 복고를 상징하는 여신상과 마차와 병사의 상으로 바뀌었다. 기념사진을 찍기 가장 좋은 스폿 중 하나로 플래시 소리가 끊이지 않는다.

Ⓜ 메트로 1, 7호선, 7 Palais Royal-Musée du Louvre에서 도보 5분 🏠 Place du Carrousel, 75001

카페 마를리 Café Marly

수직으로 늘어뜨린 흰 휘장이 멋스러운 카페로 아침 식사를 하기에도, 늦은 밤 칵테일을 마시러 오기에도 좋다. 자리 값을 톡톡히 받아 다른 카페들에 비해 가격 차이가 나지만 파리에서 가장 스타일리시한 카페 중 하나이며 튈르리 정원이 보이는 테라스 자리의 경치는 1구에서 최고의 명당이다.

Ⓜ 메트로 1, 7호선 Palais Royal-Musée du Louvre에서 도보 3분
🏠 93 Rue de Rivoli, 75001
☎ +33 1 49 26 06 60
🕐 매일 8:00-2:00
@ www.louvre.fr/en/le-cafe-marly

오르세 미술관 Musée d'Orsay

센강을 따라 걸으면 만나게 되는 아주 큰 시계로 유명한 오르세는 1986년 12월 개관했다. 인상파 회화를 비롯한 19세기 미술품을 주로 전시한다. 고흐를 포함해 인상파 작품을 많이 소장하고 있어 '인상주의 미술관'이라고도 불린다. 하루 종일 머무르며 감상해도 좋을 명화들이 모두 여기, 오르세에 있다. 하루 안에 모든 전시를 볼 수 있고 유명한 작품이 상당해 많은 사람들이 루브르보다 오르세를 더 좋아한다.

Entrance A : 개인 관람객
Entrance B : 사전 예약 그룹 관람객
Entrance C : 사전 예약 개인 관람객
Entrance D : 사전 예약 학교 단체 관람객

- Ⓜ RER C선 Gare Musée d'Orsay에서 도보 1분 / 메트로 12호선 Assemblée Nationale 및 Solférino에서 도보 6분
- 🏠 1 Rue de la Légion d'Honneur, 75007

- 🕐 화~일요일 09:30-18:00(목요일 ~21:45), 폐관 30분 전 매표소 마감, 월요일, 5/1, 12/25 휴관
- € €14 / 18~25세, 16:30 이후 입장(목요일 제외), 월요일 18:00 이후 입장 €11 / 매달 첫 번째 일요일, 18세 미만, 장애인과 동반 1인, 파리 뮤지엄 패스 소지자 무료 / 로댕 미술관 콤보 티켓 €21(각 1회 방문, 3개월 유효) / 오랑주리 미술관 콤보 티켓 €18(각 1회 방문, 3개월 유효)
- @ www.musee-orsay.fr

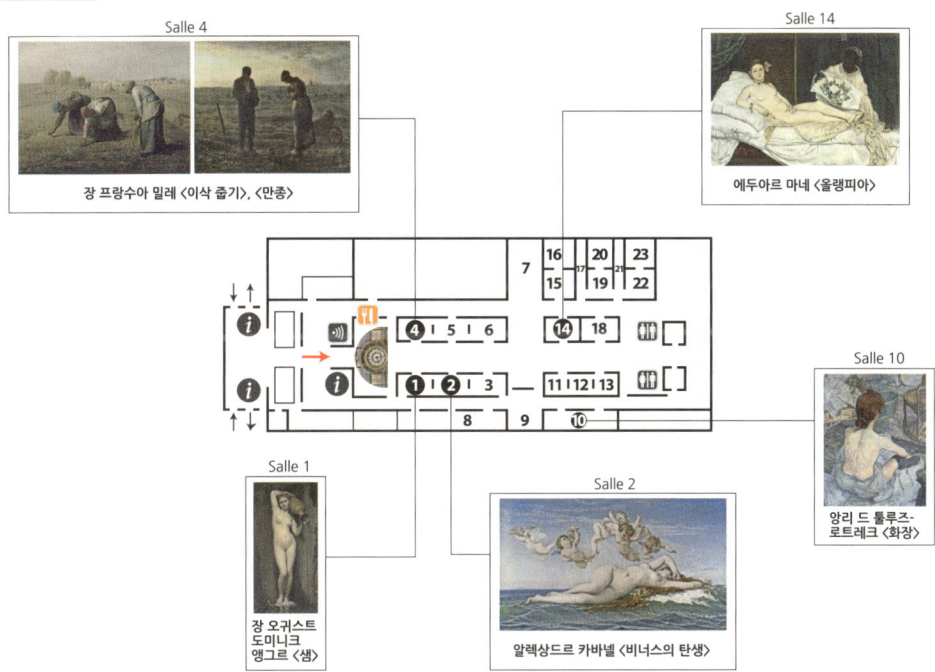

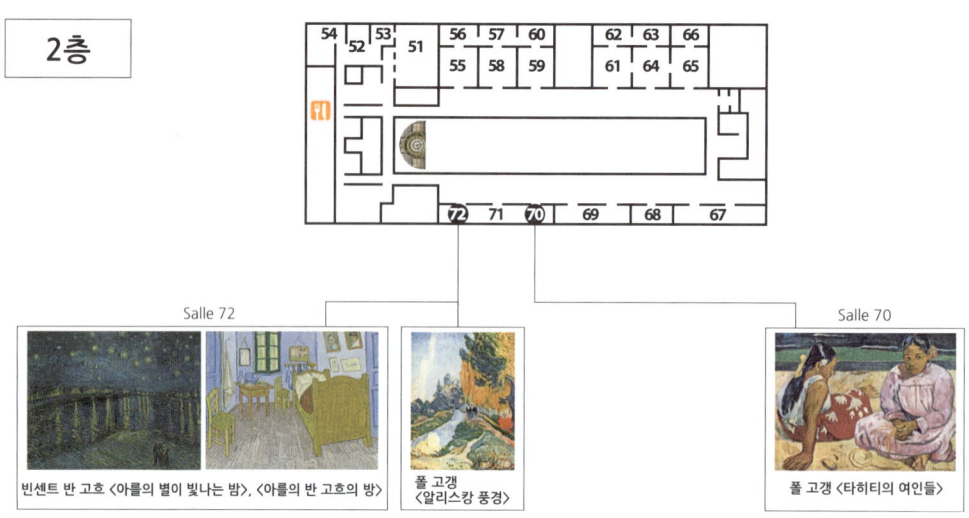

2층

Salle 72
빈센트 반 고흐 〈아를의 별이 빛나는 밤〉, 〈아를의 반 고흐의 방〉
폴 고갱 〈알리스캉 풍경〉

Salle 70
폴 고갱 〈타히티의 여인들〉

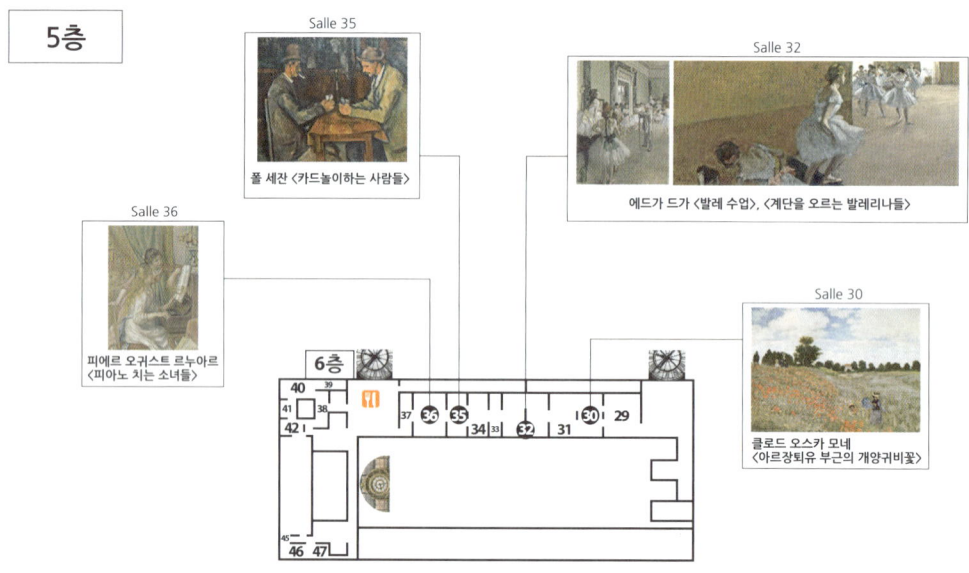

5층

Salle 35
폴 세잔 〈카드놀이하는 사람들〉

Salle 36
피에르 오귀스트 르누아르 〈피아노 치는 소녀들〉

Salle 32
에드가 드가 〈발레 수업〉, 〈계단을 오르는 발레리나들〉

Salle 30
클로드 오스카 모네 〈아르장퇴유 부근의 개양귀비꽃〉

퐁피두 센터 Centre Georges Pompidou

굵은 색상의 파이프가 대각선으로 걸쳐진 독특한 외관으로 시선을 강탈한다. 1977년 당시 대통령 조르주 퐁피두Georges Pompidou가 주도하여 지은 문화센터로, 정식 명칭은 국립 조르주 퐁피두 예술 문화센터Centre National d'Art et de Culture Georges-Pompidou다. 도서관BPI, 공업 창작 센터CCI, 음악·음향의 탐구와 조정 연구소IRCAM, 파리 국립 근대미술관MNAM 등 다양한 예술, 문화 활동을 직·간접적으로 경험할 수 있는 여러 부분으로 구성되어 있다. 1층의 서점에서는 예술 서적과 독특한 디자인의 필기구 등을 판매한다.

- Ⓜ 메트로 11호선 Rambuteau에서 도보 3분   🏠 Place Georges Pompidou, 75004
- 🕐 매일 11:00-22:00(전시 ~21:00, 목요일 ~23:00, 폐관 1시간 전 매표소 마감), 화요일, 5/1 휴관
- € €14, 18~25세 €11, 18세 미만, 매달 첫 번째 일요일 무료, 전망대 View of Paris €5   @ www.centrepompidou.fr

르 조르주 Le Georges

환상적인 뷰와 함께 식사를 즐길 수 있는 식당으로 퐁피두 센터 6층에 있다. 퐁피두 대통령의 이름을 딴 이곳에서는 아시아풍 퓨전 요리, 미국 요리, 프랑스 요리 등 다양한 음식을 선보인다.

- ☎ +33 1 44 78 47 99
- 🕐 수~월요일 12:00-02:00, 화요일 휴무

아틀리에 브란쿠시 Atelier Brancusi

퐁피두 센터 앞 보부르 광장에 있는 아담한 미술관으로 파리에서 활동한 루마니아 예술가 브란쿠시를 기념한다. 브란쿠시는 유언으로 자신의 완성작, 미완성작과 가구, 작업 도구, 서재와 다른 모든 자료를 보존해주는 조건으로 이를 파리 시에 넘겼고, 시 정부는 그의 바람대로 현대적인 아틀리에를 조성했다.

- Ⓜ 메트로 11호선 Rambuteau에서 도보 3분
- 🏠 Place Georges-Pompidou, 75004
- 🕐 수~월요일 14:00-18:00, 화요일, 5/1 휴관
- @ www.centrepompidou.fr/en/Collections/Brancusi-s-Studio

오랑주리 미술관 Musée de l'Orangerie

20세기 유럽 회화를 전시하는데 특히 인상파 화가들의 작품이 많다. '오렌지 온실'이라는 귀여운 뜻의 이름은 과거에 이곳이 겨울철 루브르 궁의 오렌지 나무 온실로 사용되었기 때문이다. 르누아르, 고갱, 모딜리아니, 피카소, 마티스 등 대가들의 걸작이 있지만 오랑주리를 찾는 사람들은 단 하나의 작품을 마음속에 품고 온다. 바로 한 전시관 전체를 가득 채운 모네의 역작, <수련>이다. 특별한 2개의 타원형 전시실에 8쪽으로 구성된 작품이 전시되어 있다.

- Ⓜ 메트로 1, 8, 12호선 Concorde에서 도보 6분
- 🏠 Jardin des Tuileries, 75001
- 🕘 수~월요일 9:00-18:00, 화요일, 5/1, 12/25 휴관
- € €9, 18~25세 €6.5 / 오르세 박물관 콤보 티켓 €16(두 전시관 각 1회씩 방문 가능, 3개월 유효) / 퐁다시옹 클로드 모네와 오르세 박물관 콤보 티켓 €18.5(퐁다시옹 휴관 기간이 긴 편이니 확인하고 구입) / 무료 입장 : 18세 미만, 매달 첫 번째 일요일・월요일 14:15, 토요일 11:00, 영어 가이드 투어 €6
- @ www.musée-orangerie.fr

주드폼 국립 미술관 Galerie du Jeu de Paume

19~20세기 현대 예술품을 주로 전시한다. 원래는 테니스와 흡사한 프랑스의 전통 스포츠 '주드폼'이 이루어지던 경기장이었다. 주드폼을 취미로 즐겼던 나폴레옹 3세의 지시로 지어졌지만 그가 운동에 흥미를 잃고 나서 미술관으로 변모했다. 한국 작가로는 설치미술가 조덕현이 2000년에 특별 전시회를 열었으며 2004년에는 김창열 화백이 회고전을 갖기도 했다.

- Ⓜ 메트로 1, 8, 12호선 Concorde에서 도보 2분
- 🏠 1 Place de la Concorde, 75008
- 🕘 화요일 11:00-21:00, 수~일요일 11:00-19:00, 12/24, 12/31 11:00-17:00, 월요일, 1/1, 5/1, 12/25 휴관
- € 성인 €10, 25세 미만, 65세 이상, 학생 €7.5, 12세 이하, 장애인과 동반 1인 무료 / '젊은 화요일'이라는 Mardis Jeunes 특별 입장 : 매달 마지막 화요일 25세 이하 학생 / 일반인 11:00-21:00 무료 입장 / 영화 관람 €3, 세미나 €3, 심포지엄 €3
- @ www.jeudepaume.org

팔레 드 도쿄 Palais de Tokyo

기발하고 재미난 유럽 최대 규모의 현대미술 전시관으로 이 시대의 아티스트를 위한 역동적인 공간이라고 스스로를 소개한다. 1937년 국제박람회 당시 일본관으로 지어져 '도쿄 궁'이라고 불린다. 프랑스 문화부의 전폭적인 지원으로 2002년 독립적인 현대미술 전시관으로 재정비되었다. 미술 전시와 함께 영화 시사회, 음악회, 강연회, 세미나 등의 행사가 열리고 대규모 예술 서점, 레스토랑과 카페도 있다. 패션 위크 기간에는 쇼 장으로도 쓰이고 내부에 클럽 요요(yoyo-paris.com)도 있다.

- Ⓜ 메트로 9호선 Alma-Marceau에서 도보 4분
- 🏠 13 Avenue du Président Wilson, 75116
- 🕐 수~월요일 12:00-00:00(매표소는 폐관 30분 전 마감), 12/24, 12/31 18:00까지, 화요일, 1/1, 5/1, 12/25 휴관
- € €12, 학생, 26세 이하, 60세 이상 €9, 18세 미만 무료
- @ www.palaisdetokyo.com

파리 시립 현대미술관 Musée d'Art Moderne de la Ville de Paris

아름다운 1930년대 건물의 현대미술 전시관으로, 팔레 드 도쿄와는 또 다른 느낌의 관람을 경험할 수 있다. 1937년 국제 예술, 기술 박람회를 위해 만들어졌으며 공식 미술관으로 출범한 것은 1961년이다. 20~21세기 미술품 1만 3000여 점을 소장하고 있고, 다양한 테마 아래 흥미로운 전시를 자주 선보이기에 미술 애호가들이 주기적으로 찾는다. 영구 전시에 포함된 걸출한 인물로는 피카소, 샤갈, 피카비아, 브라크, 모딜리아니 등이 있다.

- Ⓜ 메트로 9호선 Alma-Marceau에서 도보 3분
- 🏠 11 Avenue du Président Wilson, 75016
- 🕐 화~수요일, 금~일요일 10:00-18:00(마지막 입장 17:15), 목요일 10:00-22:00(마지막 입장 21:15), 월요일, 공휴일 일부 휴관(홈페이지에 공지)
- € 영구 전시 무료, 특별전 유료(전시마다 다름), 18세 미만, 장애인과 동반 1인 무료
- @ www.mam.paris.fr

그랑 팔레 Grand Palais

프랑스 국립박물관 협회Musée National de l'Education에서 엄선한 전시회만을 개최하는 그랑 팔레는 에펠탑, 프티 팔레, 알렉상드르 3세 다리와 함께 1900년 파리 만국박람회를 기념해 건립되었다. 당시 혁신적인 기마르 양식(자연에서 영감을 받은 유려한 곡선을 모티브로 삼는 아르누보 양식)으로 주목을 받았다. 유럽에서 가장 큰 유리 돔 지붕은 밤에 더욱 신비로워 보인다. 해마다 찾는 200만 명을 수용하기 위해 2008년부터 부분 보수를 진행 중이다. 여러 개의 전시관 중 가장 유명한 곳은 발견의 궁Palais de la Découverte 과학관(palais-decouverte.fr)이다. 루브르 박물관과 마찬가지로 Affluences 앱을 이용해 대기시간을 알 수 있다.

- Ⓜ 메트로 1, 13호선 Champs-Élysées-Clemenceau에서 도보 1분
- 🏠 3 Avenue du Général Eisenhower 75008
- 🕐 목~월요일 10:00-20:00, 수요일 10:00-22:00, 화요일 휴관
- € 전시마다 다르나 평균 티켓 가격은 €14, 학생 €10, 매달 첫 번째 수요일 19:00-22:00(마지막 입장 21:15)에는 26세 이하 무료
- @ www.grandpalais.fr

프티 팔레 Petit Palais

그랑 팔레와 길 하나를 두고 마주 보고 있는 프티 팔레의 공식 이름은 '파리 시 미술관Musée des Beaux-Arts de la Ville de Paris'으로 파리 시가 보유하고 있는 19~20세기 작품을 전시한다. 고대·중세·르네상스 미술을 중심으로 한 뒤튀Dutuit 컬렉션과 18세기 장식미술에 중점을 둔 튀크Tuck 컬렉션 등이 있다. 정원이 예쁘기로 유명하니 주변 관광을 하다가 정원 뷰가 잘 보이는 카페에 차를 마시러 가는 것도 좋다.

- Ⓜ 메트로 1, 13호선 Champs-Élysées-Clemenceau에서 도보 3분   🏠 Avenue Winston Churchill, 75008
- 🕐 화~일요일 10:00-18:00, 금요일 특별전만 ~21:00, 월요일, 공휴일 휴관 **카페** 화~일요일 10:00-17:00, 금요일 ~19:00, 월요일, 공휴일, 휴관
- € 영구 전시 무료, 특별전 유료(전시마다 다름)
- @ www.petitpalais.paris.fr

파리 장식미술 박물관 Musée des Arts Décoratifs

1905년 설립되어 루브르 궁 서쪽의 파비용 드 막산Pavillon de Marsan에 위치한 이 박물관에는 약 15만 점의 장식미술품이 전시되어 있다. 이브 생 로랑, 마틴 마르지엘라 등 디자이너 중심의 특별전도 종종 기획한다. 방문객을 위한 부서를 따로 만든 프랑스 최초의 박물관이기도 하다. 가이드 투어와 강의 등이 훌륭하게 준비되어 있고 학생과 아이들을 위한 프로그램도 열린다. 박물관의 레스토랑 루루Loulou(www.loulou-paris.com)는 소문난 맛집으로 파리 박물관 내 식당들 중 가장 추천하는 곳.

- Ⓜ 메트로 1, 7호선 Palais Royal-Musées du Louvre에서 도보 3분
- 🏠 107 Rue de Rivoli, 75001
- 🕐 화~수요일, 금~일요일 11:00-18:00, 목요일 ~21:00(폐관 45분 전 매표소 마감), 월요일, 1/1, 5/1, 12/25 휴관
- € €11(오디오 가이드 포함), 신랑la Nef 전시 €11, 두 전시관 콤보 €15
  카몽도 개인의 18세기 이후 공예품 컬렉션을 바탕으로 만들어진 니심 드 카몽도 박물관Musée Nissim de Camondo 콤보 티켓 €13(4일간 유효), 여기에 장식미술 박물관 신랑까지 추가한 파스 매드Pass MAD €19(4일간 유효)
- @ madparis.fr

코나크 제 박물관 Musée Cognacq-Jay

고풍스러운 16세기 도농 저택Hôtel Donon에 있는 이 박물관은 19세기에 문을 연 오랜 역사의 백화점 라 사마리텐La Samaritaine을 창립한 어네스트 코냑Ernest Cognacq과 그의 부인 마리-루이즈 제Marie-Louise Jay의 컬렉션을 전시한다. 루이 15세, 16세 풍으로 꾸민 20개 방을 전시관으로 사용한다. 카날레토, 프라고나르 등의 작품과 유럽과 중국의 도자기를 포함해 부부가 수집한 18세기 회화, 가구, 조각 1200여 점을 볼 수 있다.

- Ⓜ 메트로 1호선 Saint-Paul에서 도보 6분 / 메트로 8호선 CheminVert에서 도보 7분
- 🏠 8 Rue Elzévir, 75003
- 🕐 화~일요일 10:00-18:00(폐관 30분 전 매표소 마감), 12/24, 12/31 ~17:00, 월요일, 공휴일 휴관
- € 영구 전시 무료
- @ www.cognacq-jay.paris.fr

케 브랑리 박물관
Musée du Quai Branly-Jacques Chirac

자크 시라크 대통령이 주도하여 세운 프랑스 국립 인류사 박물관이다. 인류 박물관Musée de l'Homme과 아프리카·오세아니아 문명사 박물관Musée national des Arts d'Afrique et d'Océanie을 통합한 것으로 아시아, 아프리카, 오세아니아 등지의 초기 문명 유물이 중심이 되는 30만 여 점의 전시물이 있다. 19~20세기 초에 수집한 장구, 거문고 등 한국 민속 유물도 600여 점도 있다. 29개의 박스가 돌출되어 있는 독특한 형태의 건물과 규모 있는 정원도 케 브랑리의 매력이다.

- Ⓜ 메트로 9호선 Alma-Marceau에서 도보 7분
- 🏠 37 Quai Branly, 75007
- 🕐 화~수요일, 일요일 11:00-19:00, 목~토요일 11:00-21:00(폐관 1시간 전 매표소 마감), 월요일, 5/1, 12/25 휴관 **정원** 화~수요일, 일요일 09:15-19:30, 목~토요일 09:15-21:15
- € 영구 전시 €10, 26세 이하 €7, 정원 특별전 €10, 26세 이하 €7, 통합권 €12, 26세 이하 €9, 매달 첫 번째 일요일, 18세 미만 무료
- @ www.quaibranly.fr

패션과 의상 박물관-팔레 갤러리아
Musée de la Mode et du Costume - Palais Galliera

1735년부터 현재에 이르는 패션의 역사를 아우르는 방대한 컬렉션. 오트 쿠튀르, 현대 의복, 속옷, 액세서리 등으로 분류하여 관리한다. 한때 프랑스에서 가장 부유했던 갤러리아 공작부인이 파리 시에 건물을 기증했고, 화가이자 수집가인 모리스 르르와르Maurice Leloir의 의복 컬렉션을 들이며 박물관의 모습을 갖추었다. 섬세한 의상을 온전히 보관하기 위해 일부를 순차적으로 전시하는 특별전만 진행한다. 영구 전시가 없는 대신 흥미로운 패션 테마 전시를 기획한다.

- Ⓜ 메트로 9호선 Iéna에서 도보 3분
- 🏠 10 Avenue Pierre 1er de Serbie, 75016
- 🕐 화~일요일 10:00-18:00(목요일 ~21:00, 폐관 45분 전 매표소 마감), 월요일, 1/1, 부활절 일요일 & 월요일, 성령강림절 월요일, 5/1, 5/8, 8/15, 11/1, 11/11, 12/25, 전시가 없는 기간에는 휴관
  * 현재 임시 휴관중으로 2020년 재개관 예정
- € €10, 18~26세 €8, 18세 미만, 장애인과 동반 1인, 파리 박물관 카드 소지자 무료(전시에 따라 요금 다름)
  * 이브 생 로랑 박물관(같은 날에만 사용 가능)과 팔레 드 도쿄 입장권 소지자 할인 혜택
- @ www.palaisgalliera.paris.fr

GRATUIT! 파리의 무료 전시관

2001년부터 다음 전시관들의 영구 전시는 무료로 대중에게 개방되고 있다.

파리 시립 현대미술관
Musée d'Art Moderne de la ville de Paris
- Ⓜ 메트로 9호선 Alma-Marceau에서 도보 4분
- 🕐 화~수요일, 금~일요일 10:00-18:00, 목요일 10:00-22:00, 월요일, 공휴일 일부 휴관(홈페이지에 공지)

발자크의 집
Maison de Balzac
- Ⓜ 메트로 6호선 Passy에서 도보 7분
- 🕐 화~일요일 10:00-18:00, 월요일 휴무

부르델 박물관
Musée Bourdelle
- Ⓜ 메트로 4, 6, 12, 13호선 Montparnasse-Bienvenüe에서 도보 5분
- 🕐 화~일요일 10:00-18:00, 월요일, 일부 공휴일 휴관

세르누치 박물관
Musée Cernuschi
- Ⓜ 메트로 2호선 Monceau에서 도보 4분 / 메트로 2, 3호선 Villiers에서 도보 5분
- 🕐 화~일요일 10:00-18:00, 월요일, 공휴일 휴관

코냐크 제 박물관
Musée Cognacq-Jay
- Ⓜ 메트로 1호선 Saint-Paul에서 도보 6분 / 메트로 8호선 Chemin Vert에서 도보 7분
- 🕐 화~일요일 10:00-18:00, 월요일, 공휴일 휴관

프티 팔레
Petit Palais
- Ⓜ 메트로 1, 13호선 Champs-Élysées-Clemenceau에서 도보 3분
- 🕐 화~일요일 10:00-18:00, 월요일, 공휴일 휴관

낭만주의 박물관
Musée de la Vie Romantique
- Ⓜ 메트로 2, 12호선 Pigalle에서 도보 7분 / 메트로 2호선 Blanche에서 도보 7분
- 🕐 화~일요일 10:00-18:00, 월요일 휴관

빅토르 위고의 집
Maison de Victor Hugo
- Ⓜ 메트로 8호선 Chemin Vert에서 도보 6분
- 🕐 화~일요일 10:00-18:00, 월요일 휴관

Paris Je T'aime
Les Musées

자드킨 박물관
Musée Zadkine

Ⓜ 메트로 4호선 Vavin에서 도보 5분
🕐 화~일요일 10:00-18:00, 월요일, 공휴일 휴관

장 물랭 박물관
Musée Jean Moulin

새 장소로 이전해 2019년 8월 25일 재오픈 예정

카르나발레 박물관
Musée Carnavalet

2019년까지 리노베이션으로 폐관

HOT TIP

안전한 관람을 위한 준수 사항

테러를 두 차례 겪고 나서 파리의 치안은 더없이 강화되었다. 개선문과 루브르 박물관을 포함해 모든 관광 명소, 공연장, 백화점을 출입할 때는 가방을 열어 내부를 보여줘야 하고 엑스레이 가방 검사를 추가로 진행하는 곳도 있다. 같은 맥락으로 크기가 너무 큰 가방이나 백팩, 캐리어 등을 반입 금지하거나 특정 크기 이하의 가방은 로커에 보관할 수 있도록 하는 등의 조치도 많으니 방문하고자 하는 명소의 홈페이지에서 해당 정보를 확인하도록 한다.

백야 La Nuit Blanche

10월 첫 번째 토요일, 파리는 잠들지 않는다. 아침이 올 때까지 파리의 아름다움을 누리는 특별한 밤이다. 2002년에 처음 시작해 예술을 사랑하는 파리지앵들이 1년 내내 고대하는 연례행사가 되었다. 대중교통도 24시간 운행하고 여기저기서 이벤트 위치를 안내하는 지도를 나눠준다. 야외 영화 상영, 행위 예술, 사진과 그림 전시, 조명 설치미술, 콘서트 등 현대 예술의 모든 분야를 아우르는 멋진 행사가 도시 전역에서 동시다발적으로 일어난다. 자세한 사항은 quefaire.paris.fr/nuitblanche 참고.

유럽 박물관의 밤 Nuit Européenne des Musées

2005년부터 유럽의 여러 박물관이 5월 중 특정 하루 동안 해 질 녘부터 자정까지 무료로 대중에게 개방된다. 프랑스에서는 1200개 이상의 박물관, 파리에서는 150여 개의 박물관이 이 행사에 참여하고, 그중 98%가 18:00-00:00 동안 대중에게 무료로 개방된다. 많은 박물관에서는 콘서트, 워크숍, 영화 상영, 불꽃놀이 등 특별 행사를 준비해 관람객이 더욱 인상 깊은 시간을 보낼 수 있도록 한다.

- 5월 18일과 가장 가까운 토요일, 18:00-00:00 (박물관마다 조금씩 다름)
- @ nuitdesmusees.culture.gouv.fr

 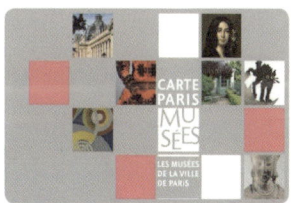

파리 뮤지엄 패스 Paris Museum Pass

파리 시내의 50개 박물관과 전시관, 관광 명소 입장을 허용하는 만능 패스. 가장 좋은 점은 줄을 서지 않고 바로 입장할 수 있다는 것이고(보안 검색에는 응해야 하며 이를 위해 줄을 설 수 있다) 방문 횟수에도 제한이 없다. 샤를 드골 공항과 오를리 공항의 투어리스트 인포메이션 데스크를 비롯해 패스 혜택을 받을 수 있는 많은 박물관과 명소에서 구입할 수 있다(홈페이지 참고). 온라인으로 주문하면 배송비가 꽤 나온다. 파리 관광 사무소(25 Rue des Pyramides, 95001)에 맡겨 직접 찾아가 수령하는 옵션을 선택하자.

- € 2일권 €48, 4일권 €62, 6일권 €74
- @ www.parismuseumpass.com

파리 박물관 카드 La Carte Paris Musées

파리 시에서 관리하는 14개 박물관을 자유롭게 방문할 수 있다. 파리 시에서 관리하는 박물관들의 영구 전시는 무료이고 특별전의 경우 14세 미만은 무료로 볼 수 있는데, 이 카드로는 유료 전시까지 무료로 볼 수 있다. 서점이나 기념품 숍에서 5% 할인, 카페에서 10% 할인을 받을 수 있다. 양도는 불가능하고 방문 횟수에 제한이 없다.

* 유효기간은 발급일로부터 1년이다. 파리 시립 박물관 어디에서든 현장에서 구입할 수 있다.

- € 1인 €40, 2인 €60 (가입자와 동반 게스트 1인), 26세 이하 €20
- @ www.parismusees.paris.fr/fr/reseau

주요 관광지 | 개선문, 루브르 박물관, 오르세 미술관, 오랑주리 미술관, 로댕 미술관, 베르사유, 퐁피두 센터, 팡테옹, 생트샤펠

주요 박물관 | 프티 팔레, 부르델 박물관, 카르나발레 박물관, 빅토르 위고의 집

예술가들을 위한 도시 Les Artistes

작가에게는 글감의 원천이 되고 화가에게는 다채로운 색감을 불러일으킨다. 압생트에 취해서, 커피로만 배를 채우면서도 어떻게든 파리에 머무르며 작업했던 수많은 예술가들은 역사에 길이 남을 작품을 남겼다. 그리고 오늘날 파리는 존경을 담아 그들을 기린다.

로댕 미술관 Musée Rodin

1919년 개관해 매년 70만 명의 방문객을 맞이하는 조각가의 공간이다. 프랑스를 대표하는 조각가 오귀스트 로댕은 체코 작가 라이너 마리아 릴케가 이 건물과 정원의 아름다움을 극찬한 것을 계기로 여기에서 여생을 보냈다. 박물관을 세우고 예술가들의 교육을 위한 장소로 쓸 것을 조건으로 로댕은 작품과 앤티크 컬렉션을 나라에 기증했다. 최근 현대 기술을 총동원한 보수 작업을 거쳐 로댕 탄생 175주년인 2015년 재개관했다. 로댕의 인생과 작품 활동을 분류한 18개 전시관으로 구성해 놓았다. 장미 정원, 장식 정원, 테라스로 나뉘는 3만 ㎡의 넓은 정원은 이 박물관의 하이라이트다.

- Ⓜ 메트로 13호선 Varenne에서 도보 3분
- 🏠 77 Rue de Varenne, 75007
- 🕐 화~일요일 10:00-17:45, 12월 24일, 31일 ~16:45, 월요일, 1월 1일, 5월 1일, 12월 25일 휴관
- € €12, 18~25세 €9, 파리 뮤지엄 패스 소지자, 10~3월 매달 첫 번째 일요일 무료, 오디오 가이드 €6
- @ www.musee-rodin.fr

피카소 미술관 Musée National Picasso

세계 여러 도시에 피카소 미술관이 있지만 프랑스에서 인생의 많은 부분을 보냈던 피카소의 대표 작품을 가장 많이 소장하고 있는 곳은 바로 여기. 17세기 살레 저택 Hôtel Salé에 위치하며 3500여 점이 넘는 작품이 있다. 한국전쟁 중 신천에서 일어났던 대학살을 주제로 한 1951년 <한국에서의 학살 Massacre en Corée>을 포함한다. 피카소의 작품 외에도 개인 소장품이나 관련 전시품이 20만 개가 넘는다. 르누아르, 마티스, 세잔 등 다른 화가들의 작품도 약 150점이 보관, 전시되어 있다. 방문객이 워낙 많아 예약하는 것을 추천한다. 홈페이지에서 관람 시간을 정해 예약할 수 있다.

- Ⓜ 메트로 8호선 Saint-Sébastien-Froissart에서 도보 6분
- 🏠 5 Rue de Thorigny, 75003
- 🕐 화~금요일 11:30-18:00, 토~일요일, 공휴일 09:30-18:00(마지막 입장 17:15), 12/24, 12/31 ~17:00(마지막 입장 16:15), 월요일, 1/1, 5/1, 12/25 휴관
- € €12.5
- @ www.museepicassoparis.fr

부르델 박물관 Musée Bourdelle

그의 스승이었던 로댕과 함께 프랑스를 대표하는 조각가로 꼽히는 앙투안 부르델이 생전에 살았던 곳을 그대로 박물관 건물로 사용한다. 그의 유품과 작품, 소장하고 있었던 화가들의 작품과 로댕의 작품도 전시되어 있다.

- Ⓜ 메트로 4, 6, 12, 13호선 Montparnasse-Bienvenüe에서 도보 5분
- 🏠 18 Rue Antoine Bourdelle, 75015
- ⏰ 화~일요일 10:00-18:00, 월요일, 일부 공휴일 휴관
- € 영구 전시 무료, 특별전 18~26세 할인가, 18세 미만, 파리 뮤지엄 패스 소지자 무료
- @ www.bourdelle.paris.fr

빅토르 위고의 집
Maison de Victor Hugo

<노트르담 드 파리>, <레 미제라블> 등 문학사에 길이 남을 보석 같은 소설을 남긴 빅토르 위고가 16년간 살던 집이다. 현재는 파리 시에서 관리, 운영하는 위고 박물관이다. 중국풍 거실과 중세 인테리어의 식당, 그가 작업하는 모습과 1885년 마지막 누웠던 침실을 연상케 하는 가구와 소품이 모두 보존되어 있다.

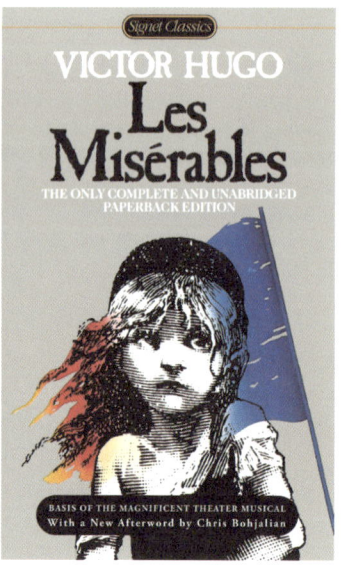

- Ⓜ 메트로 8호선 Chemin Vert에서 도보 6분
- 🏠 6 Place des Vosges, 75004
- ⏰ 화~일요일 10:00-18:00(마지막 입장 17:40), 월요일 휴관
  * 현재 휴관중으로 2020년 6월 재개관 예정
- € 영구 전시 무료
- @ www.maisonsvictorhugo.paris.fr

파리의 무대 Les Spectacles

깃털같이 날아 사뿐히 앉는 발레리나의 토슈즈, 공연장을 울리는 깊은 오페라 가수의 목소리, 어느 한 명도 어긋나지 않는 완벽한 조화의 오케스트라 연주 그리고 신나게 치마를 들어 올리며 추는 캉캉까지, 모두 파리 여행을 더욱 환상적으로 만들어주는 특별한 경험이다. 일찍 예매하거나 학생 할인을 받으면 한국보다 많이 싼 가격으로 훌륭한 공연을 볼 수 있다. 강변의 야경과 와인 바도 좋지만 하루 저녁 정도는 도시 여기저기서 매일 아티스트들의 땀방울로 반짝이는 공연장에서 보내면 어떨까.

오페라 가르니에 Palais Garnier

수준 높은 발레, 클래식, 오페라 공연이 열리는 이곳은 11구에 있는 바스티유 오페라와 함께 파리 공연 예술을 책임진다. 화려한 실내장식 때문에 공연을 보지 않는 관광객도 이곳을 찾아 벨벳 인테리어며 8톤 샹들리에를 카메라에 담아간다. 사방이 눈부시지만 가장 유명한 것은 마크 샤갈이 그린 천장화다. 훌륭한 요리로 찬사를 받는 로페라 레스토랑 L'Opéra Restaurant 자리를 예약하는 것은 공연 예매만큼이나 어렵다고 한다.

- Ⓜ 메트로 3, 7, 8호선 Opéra에서 도보 1분
- 🏠 Place de l'Opéra, 75009
- 🕐 매일 10:00-17:00(공연 매표소 10:00-18:30), 1/1, 5/1 및 홈페이지에 안내하는 특정일 휴관
    * 공연이나 행사가 있는 날은 13:00 또는 14:00에 일찍 문을 닫는 날도 홈페이지에 공지한다. 극장이 일찍 문을 닫더라도 기념품 상점과 레스토랑은 영업을 한다.
- € €14, 12~25세 €10   @ www.operadeparis.fr

©AFP-C. Platiau

©W. Beaucardet

파리 필하모니 Philharmonie de Paris

저명한 건축가 장 누벨Jean Nouvelle의 걸작으로 2400여 개의 좌석을 갖춘 공연장이다. 공연이 없는 날에도 뛰어난 건축미를 감상하러 많은 사람들이 찾는다. 다양한 질감과 직선, 곡선을 느낄 수 있는 이 은빛 건물은 2015년 개관해 파리의 다른 어느 공연장보다도 새롭고 세련된 면모를 뽐낸다. 옥상 테라스는 꼭 보고 가야 하는 환상적인 전망대다. 1000여 개의 악기를 전시하는 시테 드 라 뮤지크Cité de la Musique와 음악 박물관, 필하모니를 돌아보는 1시간 45분의 가이드 투어도 진행한다 (www.cultival.fr, €13.5, 15세 이하 €9).

- Ⓜ 메트로 5호선 Porte de Pantin에서 도보 3분 🏠 221 Avenue Jean Jaurès, 75019
- ⏰ 화~금요일 12:00-18:00, 토~일요일 10:00-18:00, 이벤트나 공연이 있는 날은 저녁에만 오픈, 월요일, 1/1, 5/1, 12/25 휴관
  * 공연장은 공연 시간 20~30분 전에 문을 연다. 옥상은 수, 목, 토, 일요일 12:00~20:00, 금요일에는 12:00-일몰까지 개방한다.
- @ philharmoniedeparis.fr

오페라 바스티유 Opera Bastille

프랑스대혁명 200주년을 기념하기 위해 1989년 건립되어 주로 발레, 무용 공연을 상연한다. 프랑스 역사를 읽을 수 있는 곳이자 파리 문화의 발전을 책임지는 중요한 공연장이다. 1700개의 설계안 중 채택한 것은 가르니에와는 확연히 다른 현대적인 건축미를 자랑한다. 2745개 좌석에서 균일한 퀄리티의 음향을 들을 수 있도록 설계했다.

- Ⓜ 메트로 1, 5, 8호선 Bastille에서 도보 1분
- 🏠 Place de la Bastille, 75012   @ www.operadeparis.fr
- ⏰ 매표소 월~토요일 11:30-18:30, 일요일 및 공연 있는 날 11:30-공연 시작 1시간 전, 1/1, 5/1, 7/16, 8/31 휴관

파크 데 프렝스 Parc des Princes

4만 7000여 명을 수용하는, 파리 시를 대표하는 축구 클럽 파리 생제르맹 FCPSG의 홈구장이다. 유럽축구연맹EUFA이 지정한 4성급 경기장으로 각종 유럽 대회를 유치할 자격이 있다. PSG 홈 경기 외에도 핸드볼 경기, 여자 축구단 경기, 걸출한 가수들의 공연장으로도 자주 사용된다. 경기가 있는 날이면 팬들이 외치는 "여기가 파리다!Ici, c'est Paris!" 하는 함성이 시내까지 들린다.

- Ⓜ 메트로 9호선 Exelmans 및 Porte de St Cloud에서 도보 12~13분
- 🏠 24 Rue du Commandant Guilbaud, 75016
- @ www.psg.fr

3대 카바레 Cabaret : 물랑 루즈, 크레이지 호스, 리도

만남의 장소인 카페에 패션과 흥을 더한 공간이다. 대중 가수들이 데뷔할 수 있는 무대가 되었고 신분과 빈부 격차를 뛰어넘어 자유롭게 음악과 무용을 즐길 수 있는 곳이었다. 전통성과 현대적 감각의 균형을 잘 잡고 오늘날에도 인기 있는 파리의 대표적인 카바레를 알아보자. 그냥 호텔로 가기 아쉬운 저녁을 특별하게 만들어줄 것이다. 너무 캐주얼한 옷은 제한하고 재킷과 타이를 권장한다. 공연 중 사진과 영상을 촬영할 수 없다.

물랑 루즈 Moulin Rouge

캉캉이 탄생한 빨간 풍차의 공연장. 벨 에포크 시대, 아방가르드 공연을 집대성했다. 이름은 큼직한 붉은 풍차에서 따왔다. 1889년 개장한 이래 프랑스 캉캉 춤의 부흥을 이끌었고 프랑스 후기 인상파 화가 툴루즈-로트렉 Toulouse-Lautrec이 물랑 루즈의 포스터와 무희들을 그려 더욱 유명해졌다. 2001년 이완 맥그리거와 니콜 키드먼이 주연을 맡았던 영화 '물랑 루즈'로 다시 한 번 전성기를 맞았다. 물랑 루즈의 역사, 해적, 서커스 등 5막으로 구성된 페리 Férrie 공연은 80명의 무용수와 1000여 벌의 의상이 투입되는 대규모 공연이다.

- Ⓜ 메트로 2호선 Blanche에서 도보 1분
- 🏠 90 Boulevard de Clichy, 75018
- 🕐 19:00 디너와 공연, 21:00 공연, 23:00 공연
  * 3회차 모두 VIP 구역이 따로 마련되어 있어 더욱 편하게 공연을 즐길 수 있다.
- € €77~420
- @ www.moulinrouge.fr

크레이지 호스 Le Crazy Horse de Paris

파리 카바레 중 가장 수위가 높고 유혹적인 분위기의 벌레스크 Burlesque 장르의 퍼포먼스를 선보인다. 여성의 아름다움에서 영감을 받아 1951년 아방가르드 공연장으로 탄생했다. 1990년대 할리우드 배우 디타 본 티즈의 벌레스크 공연으로 세계적으로 유명해졌다. 카일리 미노그, 비욘세, 크리스티아 아길레라 등 여러 스타들과 자주 콜라보 공연을 열기도 한다. 12명의 카리스마 넘치는 무용수들이 펼치는 매혹적인 움직임에 빠지게 된다.

- Ⓜ 메트로 9호선 Alma-Marceau에서 도보 2분 / 메트로 1호선 George V에서 도보 9분
- 🏠 12 Avenue George V, 75008
- 🕐 일~금요일 20:30, 23:00, 토요일 19:00, 21:00, 00:00
- € 공연 €87, 공연 & 샴페인 €107   @ www.lecrazyhorseparis.com

리도 Le Lido

샹젤리제 한복판에 있어 접근성이 뛰어나다. 카바레뿐 아니라 엘튼 존 등 여러 팝 가수들이 공연을 열기도 했다. 정교하고 우아한 의상으로 유명한데, 메인 공연에는 60명의 무용수, 600벌의 의상, 23개 세트를 사용한다. 아크로바틱, 마임, 보컬 등 여러 아티스트들이 쉬지 않고 무대를 꾸며 마치 공연 몇 십 개를 동시에 관람하는 기분이다.

- Ⓜ 메트로 1호선 George V에서 도보 1분
- 🏠 116 Avenue des Champs-Élysées, 75008
- 🕐 19:30, 21:00, 23:00, 시작 30분 전 도착 추천
- € 공연 €70, 공연 & 디너 €130~
- @ www.lido.fr

올랭피아 L'Olympia

매년 320번 붉은 커튼을 올리는 전설적인 공연장으로 프랑스가 최초로 해외 아티스트를 위해 세운 곳이다. 레이저와 네온사인으로 번쩍이는 21세기의 스타디움에 비하면 1888년 세워진 올랭피아는 허름한 다락방 같지만 비틀스와 에디트 피아프가 올랐던 무대는 아직도 매일 마법 같은 밤을 선사한다. 2000년대에 공연을 했던 인물로는 레이디 가가와 마돈나가 있다. 최고의 뮤지션만 설 수 있는 무대, 올랭피아의 근거 있는 자신감은 계속될 것으로 보인다.

- Ⓜ 메트로 8, 12, 14호선 Madeleine에서 도보 3분
- 🏠 28 Boulevard des Capucines, 75009
- @ www.olympiahall.com

폴리 베르제르 Folies Bergère

많은 예술가들이 거쳐간 유서 깊은 음악 홀로 1869년 탄생했다. 1890~1920년대의 최전성기를 보내고 지금도 다양한 음악 공연을 상연한다. 런던의 알함브라 뮤직홀을 본떠 오페라 공연장으로 설계되었으나 콘서트홀로 쓰여 엘라 피츠제랄드, 엘튼 존, 찰리 채플린 등이 공연한 바 있다. 마네의 <폴리-베르제르의 바>라는 그림으로도 유명하다. 2006년부터 '카바레Cabaret'와 '조로 더 뮤지컬Zorro the Musical'과 같은 뮤지컬도 상연하고 있다.

- Ⓜ 메트로 7호선 Cadet에서 도보 5분
- 🏠 32 Rue Richer, 75009
- @ www.foliesbergere.com

코메디 프랑세즈 Comédie-Française

프랑스의 유일한 국립극장으로 자체 배우단을 가지고 있다. 프랑스 연극은 모두 여기서 발달했다 해도 과언이 아니다. 파리의 극단 2개를 통합하기 위한 루이 14세의 칙령에 따라 1680년 8월 24일 설립되었으며 살 리슐리외Salle Richelieu 등 3개의 무대로 이루어졌다. 3000여 개의 고전극, 현대극 레퍼토리를 자랑하며, 극의 내용을 책으로 읽어보고 간다면 프랑스어 대사를 알아듣지 못해도 배우들의 뛰어난 연기와 무대 연출력을 즐겁게 감상할 수 있다. 좌석은 3개 등급으로 나뉘고 성인, 28세 이하, 18세 이하의 나이에 따라 가격이 다르다.

- Ⓜ 메트로 1, 7호선 Palais Royal Musée du Louvre에서 도보 2분
- 🏠 Place Colette, 75001
- @ www.comedie-francaise.fr

파리의 연중 음악 페스티벌

5월 재즈 앳 생제르맹데프레 Jazz at Saint-Germain-des-Prés
선선한 바람이 부는 맑은 봄날 센강 좌안을 들뜨게 하는 재즈 축제다. 공연과 함께 마스터 클래스, 사진 전시 등의 행사도 함께 진행한다.
@ festivaljazzsaintgermainparis.com

5월 빌레트 소니크 Villette Sonique
매년 라 빌레트에서 열린다. 실험적인 음악과 록, 일렉트로닉 등 다양한 장르의 음악을 들을 수 있다.
@ www.villettesonique.com

6월 다운로드 페스티벌 Download Festival
영국의 다운로드 페스티벌이 파리에 상륙했다. 훌륭한 밴드 라인업으로 광란의 3일을 보내는 대형 축제.
@ www.downloadfestival.fr

6월 솔리데이스 Solidays
볼로뉴 숲의 롱샴 경기장 Longchamps Racecourse에서 해마다 열리는 음악 축제로 150여 명의 공연자, 17만 명의 관객이 모인다.
@ www.solidays.org

6~7월 파리 재즈 페스티벌 Paris Jazz Festival
1994년 시작되어 매년 11만 명의 관람객을 동원하는 재즈 축제. 다양하고 알찬 크고 작은 공연을 도시 곳곳에서 즐길 수 있다.
@ festivalsduparcfloral.paris/programmation/paris-jazz-festival

7월 롤라팔루자 Lollapalooza
시카고에서 시작되어 세계 최고의 음악 축제 중 하나로 꼽힌다. 2017년부터 파리에서도 열린다. 고릴라즈, 노엘 갤러거, 더 킬러스, 카사비안 등 라인업을 보면 묻지도 따지지도 말고 얼른 티켓팅을 해야 하는 페스티벌.
@ www.lollaparis.com

8월 록 엉 센 Rock en Seine
올해 어떤 음악가가 가장 힙하고 트렌디한지 알아보려면 이 축제의 라인업을 보자. 힙합, 팝, 밴드 뮤직을 모두 즐길 수 있다. 여름의 파리는 신난다.
@ www.rockenseine.com

8~9월 재즈 아 라 빌레트 Jazz à La Villette
10일 동안 라 빌레트의 여러 공연장에서 열리는 재즈의 향연. 여름을 보내주고 가을을 불러오는 로맨틱한 날들이다.
@ jazzalavillette.com

파리의 푸름 Pique Nique

파리의 사계절을 거듭 겪은 후 파리의 식당과 바에는 왜 전부 테라스가 있고 동네마다 크고 작은 정원이 왜 있는지 이해하게 되었다. 하루에도 여러 번 변덕을 부리는 날씨와 짧은 여름, 장대비나 눈이 내리는 날이면 온 도시가 회색으로 흠뻑 젖는다. 날이 좋을 때 열일하는 것은 바로 파리의 여러 정원과 공원. 예정 없이 찾아 내키는 대로 돌아보는 것도 물론 좋지만, 어떻게 하면 더욱 즐거운 시간을 보낼 수 있을지를 소개한다.

숲 Forêt

불로뉴 숲 Bois de Boulogne

프랑스 왕들의 사냥터였던 850만 ㎡의 불로뉴는 여러 개의 정원과 동물원, 경마장, 15km의 자전거 투어 루트, 허브 박물관, 보트를 빌릴 수 있는 연못 등의 다채로운 부분으로 구성된 숲이다. 파리 동쪽의 방센느 숲과 함께 도시 허파 역할을 한다.

- Ⓜ 메트로 10호선 Porte d'Auteil / 메트로 1호선 및 RER C선 Neuilly Porte Maillot / 메트로 2호선 Porte Dauphine/Maréchal de Lattre de Tassigny / RER C선 Avenue Foch / RER C선 Gare d'Avenue Henri Martin 등
- ⏰ 아클리마타시옹 정원 Jardin d'Acclimatation(프랑스에서 가장 오래된 놀이공원) 4~9월 10:00-19:00, 10~3월 10:00-18:00 / 바가텔 공원 Parc de Bagatelle 11~2월 09:30-17:00(3~10월 ~18:30) / 보트 대여 2월 중순~10월 말 월~금요일 12:00-17:00, 주말 10:00-18:00
- € 아클리마타시옹 정원 입장료 €5 / 바가텔 공원 이벤트 있는 경우 입장료 €8, 할인 표 €4 / 보트 대여 €10
- @ www.paris.fr/equipements/bois-de-boulogne-2779

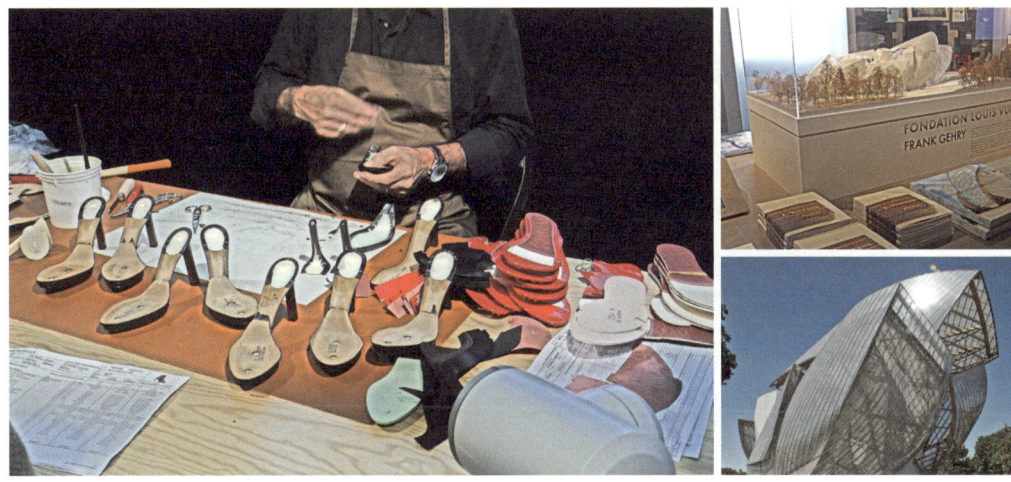

루이 비통 재단 미술관 Fondation Louis Vuitton

세계적인 건축가 프랭크 게리Frank Gehry가 디자인한, LVMH 그룹의 대표 브랜드 루이 비통의 랜드마크로 전 세계의 현대미술을 후원하기 위해 2014년 10월 개관했다. 영구 전시와 특별전, 다양한 문화 행사를 주최한다. LVMH의 회장 베르나르 아르노Bernard Arnault의 개인 미술 컬렉션도 이곳에 보관, 전시되어 있다. 숲속 산책로를 따라 걷다보면 갑자기 나타나는 이 웅장하고 눈부신 건물을 보는 것만으로도 찾아갈 가치가 있다. 이벤트, 행사 장소로 인기가 많아 휴관하는 날이 꽤 많으니 상세 일정은 홈페이지를 확인하자.

- Ⓜ 메트로 2호선 Porte Dauphine에서 도보 19분   🏠 8 Avenue du Mahatma Gandhi, 75116
- ⏱ 수~월요일 11:00, 12:00-19:00, 21:00(전시마다 오픈 시간 다름), 화요일 휴관   @ fondationlouisvuitton.fr

샬레 데 일 Chalet des Iles

보트를 타고 가야 하는 작은 섬 위의 식당. 무작정 찾아가서 자리가 있으면 식사를 할 수 있지만 운이 좋아야 기다리지 않고 앉을 수 있는 인기 맛집이다. 특이한 위치만큼 음식 맛도 훌륭하다. 예약은 전화로만 받고 프랑스어 ARS 형식이라 호텔 프런트나 숙소 주인에게 부탁하여 예약하고 가는 경우가 많다.

- 🏠 14 Chemin de Ceinture du Lac Inférieur, 75016   ☎ +33 1 42 88 04 69
- @ chalet-des-iles.com

Paris Je T'aime

Pique Nique

뱅센 숲 Bois de Vincennes

총면적 995만 ㎡로 파리의 공원 중 가장 규모가 크다. 파리 동쪽 끝에서 피톤치드를 뿜어내는 상쾌한 숲에서의 피크닉은 어떨까? 뱅센 숲에 있는 4개의 호수는 각각 작은 섬과 다리, 파고다, 티베트 절 등 이국적이고 아기자기한 요소로 구성되어 있다. 호수들은 강으로 이어져, 강을 따라 걸으면서 숲의 전경을 감상할 수 있다. 야외 스포츠를 위한 공간, 꽃 정원, 식물원 또한 뱅센 숲의 자연미를 더한다.

- Ⓜ 메트로 1호선 Château de Vincennes에서 도보 8분
- 🏠 Route de la Pyramide, 75012
- 🕐 www.paris.fr/equipements/bois-de-vincennes-6598

뱅센 성 Château de Vincennes

벵센 숲 북쪽에 있는 이 성은 매끈한 성벽과 우아한 곡선이 특징이며 군주의 위엄을 상징한다. 외부의 적과 내란에서 왕을 보호하기 위해 견고하게 지어졌다. 루이 14세가 베르사유로 주거지를 이동할 때까지 프랑스 왕들이 기거하던 곳이었다. 16~19세기에는 감옥으로도 쓰였는데 푸케, 사드, 미라보 등이 이곳에 투옥되기도 했다. 지금은 풀이 무성하게 자란 해자로 둘러싸여 있고, 왕과 왕비의 궁이 주 탑을 가운데 두고 마주 보고 있다. 현재는 전사 박물관으로 대중에게 개방되었다.

- Ⓜ 메트로 1호선 Château de Vincennes에서 도보 1분
- 🏠 Avenue de Paris, 94300
- 🕐 9/22~5/20 매일 10:00-17:00, 5/21~9/21 10:00-18:00, 1/1, 5/1, 11/11, 12/25 휴관
- € €9, 26세 이하 €7
- @ www.chateau-de-vincennes.fr

정원, 공원 Jardins, Parcs

뤽상부르 공원 Jardin du Luxembourg

곳곳에 저명한 예술가들의 조각이 지키고 서서 사계절 내내 한결같이 아름다운 뤽상부르 공원은 파리 6구의 심장부에 있다. 독특하게도 전통적인 프랑스식 정원과 영국식 정원이 공존한다. 체스를 두거나 신문의 퍼즐을 푸는 할아버지, 할머니들부터 도시락을 싸서 피크닉 나온 연인, 이리저리 뛰며 신난 아이들까지 파리지앵이 가장 즐겨 찾는 쉼터다. 200여 종의 꽃과 500여 종의 과실수가 공원을 향긋한 공기로 채운다. 연못 주변에 놓인 녹색 의자는 겉보기와 다르게 한 번 앉으면 일어나기 어려울 정도로 편안하다.

- Ⓜ 메트로 4, 10호선 Odéon에서 도보 6분
- 🕐 07:30-18:15(~21:00) (같은 달에도 폐관 시간이 자주 바뀌니 홈페이지에서 확인)
- @ www.senat.fr/visite/jardin/index.html

뤽상부르 박물관 Musée du Luxembourg

공원과 맞닿아 있어 잠깐 들러보기 좋다. 피카소, 고갱, 모딜리아니 등 익숙한 이름이 보이는 19세기 이후의 근현대 예술품 전시장이다. 영구 전시는 없고 다양한 주제의 특별전만 진행한다.

- Ⓜ 메트로 4호선 Saint Sulpice 및 Mabillon에서 도보 7분
- 🏠 19 Rue Vaugirard, 75006
- 🕐 3/7~7/1 월~목요일 10:30-18:00, 금~일요일, 공휴일 10:30-19:00(폐관 45분 전 마지막 입장), 5/1 휴관
- € 성인 €13, 16~25세 €9
- @ www.museeduluxembourg.fr

튈르리 정원 Jardin des Tuilerie

1564년 캐서린 드 메디치 여왕이 이곳에 정원을 만들려고 할 때 여기 타일 공장들이 있었기에 '타일'에서 기원한 이름을 붙였다. 1664년 베르사유 정원을 설계한 앙드레 르 노트르가 프랑스풍으로 다시 꾸몄다. 로댕, 자코메티, 마욜의 조각 작품을 볼 수 있다. 루브르 박물관과 콩코드 광장 사이에 있어 자연스레 가로질러 가게 된다. 봄과 여름에는 모두가 어깨 밑에 바게트를 두어 개씩 끼고 피크닉을 나오고, 겨울에는 뜨거운 커피로 손을 녹이며 찾는다. 정원 끝에서 천천히 빙그르 돌아가는 대형 카루셀Carrousel도 타보자.

- Ⓜ 메트로 1호선 Tuileries 및 메트로 1, 8, 12호선 Concorde에서 도보 3분
- 🏠 113 Rue de Rivoli, 75001
- 🕐 9월 마지막 일요일~3월 마지막 일요일 07:30-19:30, 3월 마지막 월요일~9월 마지막 토요일 07:00-21:00
- @ www.parisinfo.com/musee-monument-paris/71304/Jardin-des-Tuileries

> **HOT TIP**
>
> 여름(6~8월)의 튈르리 축제Fête des Tuileries 기간에는 60여 개의 놀이 기구가 들어서는 대형 야외 테마파크가 된다. 범퍼카, 기차, 트램펄린, 대형 슬라이드, 사격장, 거울의 방 등 다양한 놀거리가 들어선다.

파리 식물원 Jardin des Plantes

파리의 국립 자연사박물관Muséum National d'Histoire Naturelle의 7개 구역 중 하나로 1626년 문을 열었다. 자연사박물관, 미술관, 수족관, 동물원과 이웃하고 있는데 어디에서 어떤 것이 끝나고 시작하는지 모를 정도로 전부 구경할 수 있는 동선이다. 원래는 왕의 의료용 허브 정원으로 왕의 정원 Jardin du Roi이라 불렸다. 정원학만 가르치는 전문 학교가 식물원 안에 있다.

- Ⓜ 메트로 5, 10호선 Austerlitz / 메트로 7호선 Censier Daubenton / 메트로 7, 10호선 Jussieu
- 🏠 57 Rue Cuvier, 2 Rue Buffon, 36 Rue Geoffroy-Saint-Hilaire, Place Valhubert, 75005
- ⏲ 07:30-20:00(정원이 여러 개 있으며 각각의 오픈 시간이 다르니 홈페이지 참고)
- € 식물원 포토 스폿인 온실만 유료 입장 €10
- @ www.jardindesplantesdeparis.fr

앙드레 시트로앵 공원 Parc André Citroën

1992년 개장한 현대적인 공원으로 질 클레망Gilles Clément과 알랭 프로보Alain Provost가 공원을 반 나누어 조성했다. 클레망이 맡아 작업한 공원의 북서쪽에는 금속, 행성, 일주일의 요일들, 물의 상태, 오감을 주제로 한 정원들과 8개의 온실, 분수대 등이 있으며 프로보가 담당한 남동쪽에는 조각 작품이 전시된 화이트 정원, 블랙 정원, 운하 등이 있어 색다른 이분된 공간을 감상할 수 있다. 1970년까지 자동차 회사 시트로앵Citroën 소유 땅에 위치해 창립자 앙드레 시트로앵의 이름을 땄다. 1999년부터 운행한 기구 풍선이 공원의 상징이다.

- Ⓜ 메트로 8호선 Lourmel에서 도보 12분
- 🏠 2 Rue Cauchy, 75015
- ⏲ 여름철 월~금요일 07:00-21:30, 토~일요일 07:00-20:30, 겨울철 월~금요일 08:00-20:30, 토~일요일 09:00-20:30
- @ equipement.paris.fr/parc-andre-citroen-1791

파리의 여름과 겨울 Été & Hiver

여름 | 파리 플라쥬 Paris Plage

뜨거운 여름 태양을 식힐 방법이 필요한 파리에 바다가 생겼다. 7, 8월의 센강 둑이 보행자 전용이 되고 모래를 깔아 해변 기분을 낸다. 2002년 당시 파리 시장의 아이디어로 시작한 것이 점점 규모를 키워가는 중이다. 지금은 라 빌레트 운하까지 모래를 덮는다. 야자수와 파라솔, 비치 발리볼 등을 볼 수 있어 바다를 면한 휴양지가 부럽지 않을 정도다. 수영복을 옷 안에 입고 와서 태닝을 하거나 수영도 할 수 있고, 카누를 타거나 시에서 준비한 다양한 야외 스포츠를 즐길 수 있다. 좀 더 자세한 정보는 en.parisinfo.com/discovering-paris/major-events/paris-plages 참고.

©Paris Tourist Office-Amélie Dupont

겨울 | 크리스마스 마켓
Marché de Noël

1년 동안 이때만 기다려온 것처럼 12월 한 달 동안 파리 시내 곳곳에서 크리스마스 마켓이 열린다. 솜사탕과 츄러스, 크레페와 군밤을 팔고 각종 크리스마스 장식, 다양한 시장 물건을 볼 수 있다. 성당에서는 캐럴 공연이 열리는 등 시크한 파리지앵을 한 달 내내 웃게 한다. 겨울에만 볼 수 있는 프랑스의 성탄 전통 케이크인 장작 모양의 부쉬 드 노엘 Buche du Noël도 먹어보자. 모든 제과점이 너도 나도 독특한 디자인의 부쉬 드 노엘을 선보인다. 날이 추워지면 더 자주 눈에 띄는 군밤과 설탕을 입혀 볶은 아몬드 장수도 그냥 지나칠 수 없다. 일반적으로 12월 24일과 25일에는 온전히 가족과 보내고 시내의 여러 상점과 식당이 문을 닫으니 이 기간에 파리에 있다면 미리 영업하는 식당을 예약하거나 숙소에서 시간을 보낼 것을 생각해두자. 좀 더 자세한 정보는 en.parisinfo.com/discovering-paris/major-events/christmas-in-paris 참고.

파리의 라라랜드 LA LA LAND in PARIS

꿈꾸는 무엇이든 다 갖추었을 것이라고 생각했는데, 파리에 없는 것이 있다. 바로 클러빙. 음악에 완전히 몸을 맡기고 내일이 없을 것처럼 춤을 추는 사람들은 눈을 씻고 찾아봐도 없다. 신나는 EDM 음악이 흘러나오는 바에서도 한 손에 잔을 들고 살짝 박자를 맞추는 정도로만 움직인다. 넘치는 흥을 주체할 수 없다면, 깊어가는 밤을 그냥 보내기 아쉽다면 파리의 훌륭한 재즈 바를 찾아가자. 베이스와 드럼, 색소폰과 함께 플로어에서 열정을 불사르는 사람들이 얼마나 많은지 모른다.

카보 드 라 위셰트 Caveau de la Huchette

캘리포니아의 LA를 배경으로 하는 영화 '라라랜드'에는 파리를 배경으로 하는 신나는 재즈 신이 있다. 밤의 에펠탑과 센강을 빠르게 지나 라탱 지구에 있는 재즈 바 카보 드 라 위셰트에서 원색의 옷을 입은 손님들이 신나게 스텝을 밟는 장면이다. 동굴 같은 이 어두운 지하 바는 음악과 함께 밤에 살아난다. 클로드 볼링, 아트 블레이키 등 수많은 유명 아티스트들이 1946년부터 지금까지 이곳에서 공연했다. 안 그래도 매일 밤 자리가 꽉 차는데 영화 개봉 후 인기가 치솟아 오픈 시간에 맞춰 가는 편이 좋다. 예약은 받지 않는다.

- Ⓜ 메트로 4호선 및 RER B, C선 Saint-Michel-Notre-Dame에서 도보 1분
- 🏠 5 Rue de la Huchette, 75005
- ☎ +33 1 43 26 65 05
- 🕐 일~목요일 21:00-02:30, 금~토요일, 공휴일 전날 21:00-04:00, 공연은 21:30 시작
- € 일~목요일 €13, 금~토요일, 공휴일 전날 €15, 25세 이하 €10 / 논알코올 음료 €6~, 맥주 €7~
- @ www.caveaudelahuchette.fr

선셋 선사이드 Sunset Sunside

좌안에 카보 드 라 위셰트가 있다면 우안에는 선셋 선사이드가 있다. 1983년부터 꾸준히 좋은 재즈 공연을 하는 곳으로 신뢰도가 높다. 카보 드 라 위셰트는 빠른 비트에 맞춰 스윙을 추는 사람이 무척 많은데, 이곳은 여느 재즈 바처럼 연주 감상이 주가 된다. 공연 폭이 넓어 젊은 신성들과 베테랑, 재즈풍 밴드 등 다양한 재즈를 즐길 수 있다. 재즈 가수들이 신보를 선보이는 공연장으로도 종종 선택한다. 롬바드 가에는 르 베제 살레 Le Baiser Salé와 데 롬바르 Le Duc des Lombards 등 좋은 재즈 바들이 있어 공연 라인업이나 분위기를 보고 한 곳을 골라 갈 수 있어 좋다.

- Ⓜ 메트로 1, 4, 7, 11, 14호선 Châtelet에서 도보 3분
- 🏠 60 Rue des Lombards, 75001
- ☎ +33 1 40 26 46 60
- 🕐 홈페이지에 공연 일정과 아티스트에 대해 사세히 소개되어 있다.
- € 공연마다 다른데 보통 €20~30이고 무료 공연도 있다.
- @ www.sunset-sunside.com

그들의 파리 Paris vu par...

묘지에 구경을 간다니, 하고 놀랄 수 있겠지만 파리의 묘지들은 유명한 관광 명소다. 파리를 사랑했던 많은 유명 인사들이 묻힌 묘지를 세계 각국의 팬이 찾는다. 파리의 3대 묘지를 모두 돌아보는 투어나 자체 묘지 성지순례를 하는 여행자들도 있다. 세 묘지 모두 입구에 지도가 그려져 있으니 사진을 찍어 이동하면서 사용하자. 가끔 묘지를 돌아다니며 관광객에게 투어를 해줄 테니 돈을 달라고 흥정하는 사람들도 있는데, 보통 길은 반듯하게 격자무늬로 나있고 길 이름이 적힌 안내판도 세워져 있어 혼자서도 충분히 찾을 수 있다. 다만 유명인의 묘라고 하여 특별히 표시를 해두거나 하지 않는다. 소박하고 관리가 잘 안 된 묘도 있어 모르고 지나치기 쉽다. 파리의 묘지에 대해 좀 더 알고 싶다면 www.paris.fr/cimetieres를 참고하자.

페르 라셰즈 묘지 Cimetière du Père Lachaise

파리 시에서 관리하는 최초의 정원형 묘지이자 총면적 44만 ㎡로 파리에서 가장 크다. 20구에 있어 접근성이 좋은 편은 아니지만 장르를 불문하고 명성이 대단한 인물들의 묘가 모여 있어 세계에서 가장 많은 방문자가 찾는다. 묘지는 루이 14세의 고해신부 페르 프랑수아 드 라셰즈Père François de la Chaise의 이름을 땄다. 대문호 장 드 라퐁텐, 몰리에르의 묘가 이관되면서부터 유명 인사들이 묻히기 시작했다. 현재는 묘와 함께 화장터와 납골당, 파리 코뮌 지지자들의 벽Mur des Fédérés과 제1차 세계대전 기념비도 있다.

STORY 여러 묘에 대한 이야기를 알고 구경하면 더 재미있다. 쇼팽의 묘 위에 있는 석상은 음악의 뮤즈 에우테르페가 망가진 리라를 안고 울고 있는 모습을 형상화한 것이고, 그의 유해는 파리에 묻혔지만 심장은 고국 폴란드에 따로 묻혔다고 한다. 가장 인기 있는 오스카 와일드의 묘는 원래 립스틱을 바르고 키스 자국을 남기는 팬들 때문에 온통 붉은 립스틱 마크로 덮여 있었는데, 립스틱 성분이 묘에 유해하여 전부 지우고 현재는 유리관으로 덮어 입맞춤을 할 수 없게 되었다. 묘비 뒷면에 새겨진 글은 와일드의 작품인 <레딩 감옥의 노래Ballad of Reading Gaol>의 한 구절이다.

🚇 메트로 3호선 Gambetta에서 도보 5분 / 메트로 2호선 Philippe Auguste에서 도보 7분 / 메트로 2, 3호선 Père Lachaise에서 도보 9분
🏠 Boulevard de Ménilmontant, 75020
🕐 11~3월 월~금요일 08:00-17:30, 토요일 08:30-17:30, 일요일, 공휴일 09:00-17:50, 3월 중순~10월 월~금요일 08:00-18:00, 토요일 08:30-18:00, 일요일, 공휴일 09:00-18:00
@ pere-lachaise.com

HOT TIP

가장 인기가 많은 오스카 와일드의 묘지부터 먼저 보고 싶으면 Gambetta역을 이용해 이 부근의 입구에서 정문까지 거꾸로 내려가면 된다.

페르 라셰즈 묘지

몽파르나스 묘지 Cimetière Montparnasse

3개의 목장이 있던 자리에 조성된 묘지로, 샤를 보들레르는 몽파르나스 묘지에 묘와 기념비를 모두 가지고 있으며 기 드 모파상, 장 폴 사르트르, 시몬 드 보부아르, 샤를 가르니에 등 프랑스의 유명 지성인과 예술가들이 특히 많이 묻혀 있다. 콘스탄틴 브란쿠시의 <키스Le Baiser>라는 작품 등 잘 알려진 예술품도 묘지 곳곳에서 볼 수 있다. 묘지는 에밀 히샤르 가Rue Émile Richard로 구분되는데, 둘 중 면적이 더 작은 구역을 '작은 묘지Petit Cimetière', 큰 쪽을 '큰 묘지Grand Cimetière'라고 부른다. 파리에서 일하다가 사고로 목숨을 잃은 경찰과 소방관을 위한 기념비도 세워져 있다.

- Ⓜ 메트로 4, 6호선 Raspail에서 도보 6분
- 🏠 3 Boulevard Edgar Quinet, 75014
- 🕐 월~금요일 08:00-18:00, 토요일 08:30-18:00, 일요일 09:00-18:00
- @ www.paris.fr/equipements/cimetiere-du-montparnasse-4082

몽마르트르 묘지 Cimetière de Montmartre

페르 라셰즈, 몽파르나스의 뒤를 이어 파리에서 세 번째로 규모가 큰 묘지다. 원래는 북쪽 묘지라고 불렸는데 18구에 있어 부근의 명소 이름을 쓰게 되었다. 몽마르트르에 거주했던 예술가들이 많이 묻혀 있다. 여러 묘 중 특히 눈에 띄는 것은 러시아 발레리노 바슬라브 니진스키의 것으로 그의 작품 속 캐릭터 동상이 묘 위에 지친 듯한 표정으로 앉아 있다. 니진스키와 함께 몽마르트르 묘지에 영원히 잠든 인사로는 달리다, 에드가 드가, 엑토르 베를리오즈, 프랑스 갈, 구스타브 모로, 자크 오펜바흐 등이 있다.

- Ⓜ 메트로 2호선 Blanche 및 메트로 2, 13호선 Place de Clichy에서 도보 8분
- 🏠 20 Avenue Rachel, 75018
- 🕐 월~금요일 08:00-18:00, 토요일 08:30-18:00, 일요일 09:00-18:00
- @ www.paris.fr/equipements/cimetiere-de-montmartre-5061

파리의 하늘 Le Ciel de Paris

뉴욕, 런던, 서울에는 많은데 파리에서는 거의 볼 수 없는 것은? 고층 빌딩이다. 1200만 명이 거주하는 대도시이자 유럽에서 가장 인기가 많은 관광지인데 5, 6층 이상 되는 건물을 보기가 무척 힘들다. 그래서 여느 큰 도시와는 다르게 도시를 감상하는 것이 편안하다. 뾰쭉뾰쭉 솟아 하늘을 긁는 듯한 건물 대신 구름만 떠 있는 파리의 하늘은 어디에서 봐야 가장 예쁠까?

파리에 고층 빌딩이 없는 이유

1977년 높이 210m의 몽파르나스 타워가 세워졌을 때 파리지앵들은 격노했다. 에펠탑이 처음 생겼을 때도 이런 반응이 있었지만 몽파르나스 타워에 대한 반발은 매우 심해, 이후 모든 건물은 높이 37m를 넘지 않도록 하는 법규가 생겼다. 현재 파리에서 가장 키가 큰 건축물은 높이 324m의 에펠탑이지만 2010년 파리 시의회가 13구 부근 아파트 건설을 장려하려는 목적으로 기존의 건물 높이 제한을 180m로 대폭 수정해 앞으로 여러 고층 건물이 들어설 것이라고 예상한다.

하우스만의 파리

바르셀로나에는 가우디가, 파리에는 하우스만이 있다. 19세기 나폴레옹 3세의 주도하에 조르주 외젠 하우스만 Georges Eugène Haussmann은 오래된 중세 건물과 벽을 허물고 도시를 새롭게 정리했다. 이전에는 인구 과잉과 질병, 범죄에 취약했다. 하우스만은 넓은 도로, 공원, 광장, 하수도, 분수, 송수로를 완전히 새로 만들었다. 검은색 망사르 지붕(상부와 하부의 지붕면 경사를 완급 2단으로 한 형태의 지붕)과 암석 파사드, 5층 높이 건물들… 오늘날 우리가 파리 어디에서든 쉽게 볼 수 있는 특징 모두 하우스만 덕분이다. 급격하고 극단적인 변화에 반발하는 사람들도 많았는데, 결과적으로 파리는 건축양식과 높이에서 고르고 균형적인 도시가 되었다.

개선문 Arc de Triomphe | 49.5m

샹젤리제 끝까지 걸어가면 마주하는 늠름한 개선문을 올라가보자. 이곳의 360도 파노라마 전망이 특별한 이유는 개선문을 중심으로 길이 별 모양처럼 대각선으로 뻗어나가기 때문이다. 시원하게 나아가는 샹젤리제, 그 너머 루브르까지 날씨가 맑을수록 더 많은 것들이 눈에 띈다. 흐리면 흐린 대로 안개나 구름 속의 도시를 감상하는 낭만도 있다. 전망대로 나가기 전 기념품 상점과 사진 전시, 벤치가 있어 실내에서 바람이나 지나가는 구름을 피했다가 다시 나가서 구경할 수 있다.

- Ⓜ 메트로 1, 2, 6호선 및 RER A선 Charles de Gaulle-Étoile에서 도보 1분
- 🏠 Place Charles-de-Gaulle, 75008
- 🕐 10~3월 10:00-22:30, 4~9월 10:00-23:00, 1/1, 5/1, 5/8 오전, 7/14, 11/11, 12/25 휴관
- € €13, 18세 미만 무료(가족 동반), 파리 뮤지엄 패스 소지자 무료
- @ www.arcdetriompheparis.com

Paris Je T'aime
Le Ciel de Paris

갤러리 라파예트 Galeries Lafayette | 43m

쇼핑에 전혀 관심이 없다 해도 이 백화점을 찾을 이유는 충분하다. 시즌마다 바뀌는 화려한 내부 장식을 구경하기 위해, 그리고 7층 라 테라스La Terrasse에 올라가 파리를 내려다보기 위해서다. 9구에 있어 몽마르트르가 자세히 보이고 양손 가득 쇼핑백을 들고 사거리를 건너는 사람들도, 옆 건물 굴뚝에서 피어오르는 연기도 보인다. 생트로페 분위기의 큐브 바Cube Bar와 해변가의 식당을 콘셉트로 하는 라 파이요트La Paiollotte에서 샴페인이나 칵테일, 주스, 타파스나 지중해풍 음식도 즐길 수 있다(12:00-18:00). 금강산도 식후경이니까.

- 메트로 7, 9호선 Chaussée d'Antin La Fayette에서 도보 1분
- 40 Boulevard Haussmann, 75009
- 월~토요일 09:30-20:30, 일요일 11:00-19:00
- galerieslafayette.com

베 아슈 베 BHV | 23m

시청 맞은편 백화점 BHV 루프톱 바, 르 페슈아 마레Le Perchoir Marais('마레의 횃불'이라는 뜻)는 백화점 영업시간이 끝나야 문을 연다. 아는 사람들만 이용하는 백화점 옆쪽의 작은 입구로 들어가면 신분을 확인하고(여권/신분증을 챙기자.) 입장을 허락하는데, 가방 검사도 하고 한 번 나가면 재입장이 안 되는 등 보안이 철저하다. 시청 건물과 높이 뜬 달, 저 멀리 보이는 에펠탑까지, 낮보다 더 눈부신 밤의 파리를 감상하기에 더없이 좋다. 옥상 가운데에는 바가 있어 맥주나 핑거 푸드를 주문해 낭만 가득한 시간을 보낼 수 있다.

- 메트로 1, 11호선 Hôtel de Ville에서 도보 5분
- 33 Rue de la Verrerie, 75004
- 수~토요일 20:30-01:30, 일요일, 월요일, 화요일 휴무
- leperchoir.tv

몽파르나스 타워 Tour Montparnasse | 210m

사무실로 사용하는 이 타워 꼭대기 층에는 360도 파노라마 전망대가 있다. 유럽에서 가장 빠른 엘리베이터를 타고 38초 만에 56층까지 올라간다. 진한 하늘색 물감을 뿌린 듯 선명한 파란 하늘에 압도되는 기분은 짜릿하다.

- 메트로 4, 6, 12, 13호선 Gare Montparnasse에서 도보 1분
- 33 Avenue du Maine, 75015
- 연중무휴 09:30-23:30 (엘리베이터 마지막 운행 23:00)
- €18, 4~11세 €9.5, 장애인 €7.5, 12~18세와 학생 €15, 4세 미만 무료
- www.tourmontparnasse56.com

©W. Beaucardet

파리 필하모니 Philharmonie de Paris | 37m

뷔트 쇼몽 공원과 몽마르트르의 뒤를 이어 파리에서 세 번째 높은 언덕을 만드는 것을 목표로, 건축가 장 누벨이 야심 차게 설계한 파리 필하모니의 신사옥이다. 시내 중심과 꽤 떨어져 있지만 그래서 확연히 다른 각도에서 파리를 내려다볼 수 있다는 장점이 있다. 파리와 근교 팡탱Pantin, 릴라Lilas까지 보여 파리 시내의 전망보다 줌아웃한 느낌이다.

- 메트로 5호선 Porte de Pantin에서 도보 3분
- 221 Avenue Jean Jaurès, 75019
- 수~일요일 12:00-20:00, 금요일 12:00-일몰까지
- philharmoniedeparis.fr

미드나잇 인 파리 Midnight in Paris

자정이 지난 새벽에도 시끌시끌한 유럽의 도시는 손에 꼽는다. 파리의 많은 식당과 바들은 자정 전에 문을 닫는다. 시차 적응을 아직 하지 못한 사람, 잠들기 아쉬워서 억지로 눈꺼풀을 들어 올리는 사람을 위해 파리의 깊은 밤에 하면 좋을 것들을 소개한다.

영화 속 주인공처럼

'미드나잇 인 파리' 영화 속 장면처럼 노란 가로등 불빛에 일렁이는 센강을 보며 걷는 것. 밤이 되면 센강을 가로지르는 여러 다리에 조명이 켜져 낮과는 완전히 다른 분위기가 연출된다.

새벽에 더 맛있는 칵테일 한잔

간판도 잘 보이지 않는 스피크이지 콘셉트의 훌륭한 칵테일 바들은(p. 118 참고) 매일 밤 손님으로 가득하다. 고요한 길에 멈춰서 바의 문을 열면 칵테일 만드는 요란한 손길들이 환영해준다. 새벽 2~4시까지 영업하니 자정에 입장해도 맛있는 칵테일 서너 잔은 마실 수 있다.

신데렐라를 위한 수영장

엄밀히 말하면 자정을 넘기지 않는 밤 11시 45분에 문을 닫는 수영장에서 밤을 보내는 것이다. 파리의 여러 공공 수영장 중 피신 폰투아즈 Piscine Pontoise에서 1회권을 끊고 밤 수영을 즐겨보자. 아르 데코풍의 건물, 파란 조명, 물을 가르는 소리와 잘 어울리는 음악 삼박자가 환상적이다.

@ www.paris.fr/equipements/piscine-pontoise-2918

* 2021년 재개장 예정

빈티지 차를 타고 새벽을 달린다

2CV 파리 투어2CV Paris Tour는 1940년대 시트로엥의 2CV 차를 타고 진행하는 야경 투어로, 차 한 대를 렌트하는 것이라 프라이빗하고 특별한 기분을 낼 수 있다. 1~4시간에 이르는 다양한 구성의 프로그램이 있고, 모든 투어의 마지막 출발 시간은 밤 10시. 4시간 피크닉 투어를 신청하면 새벽 2시에 끝난다. 가장 깊은 어둠이 깔린 파리가 보고 싶거나 함께 여행하는 사람들끼리 오붓한 시간을 보내고 싶다면 추천한다. 자세한 정보는 2cvparistour.com 참고.

A Moveable Feast
파리는 날마다 축제

"젊은 시절 파리에서 살 수 있는 운이 좋은 사람이라면 그 기억은 남은 생에 당신이 어디를 가든 함께할 것이다. 파리는 '움직이는 축제'이기 때문에." 파리를 사랑했던 수많은 사람들 중 하나였던 헤밍웨이는 이렇게 말했다. 파리를 스치는, 파리에 머무는, 파리에 흠뻑 빠지는 모든 사람들은 제각각의 이유로 파리를 축제라 여기지만, 여기에서는 축제에 빠질 수 없는 식도락을 소개한다.

꼭 먹어야 할 프랑스 음식 C'est Bon!

바게트 Baguette &
프랑스 빵

프랑스의 모든 식당에서는 공기밥처럼 바게트가 나온다. 엄격한 레시피를 따라 구워 겉은 바삭하고 속은 촉촉하고 부드럽다. 그냥 먹어도, 버터를 발라 먹어도, 비프 부르기뇽에 찍어 먹어도 맛있다. 바게트로 시작해 다른 프랑스 베이커리도 맛보자.

스테이크 프리트
Steak-Frites

무엇을 먹을지 고민될 때 무난하게 선택해서 성공할 수 있는 스테이크와 감자튀김. 식당마다 소스가 조금씩 다르고 고기와 감자의 신선도에 따라 맛의 퀄리티가 차이 난다.

크로크 무슈
Croque-Monsieur

햄과 치즈를 넣은 토스트에 겉을 바삭하게 구워 만드는 인기 브런치 메뉴. 여기에 달걀 프라이를 올리면 크로크 마담이 된다.

양파 수프
Soupe à l'Oignon Gratinée

채 썬 양파를 단맛이 날 때까지 천천히 볶아 육수, 치즈를 더해 만드는 깊고 진한 맛의 수프로, 비가 오거나 쌀쌀한 날 먹으면 발끝까지 녹여준다. 겨울날의 애피타이저로 강력 추천한다.

비프 부르기뇽
Boeuf Bourguignon

와인을 듬뿍 넣고 뭉근하게 익힌 부르고뉴 지방의 쇠고기 요리. 여러 가지 채소와 함께 쇠고기를 오랜 시간 요리해서 육질이 무척 부드러우며 든든한 한 끼로 제격이다.

꼬꼬뱅
Coq au Vin

귀여운 이름의 닭 요리. 이번에는 닭을 레드 와인에 요리한 것으로 역시 부르고뉴 지방에서 처음 만들어졌다.

스테이크 타르타르
Steak Tartar

프랑스의 육회. 우리처럼 간을 하여 참기름, 채 썬 배와 함께 먹지 않고 간 고기에 케이퍼와 양파를 조금 넣고 날달걀 노른자를 얹어 내오는 정직한 맛이다.

물 프리트
Moules Frites

벨기에 요리이지만 프랑스에서도 인기가 많다. 노르망디 지역에서 특히 많이 볼 수 있다. 홍합에 사과주를 붓고 끓여 감자튀김과 함께 먹는데 토마토, 오일, 크림 등 다양한 소스 버전이 있다.

포토푀
Pot-au-Feu

쇠고기, 뿌리채소, 향신료를 뭉근하게 끓인 스튜로, '불 속의 솥'이라는 이름에 어울리게 한 솥에 계속해서 육수와 재료를 더해가며 오래 먹는 요리.

A Moveable Feast
C'est bon

에스카르고
Escargot

달팽이! 프랑스를 대표하는 독특한 요리로 보통 애피타이저로 먹는다. 식감은 골뱅이와 비슷하고, 달팽이 자체에서 나는 맛은 거의 없고 진한 마늘과 버터 소스 맛으로 먹는다.

오리 콩피
Confit de Canard

가스콩 지방에서 유래한 오리고기 요리로, 허벅지 살을 오리 지방으로 요리해 촉촉하고 부드럽다. 껍질은 바삭하게 익힌다.

굴
Huître

가격은 비싸지만 자연산 굴이 대부분으로, 알이 굵고 신선도가 엄청나다. 북프랑스 브르타뉴 지역의 굴을 최고로 쳐준다.

트뤼프
Truffes

전 세계 송로버섯(트뤼프)의 45%를 담당하는 프랑스! kg당 €200~600까지 나가는, '블랙 다이아몬드'라고 불린다. 1월이 시즌으로 이때의 송로버섯이 가장 맛있다.

푸와 그라
Foie Gras

고급 프렌치 정찬에 빠지지 않고 등장하는 거위 간 요리. 수요가 많아 거위를 무자비하게 사육하는 경우가 있어 최근에는 농장 거위 푸와 그라를 선호한다. 프랑스 남서부 지역의 푸와 그라가 특히 유명하다.

수플레
Soufflé

밀가루, 달걀, 버터 반죽을 오븐에서 부풀려 구워내는 보들보들한 수플레는 '부풀어 오른'이라는 프랑스어에서 이름이 유래했다. 짭짤한 수플레는 식사로, 달콤한 것은 디저트로 먹는다.

키쉬
Quiche

프랑스 로레인Lorraine 지방에서 처음 만들어진 파이의 하나로 햄, 치즈, 달걀 등 짭조름한 맛을 내는 필링을 넣어 굽는다. 베이컨과 달걀을 이용한 가장 기본적인 키쉬를 '키쉬 로레인'이라고 부른다.

크레페
Crêpes

밀가루 반죽을 얇게 구워 초콜릿이나 꿀, 설탕을 뿌려 디저트, 간식으로 먹거나 햄, 치즈, 달걀 등을 넣어 간단한 식사로도 먹는다. 브르타뉴 지방에서 처음 만들어졌고 과거에는 성촉절(2월 2일, 성모 마리아의 순결을 기념하는 축제일)에만 먹었다.

마카롱Macaron과 수많은 프랑스 디저트

한입에 쏙 넣고 우물거리면 오랫동안 달콤한 맛이 맴도는 귀여운 프랑스 디저트. 최근 한국에서 크게 인기를 끌고 있다. 마카롱 외에도 일일이 다 열거할 수 없는 세계 최고의 디저트를 실컷 먹어보자.

이 외에도 남프랑스로 내려가면 흔히 볼 수 있는 얼큰한 해물 스튜 부야베이스Bouillabaisse, 흰 강낭콩과 고기를 천천히 끓여 만드는 까술레Cassoulet, 여러 가지 채소를 썰어 토마토소스를 곁들이는 라따뚜이Ratatouille 등의 프랑스 요리도 추천한다. 남부에서보다는 덜 흔하지만 프랑스 레스토랑에 가면 쉽게 볼 수 있다. 신선한 계절 재료를 사용할수록 맛이 더욱 살아나는 건강한 메뉴다.

레스토랑 기본예절 Restaurant Etiquette

· 레스토랑 문화, 에티켓 ·

1
여유로운 식사 시간

느리다. 정말 느리다. 뭐든 빨리빨리인 한국 사람들에게 프랑스 식사 문화는 너무나 느리게 느껴질 수밖에 없다. 15분 식사하고 얼른 나가서 그 다음 명소를 찾아 나서자는 계획은 불가능하다. 식사 시간은 즐겁고 여유로우며 대화가 있어야 한다는 것이 이들의 지론. 천천히 먹고 마시는 행복을 공감해보자.

2
웨이터를 소리 내어 부르지 않는다

자리에 앉히고, 메뉴판을 가져다주고, 주문을 받고, 음식을 내오고, 빈 그릇을 치우고, 계산서를 가져다주고, 계산을 하고, 거스름돈을 가져다주는 모든 과정이 오래 걸린다. 웨이터를 소리 내어 부르거나 손을 흔들어도 봐도 못 본 척하는 경우가 많다. 외국인에 대한 차별이 아니라 매너에 어긋나기 때문이다. 담당 웨이터에게 눈빛으로 와달라고 하거나 손을 살짝 들면 된다. 그런 후에도 10분 더 걸리는 경우는 다반사다.

3
팁은?

미국과 달리 프랑스를 포함한 대부분의 유럽 국가들은 팁(15% 서비스 차지)이 가격에 포함되어 있어 팁을 받지 않는다. 그러나 웨이터들이 이 15% 서비스 차지를 임금으로 받는 것이 아니라 레스토랑에서 가져가기 때문에 보통 잔돈은 남기고 나오는 편이다. 보통 카페는 아니고 식당에서 서비스가 좋았을 경우 음식 가격의 10~15%를 팁으로 준다.

HOT TIP

- 2008년부터 파리의 모든 공공장소는 금연이다.
- 많은 레스토랑들이 점심과 저녁 사이 브레이크 시간을 갖는다. 식사 시간이 지나 찾는 경우 영업시간을 확인할 것. 쉬는 시간 없이 영업하는 식당이나 카페는 '세흐비스 꽁틴뉴Service Continu'라고 써 붙이기도 한다.

메뉴 속 프랑스어

한국어	프랑스어	발음
메뉴	La carte	라 꺅트
세트 메뉴	Le menu, La formule	르 메뉴, 라 포뮬
채식 메뉴	Plats végétariens	플라 베제타히엉
어린이 메뉴	Plats d'enfan	플라 당팡
오늘의 요리	Le plat du jour	르 플라드 쥬
서비스 차지 포함	Service compris	세흐비스 콤프히
서비스 차지 미포함	Service non compris	세흐비스 농 콤프히
육류	Viandes	비앙드
채소	Légumes	레귐
갑각류	Crustacés	크뤼스타세
생선	Poissons	프아송
와인	Vin	뱅
레드 와인	Vins rouges	뱅 후쥬
화이트 와인	Vins blancs	뱅 블랑
스파클링 와인	Vin moussant	뱅 무쌍
로제 와인	Vins rosés	뱅 호제
소금	Sel	쎌
후추	Poivre	뽀아브흐
식전주	Apéritifs	아페리티프
애피타이저	Entrées	앙트레
메인 요리	Plats	플라
디저트	Dessert	데쎄흐
식후주	Digestifs	디제스티프
케이크	Gateau	갸또
치즈	Fromages	프로마쥬
아이스크림	Glace	글라스
음료	Boissons	부아쏭
에스프레소	Café	카페
아메리카노	Café Allongé	카페 알롱제
주스	Jus	쥬
맥주	Bière	비에르
수돗물	Carafe d'eau	꺄하프 도
미네랄 워터	Eau minérale	오 미네할
정수	Eau plate	오 플라트
탄산수	Eau Pétillante	오 페틸랑트

기타 유용한 단어 및 표현

한국어	프랑스어	발음
웨이터(남)	Le serveur	르 세뵈흐
웨이터(여)	La serveuse	라 세흐뵈즈
셰프(남)	Le chef	르 셰프
셰프(여)	La chef	라 셰프
금연	Non-fumeur	농퓨뫼흐
	Défense de fumer	데펑스 드 퓨메
흡연	Fumeur	퓨뫼흐
폐점 시간	Ferméture	페흐메튀흐
맛있게 드세요	Bon appétit	보나뻬띠
맛있습니다	C'est délicieux	쎄 델리시우
완벽합니다	C'est parfait	쎄 빡페
(건강을) 위하여!	À la vôtre!	알 라 보트히!
(고기를) 어떻게 구워드릴까요?	Quelle cuisson?	켈 퀴쏭?
거의 굽지 않음	Saignant	새냥
아주 레어	Bleu	블뢰
레어	Cru	크휘
미디엄 레어	À point	아 뽀앙
미디엄	Medium	메디옴
웰던	Bien cuit	비앙 퀴
아주 웰던	Calciné	칼시네

075

미슐랭 & 파인 다이닝 Michelin & Fine Dining

프랑스의 유명 타이어 회사 미슐랭Michelin에서 해마다 발행하는 레스토랑 가이드인 <미슐랭 가이드>에 오른 식당을 미슐랭 레스토랑이라고 한다. 미슐랭 평가 요원들은 손님으로 가장해 1년에 한 식당을 여러 차례 방문하고 1. 식재료 수준 2. 요리법과 풍미의 완벽성 3. 셰프의 개성과 창의성 4. 가격에 합당한 가치 5. 메뉴의 통일성과 일관성을 기준으로 평가한다. 파리는 유럽에서 가장 많은 미슐랭 별을, 세계에서는 두 번째로 많은 별을 보유한 도시다. 어렵게 추려내어 특별한 날 꼭 가볼 만한 레스토랑을 추천한다. 보통 최소 한 달 전에는 예약해야 하고 대부분 재킷을 요하니 드레스업할 것을 권한다.

✤	해당 분야에서 아주 뛰어난 레스토랑	ⓐ **빕 구르망**Bib Gourmand '가성비가 좋은' 맛있는 레스토랑으로 가격대가 낮아도 미슐랭 별을 받을 만하면 고민 없이 별을 수여한다. 빕 구르망 레스토랑의 메뉴 가격은 €40 이하다.
✤✤	훌륭한 요리를 맛보기 위해 멀리 찾아갈 만한 레스토랑	
✤✤✤	이례적으로 우수한 요리를 맛보기 위해 특별히 멀리 오는 수고를 해도 아깝지 않은 레스토랑	ⅰ○ **아시에트 미슐랭**L'Assiette Michelin / **더 플레이트**The Plate 2018년부터 새로 만들어진 등급으로 빕 구르망이나 별을 받지 못하지만 훌륭한 음식을 만드는 식당에 수여한다.

아르페쥬 L'Arpège ✤✤✤

파리에서 미슐랭 별 3개를 받은 레스토랑은 고작 10개 남짓한데 그중 해마다 그 별을 유지하는 레스토랑은 굉장히 드물다. 1996년부터 한 해도 거르지 않고 매년 별 3개를 유지하고 있는 아르페쥬. 자신의 요리가 음악이라면 화음이 훌륭한 선율일 거라고 말하는 연주가와 같은 알랭 파사르의 레스토랑이다. 음악가 집안 출신답게 요리를 선율에 빗대어 표현한다. 전통과 신선한 창의성 사이에서 균형을 갖춘 심플하고도 맛이 깊은 요리를 선보이며 직접 파리 근교 지방의 농장에서 재배한 채소를 사용한다.

- Ⓜ 메트로 13호선 Varenne에서 도보 3분
- 🏠 84 Rue de Varenne, 75007
- ☎ +33 1 47 05 09 06
- 🕒 월~금요일 12:00-14:30, 19:00-20:30, 토요일, 일요일 휴무
- € 테이스팅 메뉴 €420
- @ www.alain-passard.com

A Moveable Feast
Michelin & Fine Dining

르 그랑 베푸르 Le Grand Véfour ✿✿

1784년 오픈한 유서 깊은 식당으로 프랑스 정재계와 문화 인사들이 단골이었다. 베샤멜 또는 벨루테 소스에 치즈를 더해 개발한 모네이 소스Sauce Mornay가 이 식당에서 처음 소개되었다고 한다. 1940년대 장 콕토가 메뉴를 디자인하고 신고전주의 데코로 꾸미는 등 지금의 고전주의와 현대적인 세련됨이 융합된 정체성이 확립되었다. 나무랄 데 없는 훌륭한 프렌치 요리는 물론, 고풍스러운 커틀러리와 그릇, 예술적인 플레이팅으로 유명하다.

- Ⓜ 메트로 7, 14호선 Pyramides에서 도보 7분
- 🏠 17 Rue de Beaujolais, 75001　☎ +33 1 42 96 56 27
- 🕐 월~금요일 점심, 저녁, 홈페이지 예약 요망(브레이크 타임 있음), 토요일, 일요일 휴무, 7월 말~8월 말 여름 휴무
- € 점심 세트 €115/€315
- @ www.grand-vefour.com

기 사부아 Guy Savoy ✿✿✿

세계적인 셰프 기 사부아가 자신의 이름을 걸고 운영하는 식당으로, 풍미 좋은 프랑스 요리를 선보이며 큼직한 치즈 덩어리들이 먹음직스럽게 놓여 있는 치즈 카트도 인기가 많다. 비주얼이 훌륭해 눈도 입도 모두 즐거운 식사를 경험할 수 있는 레스토랑이다. 기 사부아가 손님 만나는 것을 즐기는 편이라 종종 식사 중 셰프와 이야기를 나누거나 사진을 찍었다는 후일담이 잦다. 센강변에 세컨드 레스토랑 레 부키니스트Les Bouquinistes도 운영한다.

- Ⓜ 메트로 7호선 Pont Neuf에서 도보 6분 / 메트로 4호선 및 RER B, C선 Saint-Michel-Notre-Dame에서 도보 7분
- 🏠 11 Quai de Conti, 75006　☎ +33 1 43 80 40 61
- 🕐 화~금요일 12:00-14:00, 19:00-22:30, 토요일 19:00-22:30, 일요일, 월요일 휴무
- € 13코스 메뉴 €478
- @ www.guysavoy.com

라뜰리에 드 조엘 로부숑 L'Atelier de Joël Robuchon ✿✿

뉴욕, 방콕, 홍콩, 라스베이거스, 런던, 싱가포르 등 세계 여러 나라에 이름을 알린 로부숑 셰프의 미슐랭 레스토랑으로 파리에는 생제르맹과 샹젤리제 지점이 있다. 영업시간이 길어 다른 미슐랭 레스토랑들에 비해 비교적 예약하기 쉽다. 프렌치 요리의 정석 그리고 그 현대적 해석이 눈에 띄는 방대한 메뉴는 모두 추천할 만한데, 친절한 서버를 믿고 추천받아 주문해보자. 그 어떤 요리보다도 사이드로 나오는 매시 포테이토로 유명한데, 로부숑의 매시 포테이토를 안 먹어본 사람은 있어도 한 번만 먹어본 사람은 없다.

- Ⓜ 메트로 12호선 Rue du Bac에서 도보 3분
- 🏠 5 Rue de Montalembert, 75007　☎ +33 1 42 22 56 56
- 🕐 매일 11:30-15:30, 18:30-00:00
- € 런치 3코스 €49, 4코스 €69, 5코스 €89
- @ www.joel-robuchon.com/en/restaurants-paris-atelier-saint-germain.php

셉팀 Septime

불과 27세 나이에 미슐랭 레스토랑의 셰프가 된 베트랑 그레보Bertrand Grébaut의 레스토랑으로, 2011년 오픈과 동시에 파리 미식가들을 11구 가장자리로 끌어모았다. 아르페쥬와 아스트랑스에서 일한 경험을 바탕으로 젊고 감각적인 셰프는 제철 재료만 사용해 요리한 최고급 프랑스 요리를 합리적인 가격에 내놓는다. 저녁 세트도 €100를 넘지 않아 사람들이 몰리는 바람에 예약하기 힘들다. 일찌감치 자리를 확보할 것.

- Ⓜ 메트로 9호선 Charonne에서 도보 5분 / 메트로 8호선 Ledru-Rollin에서 도보 6분
- 🏠 80 Rue de Charonne, 75011
- ☎ +33 1 43 67 38 29
- 🕐 월요일 19:30-22:00, 화-금요일 12:15-14:00, 19:00-22:00, 토요일, 일요일 휴무
- € 점심 세트 €60
- @ www.septime-charonne.fr

클라마토 Clamato

셉팀에서 가장 인기 있던 바다 내음 가득한 신선한 해산물 요리만을 제공하기 위해 따로 클라마토를 차렸다. 매일 신선한 해산물을 프랑스 전역에서 공수받는다. 셉팀처럼 훌륭한 내추럴 와인 리스트를 보유하고 있어 요리의 풍미를 더욱 살려주는 좋은 술과 함께할 수 있다. 예약은 받지 않으며 셉팀 옆에 있다.

- 🏠 80 Rue de Charonne, 75011
- 🕐 수~금요일 19:00-23:00, 토~일요일 12:00-23:00, 월요일, 화요일 휴무
- ☎ +33 1 43 72 74 53
- € 다양한 해산물 플래터 €65, 그 외 €15~39
- @ www.clamato-charonne.fr

포토카 Pottoka

미슐랭은 '손님들이 포토카의 꾸밈없고 솔직한 음식을 먹고 인생의 즐거움을 찾는다'라고 평했다. 스페인 바스크Basque 출신의 셰프가 산과 바다에서 난 최상의 식재료를 가지고 창의적으로 요리한 메뉴를 야심차게 선보인다. 포토제닉한 플레이팅이 수준 높고 양고기와 디저트 평이 좋다.

- Ⓜ 메트로 8호선 École Militaire 및 La Tour-Maubourg에서 도보 7~9분
- 🏠 4 Rue de l'Exposition, 75007
- ☎ +33 1 45 51 88 38
- 🕐 매일 12:00-14:30, 19:30-22:30
- € 점심 2/3코스 메뉴 €23/€28
- @ pottoka.fr

프랑스 요리 Cuisine Française

지중해와 대서양에 면하고 농수산물, 축산물이 풍부해 식재료에 부족함이 없는 천상의 조건을 타고난 식도락의 나라, 프랑스. 재료를 우선시하는 것, 화려한 기술과 섬세하고 깊은 맛, 아름다운 플레이팅이 특징이다. 이탈리아의 카트린 드 메디시스가 최고의 요리사들과 새로운 식재료를 프랑스에 소개한 것을 계기로 프랑스 미식 문화는 큰 발전을 이루었고, 2010년에는 유네스코 인류 무형 문화유산으로 등재되었다.

비스트로와 브라스리

프랑스에서도 식당은 레스토랑(헤스토헝Restaurant), 짧게는 헤스토Resto라고 부르는데, 좀 더 세분화하여 고급 식당을 가리키는 레스토랑과 조금 개념이 다른 비스트로 또는 브라스리라는 이름으로 영업하는 곳도 쉽게 볼 수 있다. 비스트로와 브라스리의 차이점은 무엇일까?

비스트로 Le Bistro

편히 식사할 수 있는 자유로운 분위기의 작은 식당을 말한다. 러시아 병사들이 나폴레옹 전시 때 식당에서 음식을 재촉하며 '비스트로(러시아어로 '빨리'라는 뜻)!'라고 외친 것에서 유래했다는 설도 있다.

브라스리 La Brasserie

'맥주를 양조하다'라는 뜻의 '브라쎄Brasser'에서 기인한 브라스리는 프랑스 알자스 지방에서 처음 생겨났다. 비스트로보다는 격식을 차려야 하는, 술을 파는 바Bar를 갖춘 식당이다.

A Moveable Feast
Cuisine Française

오 피에 뒤 꼬숑 Au Pied de Cochon

레스토랑과 이름이 같은 메뉴 'Pied de cochon'(베르네즈Béarnaise, 소스를 얹은 족발 구이)와 양파 수프로 유명하다. 새벽 3시에 배가 고프면 찾을 수 있는 파리의 몇 안 되는 식당이다. 족발뿐 아니라 코, 꼬리, 소시지 등 돼지의 여러 부위를 맛볼 수 있다. 도전 정신이 강한 사람에게는 돼지의 꼬리, 귀, 코와 발끝을 한데 모아 요리한 '텅타시옹 드 생트 앙트완Tentation de St Antoine'을 추천한다.

- Ⓜ 메트로 4호선 Les Halles에서 도보 2분 / 메트로 1호선 Louvre-Rivoli에서 도보 6분
- 🏠 6 Rue Coquillière, 75001
- ☎ +33 1 40 13 77 00
- ⏰ 24시간, 연중무휴
- € 베르네즈 소스를 곁들인 오 피에 뒤 꼬숑 €22, 텅타시옹 드 생트 앙트완 €27
- @ www.pieddecochon.com

보핑거 Bofinger

1864년 개업해 파리에서 가장 오래된 브라스리로, 벨 에포크Belle Epoque 실내장식과 알자스 요리로 유명하다. 대표 메뉴는 굴 요리와 갑각류. 꾸밈없는 우아함을 매력으로 파리지앵 단골들의 입맛을 사로잡는다. "뜨거운 거 나옵니다Chaud Devant!" 하고 외치는 웨이터를 구경하는 재미도 있다. 맞은편에는 프랑스 요리를 전문으로 하는 동생 가게 '르 프티 보핑거Le Petit Bofinger'가 있다.

- Ⓜ 메트로 1, 5, 8호선 Bastille에서 도보 2분
- 🏠 5-7 Rue de la Bastille, 75004
- ☎ +33 1 42 72 87 82
- ⏰ 월~일요일 12:00-15:00, 18:30-00:00
- € 2코스 메뉴 €26, 3코스 메뉴 €33
- @ www.bofingerparis.com

브라스리 립 Brasserie Lipp

예약을 받지 않는 전통을 아직까지 고수하는 콧대 높은 립은 헤밍웨이를 비롯한 유명인들의 단골 브라스리로 유명하다. 1920년대에 립을 인수한 카제Cazes는 이곳을 파리 최고의 문학 살롱으로 운영한 공로로 레종 훈장도 받았다. 거울이 테두리처럼 둘려져 있는 인테리어와 유명인에게는 약간의 무관심으로, 일반 손님에게는 세심한 신경을 쓰는 센스 있는 서비스로도 잘 알려져 있다. 대표 메뉴는 슈크루트(양배추 절임)에 올린 돼지 정강이 요리.

- Ⓜ 메트로 4호선 Saint-Germain-des-Prés에서 도보 2분
- 🏠 151 Boulevard Saint-Germain, 75006
- ☎ +33 1 45 48 53 91   🕐 매일 09:00-01:00
- € 돼지 정강이와 슈크루트 €25
- @ www.brasserielipp.fr

그랑쾨흐 GrandCœur

마레 지구의 한 댄스 센터 스튜디오 앞에 있는 차분한 분위기의 세련된 비스트로. 또 다른 마레 맛집 글루Glou와 자자Jaja의 주인들이 운영한다. 비비드한 인테리어와 넓은 테라스 자리, 촛불 조명이 세련되고 트렌디한 메뉴를 더욱 돋보이게 한다. 프랑스, 이탈리아, 아르헨티나 요리를 베이스로 하는 건강한 메뉴를 선보인다.

- Ⓜ 메트로 1, 11호선 Hôtel de Ville 및 메트로 11호선 Rambuteau에서 도보 5분
- 🏠 41 Rue du Temple, 75004
- ☎ +33 1 58 28 18 90
- 🕐 매일 12:00-14:00, 19:15-22:30
- € 점심 2/3코스 세트 €23/€30
- @ www.grandcoeur.paris

셰 페르낭 Chez Fernand

1970년대부터 좌안의 맛있고 친절한 동네 식당으로 군림해온 '페르낭네 집'. 전통 프랑스 레시피를 고수하고 신선한 재료를 고집하는 줏대 있는 맛집이다. 보르도 그랑 크뤼와 잘 알려지지 않은 좋은 가격대의 훌륭한 프랑스 와인 리스트로도 유명하다. 입에 넣자마자 고기가 살살 녹는, 감자를 아낌없이 넣어 든든하고 뜨끈한 비프 부르기뇽을 추천한다.

- Ⓜ 메트로 10호선 Mabillon에서 도보 2분
- 🏠 13 Rue Guisarde, 75006
- ☎ +33 1 43 54 61 47
- 🕐 매일 12:00-14:30, 19:00-23:00
- € 메인 요리 €19.5~29.5
- @ www.chezfernand-guisarde.com

레 코코트 Les Cocottes

2018년 미슐랭 유러피언 멘토 상을 받은 프랑스 셰프 크리스티앙 콩스탕의 레스토랑. 작은 솥을 뜻하는 귀여운 프랑스 단어 '코코트'에 담아 내오는 메인 요리들을 선보인다. 족발 찜이나 버섯 오믈렛, 양고기 등 속을 덥혀줄 따끈한 요리가 종류별로 준비되어 있다. 콩스탕 셰프는 레 코코트 외에도 파리에 여러 맛집을 운영하고 있으니 가격대와 콘셉트에 따라 골라 가봐도 좋다.

- Ⓜ 메트로 8호선 École Militaire 및 La Tour-Maubourg에서 도보 8~10분
- 🏠 135 Rue Saint-Dominique, 75007
- ☎ +33 1 45 50 10 28
- 🕐 매일 12:00-23:00
- € 점심 2/3코스 세트 €25/€30
- @ lescocottes.paris

셰 자누 Chez Janou

발랄한 노란 냅킨과 익살스러운 일러스트레이션 메뉴판이 인상적인 편안한 식당. 관자 리소토, 라따뚜이, 에스카르고 파스타 등 정통 프렌치 가정식과 세계 각국 여행객들의 입맛에 맞게 살짝 변형한 요리를 선보이는, 항상 바쁜 마레 지구의 맛집이다.

- Ⓜ 메트로 8호선 Chemin Vert에서 도보 3분
- 🏠 2 Rue Roger Verlomme, 75003
- ☎ +33 1 42 72 28 41
- 🕐 월~금요일 12:00-15:00, 19:00-24:00,
  토~일요일 07:00-16:00
- € 에스카르고 파스타 €18
- @ www.chezjanou.com

르 흘레 드 렁트헤코트 Le Relais de l'Entrecôte

파리에서 가장 유명한 맛집 중 하나인 스테이크 전문 비스트로. 메뉴는 딱 하나로 대표적인 프랑스 요리 렁트헤코트 스테이크와 호두 소스 샐러드, 얇은 감자튀김 그리고 특제 소스뿐이다. 양이 넉넉한 편인데 무료로 한 번 리필을 해주며 작은 양초로 요리를 식사 내내 덥혀주는 것으로도 유명하다. 파리에 3개 지점, 제네바에도 지점이 있다. 생제르맹 지점의 분위기와 서비스가 가장 좋다.

- Ⓜ 메트로 4호선 Saint-Germain-des-Prés에서 도보 2분
- 🏠 20 Rue Saint-Benoît, 75006
- ☎ +33 1 45 49 16 00
- 🕐 평일 12:00-14:30, 19:00-23:30, 주말과 공휴일 12:00-14:45, 19:00-23:30
- € 스테이크와 감자튀김 €26.5
- @ www.relaisentrecote.fr

세계 각지에서 날아온 최고의 맛 Cuisine Internationale

세계에서 손꼽히는 여행지인만큼 여러 나라의 손님을 대접하기 위한 다양한 레스토랑이 파리 곳곳에 있다. 이탈리아 본토보다 더 맛있는 이탤리언 레스토랑, 인생 쌀국수를 만날 베트남 식당 등 프렌치 음식만 내내 먹다가 파리를 떠나기엔 각양각색의 맛집이 너무 많다.

· 베트남 ·

테이크 아웃 중국 식당 못지않게 파리 골목마다 보이는 베트남 식당. 중국 요리는 한국에서 먹는 것이 훨씬 맛있는데, 베트남 요리는 파리의 압도적인 승이다. 담백하고 든든하며 짭짤하고 바삭해 후루룩 마실 점심 식사로 딱이다. 소문난 맛집은 줄을 오래 서야 하나 그 시간이 아깝지 않을 정도로 맛있다.

송 흥 Song Heng

파리지앵들이 책에 쓰지 않는 조건으로 알려주곤 했던 로컬 맛집이 지금은 많은 가이드북에 빠지지 않고 등장하는 마레 최고의 맛집이다. 비좁은 가게에 테이블이 몇 개 놓여 합석은 당연하고, 식사 시간이면 한정 없이 줄을 서야 한다. 궂은 날씨에도 2시간씩 기다리는 사람들이 있을 정도다. 메뉴는 수프와 보분(국물 쌀국수, 비빔 쌀국수) 2개. 프티와 그랑 사이즈 중 고를 수 있고 포장도 가능하다.

- 메트로 3, 11호선 Arts et Métiers에서 도보 1분
- 3 Rue Volta, 75003 +33 1 42 78 31 70
- 월~토요일 11:00-16:00, 일요일 휴무
- 프티 €8, 그랑 €8.8
- @ www.facebook.com/pages/Song-Heng/156614561034185

르 프티 깜보쥬 Le Petit Cambodge

젊은이들이 즐겨 찾는 생마르탱 운하 부근의 인기 식당으로 언제나 사람들로 가득하다. 깔끔하고 정갈한 플레이팅과 인테리어로 다른 베트남 식당보다 자릿값, 비주얼 값이 더해진 가격을 받지만 아깝지 않은 맛이다. 보분을 비롯해 베트남 요리가 여러 종류 있어 다양한 입맛을 만족시켜준다.

- 메트로 11호선 Goncourt/Hôpital St Louis에서 도보 4분
- 20 Rue Alibert, 75010
- +33 1 42 45 80 88
- 일~목요일 12:00-23:00, 금~토요일 12:00-23:30
- 보분 스페셜 €13.5
- @ lepetitcambodge.fr

A Moveable Feast
Cuisine Internationale

· 일본 ·

한국에서도 쉽게 먹을 수 있는 메뉴이고 가격도 2배 가까이 나가지만 파리에서 치즈와 와인, 바게트와 초콜릿을 여러 날 먹고 마시다보면 뜨끈한 우동 국물이 그리워지기도 한다. 한국의 일식집들에 비해 특별히 더 맛있지는 않지만 우리가 잘 알고 있는 익숙한 한 그릇을 만날 수 있다.

사누키야 Sanukiya 🍴

생면 우동으로 유명한 1구의 일식집. 피라미드역 부근에 유독 일식집이 많은데, 점심시간에 가장 줄을 길게 선 곳이 사누키야다. 웨이팅이 길어져 출출한 손님들은 기린 맥주와 튀김을 시켜놓고 우동 만드는 모습을 구경하며 따끈한 한 그릇을 기다린다. 한국어 메뉴도 있다.

- Ⓜ 메트로 7, 14호선 Pyramides에서 도보 2분
- 🏠 9 Rue d'Argenteuil, 75001   ☎ +33 1 42 60 52 61
- 🕐 매일 11:30-23:00   € 덴뿌라 우동 €18, 미소타마 우동 €14
- @ www.facebook.com/sanukiyaparis

쿠니토라야 Kunitoraya 🍴

사누키야와 마찬가지로 우동을 주메뉴로 하는 일식 전문집이다. 얼큰한 우동 국물과 통통한 면발의 조화가 좋다. 일본에서 공수한 밀가루로 직접 뽑은 생면을 사용한다. 인테리어는 20세기 초 파리 메트로를 콘셉트로 한 것이라고.

- Ⓜ 메트로 7, 14호선 Pyramides에서 도보 4분
- 🏠 5 Rue Villedo, 75001   ☎ +33 1 47 03 07 74
- 🕐 화~토요일 12:15-14:30, 19:30-22:30, 일요일 런치만 영업, 월요일 휴무
- € 카케 우동 €10   @ kunitoraya.com/villedo/villedo1

· 중국 ·

파리에는 정말 많은 중국 식당이 있는데, 보통 전자레인지에 데워 먹는 용으로 판매하는 테이크 아웃 식당이 대부분이고 테이블이 몇 개 있어 먹고 갈 수도 있다. 종류가 많고 우리 입맛에 크게 나쁘지 않지만 맛있는 중식당을 찾기가 하늘에 별 따기다. 그래서 현지인도 중국 여행객도 한국 미식가도 입을 모아 추천하는 곳을 소개한다.

트화 푸아 플뤼 드 피멍 Trois Fois Plus de Piment

매콤한 게 당긴다면 파리에서 제일가는 사천 식당으로 가보자. 11구에 있는 두 푸아 플뤼 드 피멍Deux Fois Plus de Piment('고춧가루 두 번!', 33 Rue Saint-Sébastien, 75011)의 자매 식당으로, '고춧가루 세 번'이라는 귀여운 뜻의 이름을 가지고 있다. 매운 정도를 1~5단계 중 골라 주문할 수 있는데 매운 걸 좋아하는 사람은 3단계, 매운맛 달인은 4단계 이상을 주문한다. 탄탄면과 만두가 시그니처. 가지 요리도 맛있다. 근처(170 Rue Saint-Martin)의 쌩크 푸아 플뤼스 Cinq Fois Plus도 중국 음식점이다.

- Ⓜ 메트로 11호선 Rambuteau에서 도보 2분
- 🏠 184 Rue Saint-Martin, 75003
- ☎ +33 6 52 66 75 31
- 🕐 화~토요일 12:00-15:00, 19:00-23:00, 일요일 12:00-15:00, 18:45-23:00, 월요일 휴무
- € 탄탄면 €10.9, 라비올리(만두) €5.4   @ troisfoisplusdepiment.fr

A Moveable Feast
Cuisine Internationale

◦ 이탈리아 ◦

이탈리아 사람들도 엄지를 들어 올리는 이탈리언 식당이 파리에 꽤 있는데, 고급스러운 가정식을 표방하는 빅 마마 그룹이 거느린 곳이 대부분이다. 이제는 믿고 먹는 이탈리언 식당 브랜드로 자리 잡은 빅 마마를 소개한다.

빅 마마 그룹 Big Mamma Group

최근 몇 년 동안 파리의 이탈리아 요리 업계를 정복한 '엄마'의 손길. 6개의 식당을 거느리고 있다. 예약을 받지 않아 보통 식사 시간 30분 전부터 줄을 서서 기다리는데, 개업한 지 수년이 지난 곳도 여전히 줄이 길다. 부라타 치즈, 올리브 오일, 토마토 등 이탈리아의 200여 개 공급처에서 공수한 신선한 식재료로 만든 가정식을 먹어보자. 대부분의 스태프는 이탈리아 사람이고 파스타, 피자, 커피, 젤라토, 리몬첼로, 맥주까지 모두 직접 만들어 판매한다. 6개 식당에서 볼 수 있는 공통 메뉴는 산 다니엘 햄, 피자 마르게리타, 송로버섯 피자, 티라미수다. 자세한 정보는 www.bigmammagroup.com 참고.

이스트 마마 East Mamma
│ 이탈리아 트라토리아 콘셉트 │

- Ⓜ 메트로 8호선 Ledru-Rollin에서 도보 1분
- 🏠 133 Rue du Faubourg Saint-Antoine, 75011
- ☎ +33 1 43 41 32 15
- 🕐 월~금요일 12:00-14:15, 18:45-22:45, 토요일 12:00-15:00, 18:45~23:00, 일요일 12:00-15:00, 18:45-22:45

오베르 마마 Ober Mamma
│ 칵테일 바+화덕 레스토랑 │

- Ⓜ 메트로 5, 9호선 Oberkampf에서 도보 2분
- 🏠 107 Boulevard Richard Lenoir, 75011
- ☎ +33 1 58 30 62 78
- 🕐 월~목요일 12:00-14:30, 19:00-22:45, 금요일 12:00-14:30, 19:00-23:00, 토~일요일 12:00-15:30, 19:00-23:00

빅러브 BigLove
│ 글루텐 프리 피자+이탈리아 브런치 │

- Ⓜ 메트로 8호선 Filles du Calvaire에서 도보 4분
- 🏠 30 Rue Debelleyme, 75003
- ☎ +33 1 42 71 43 62
- 🕐 월~목요일 12:00-14:30, 19:00-22:45, 금요일 12:00-14:30, 19:00-23:00, 토요일 09:00-15:45, 19:00-23:00, 일요일 09:00-15:45, 19:00-22:45

마마 프리미 Mamma Primi
│ 수제 피자 집 │

- Ⓜ 메트로 2호선 Rome에서 도보 2분
- 🏠 71 Rue des Dames, 75017
- ☎ +33 1 47 42 33 31
- 🕐 월~목요일 12:00-14:30, 19:00-22:45, 금요일 12:00-14:30, 19:00-23:00, 토~일요일 12:15-16:00, 19:00-23:00

피제리아 포포라레 Pizzeria Popolare
│ 피자 전문점 │

- Ⓜ 메트로 3호선 Bourse에서 도보 2분
- 🏠 111 Rue Réaumur, 75002
- ☎ +33 1 42 21 30 91
- 🕐 월~수요일 11:45-14:15, 18:30-22:30, 목~금요일 11:45-14:15, 18:30-22:45, 토요일 12:00-15:15, 18:30-22:45, 일요일 12:00-15:15, 18:30-22:30

핑크 마마 Pink Mamma
│ 스타일리시한 육류 레스토랑 │

- Ⓜ 메트로 2, 12호선 Pigalle 및 메트로 2호선 Blanche에서 도보 4분
- 🏠 20bis Rue de Douai, 75009
- ☎ +33 1 40 36 03 94
- 🕐 월~수요일 12:00-14:15, 18:45-22:45, 목~금요일 12:00-14:15, 18:45-23:00, 토요일 12:00-15:00, 18:45-23:00, 일요일 12:00-15:00, 18:45-22:45

A Moveable Feast
Cuisine Internationale

• 코셔 Kosher •

유대교 율법에 따라 만드는 음식, 코셔는 마레 지구를 비롯한 파리 곳곳에서 어렵지 않게 볼 수 있다. 종교적인 믿음으로 일부러 찾아오는 사람과 맛있어서 찾아오는 사람 반반이다. 코셔 특유의 향신료에 거부감이 있더라도 라스 뒤 팔라펠의 팔라펠은 정말 맛있을 것이다.

라스 뒤 팔라펠 L'as du Fallafel

세계 어디를 가도 이곳보다 더 맛있는 팔라펠을 파는 곳은 없을 것이다. 팔라펠은 익힌 병아리 콩을 갈아 양파와 각종 허브로 간을 하고 튀긴 것을 피타 빵이나 플랫브레드에 채소, 소스와 함께 담아 먹는, 식사만큼 배부른 든든한 중동 간식이다. 항상 줄이 길어서 줄 선 사람들에게 미리 주문을 받고 번호표를 주는 점원이 따로 있다. 자기 차례가 되면 소스를 고르는데, 핫 소스를 원하면 피멍Piment이라고 말한다. 테이크 아웃을 하면 매장에서 먹는 것보다 €1~2 정도 저렴하다.

- Ⓜ 메트로 1호선 Saint-Paul에서 도보 4분
- 🏠 32-34 Rue des Rosiers, 75004
- ☎ +33 1 48 87 63 60
- 🕘 일~목요일 11:00-23:30, 금요일 11:00-16:00, 토요일 휴무
- € 기본 팔라펠 €6.5

셰 하나 Chez Hanna

라스 뒤 팔라펠을 열심히 추격 중인 라이벌 가게다. 맞은편의 라스 뒤 팔라펠과 메뉴는 거의 동일하다.

- Ⓜ 메트로 1호선 Saint-Paul에서 도보 5분
- 🏠 54 Rue des Rosiers, 75004
- ☎ +33 1 42 74 74 99
- 🕘 매일 11:30-00:00
- € 스페셜 팔라펠 €13.5
- @ www.chezhanna-restaurant.fr

샤샤 핑켈스탄 Sacha Finkelsztajn

유대인이 운영하는 노란 간판의 빵집이다. 베이글 샌드위치 하나에 €8 가까이 하지만 도톰한 베이글 한쪽을 들추어보면 야무지게 담은 건강한 재료들이 한 끼 식사로 훌륭하다. 베이글 샌드위치 외에도 다양한 코셔 디저트를 판매한다.

- Ⓜ 메트로 1호선 Saint-Paul에서 도보 5분
- 🏠 27 Rue des Rosiers, 75004
- ☎ +33 1 42 72 78 91
- 🕘 수~월요일 10:00-19:00, 화요일 휴무
- € 베이글 샌드위치 €8, 베이커리 종류 €3~4
- @ www.laboutiquejaune.fr

A Moveable Feast
Cuisine Internationale

> 한국

놀랍게도 파리 현지 한식당에는 한국 사람보다 파리지앵이 더 많다. 나날이 늘어나는 한식에 대한 파리지앵들의 관심 덕분에 동네마다 한식당을 쉽게 볼 수 있어, 김치 없이는 하루도 버티기 어려운 토종 입맛도 파리 여행을 즐겁게 할 수 있다.

태동관 Restaurant Chikoja

파리 1구에 위치한 깔끔한 분위기의 한식 레스토랑 태동관은 한식뿐 아니라 탕수육, 짬뽕과 같이 우리에게 친숙한 중화요리까지 있어 메뉴의 선택이 다양하고 다른 한식 레스토랑에 비해 상대적으로 가격도 저렴한 편이다. 얼큰한 국물이 생각날 때 방문해보자.

- 메트로 7, 14호선 Pyramides에서 도보 3분
- 14 Rue Sainte-Anne, 75001   ☎ +33 1 42 60 58 88 14
- 12:00-23:00
- 짬뽕 €9.5, 탕수육 €9

잔치 Jantchi

관광객과 현지인 모두에게 인기 있는 한식 레스토랑으로 비빔밥을 비롯해 불고기, 제육볶음, 김치찌개 등 다양한 메뉴가 준비되어 있다. 점심 시간에 판매되는 런치 할인 메뉴에는 간단한 밑반찬도 함께 제공된다. 25유로 이상만 카드 결제가 가능하다.

- 메트로 7, 14호선 Pyramides에서 도보 3분
- 6 Rue Thérèse 75001   ☎ +33 1 40 15 91 07
- 12:00-14:30, 19:00-22:30, 일요일 휴무
- 런치메뉴 €12-14
- @ www.jantchi.com

비스트로 미 Bistrot Mee

여러 매체에 파리 최고의 한식당으로 종종 꼽히는 이름난 비스트로 미는 젊은 주인이 운영하는 맛있는 빕 구르망 한식집. 바삭한 튀김류에 특히 강하고, 찌개와 육류 메인 요리도 추천한다. 현지인을 위한 퓨전이 아니라 매콤한 진짜 한식이 당긴다면 가보자.

- 메트로 7, 14호선 Pyramides에서 도보 3분 / 메트로 1, 7호선 Palais Royal Musée du Louvre에서 도보 4분
- 5 Rue d'Argenteuil, 75001   ☎ +33 1 42 86 11 85   ⏲ 매일 12:00-14:30, 19:00-22:30
- 점심 메뉴 €15, 본식(덮밥, 비빔밥, 김치볶음밥 등) €14
- @ www.facebook.com/pg/bistrotmee

파리의 햄버거 Le Burger

쉬는 시간 없이 바쁜 일정으로 이동하는 여행자에게 가장 좋은 식사는 햄버거. 빠르고, 든든하고, 고기와 채소, 탄수화물을 동시에 섭취할 수 있으며 맛도 있으니…. 수제 버거 가게들이 점점 늘어나고 있는 파리의 햄버거 맛집을 소개한다.

파리 뉴욕 Paris New York(PNY)

파리에서 햄버거를 딱 한 번 먹을 수 있다면 여기에서. 두 도시 이름을 따온 매력적인 상호명도, 시크한 인테리어도, 위치도 좋지만 우선 제일 맛있기 때문이다. 햄버거의 영원한 짝은 감자튀김이지만 PNY에서만큼은 샐러드를 시킨다. 신선한 양배추 조각과 새콤 짭조름한 드레싱이 PNY의 모든 메뉴와 잘 어울린다. 신선한 아보카도로 만든 과카몰리와 어니언 링, 할라피뇨 딥 등의 사이드 메뉴도 맛있다.

@ pnyburger.com

버거 블렌드 Burger Blend

'정크 푸드 시크'를 표방하는 고메 버거 식당으로, 프랑스에서 손꼽히는 정육점에서 신선한 고기를 공수해오고 직접 만드는 빵을 사용한다. 푸른 곰팡이 치즈 소스, 체다 치즈 소스 등 유럽의 풍미가 가득한 다양한 소스가 있다.

@ www.blendhamburger.com

A Moveable Feast

Le Burger

카미옹 키 퓸 Camion Qui Fume

이동하는 햄버거 트럭으로 시작해서 여러 개의 매장까지 냈다. 프랑스 최초의 푸드 트럭인 카미옹 키 퓸의 귀여운 파란 자동차가 인기가 많아서 여전히 여러 대를 운영 중이다. 홈페이지에서 그날그날 트럭들의 위치와 영업시간을 확인할 수 있다. 아보카도 베이컨과 같이 두툼한 패티에 건강함을 스푼을 더한 메뉴도 있다.

@ lecamionquifume.com

파이브 가이즈 Five Guys

샹젤리제 한복판에서 고소한 땅콩기름 냄새를 뿜어내는 햄버거 가게. 패스트푸드 취급을 하기엔 억울할 정도로 엄선한 재료를 사용해 맛있는 햄버거와 핫도그, 밀크셰이크를 만든다. 햄버거보다 더 인기 있는 것은 투박한 종이봉투가 넘치도록 담아주는 땅콩기름에 튀긴 감자. 2구와 베르시 마을에도 지점이 있다.

@ www.fiveguys.com

퀵 Quick

파리에도 맥도날드가 있기는 있다. 굳이 여기에서 맥도날드 햄버거를 먹어야 하나, 하는 생각과 다른 음식이 입맛에 맞지 않아 익숙한 햄버거로 허기를 채우고 싶은 마음이 동시에 들 때는 프랑스의 대표적인 체인 햄버거 퀵을 시도해보자. 프랑스를 비롯해 벨기에, 룩셈부르크 등에 있는, 우리에게는 아직 생소한 브랜드다. 맥도날드는 맥 카페에서 크루아상과 마카롱을 판매하고 맥 바게트라는 신 메뉴도 개발하고 있으나 어떤 이유인지 파리에서는 맥도날드보다 퀵이 훨씬 더 맛있다.

@ www.quick.fr

> **주문 TIP**
>
> 아르바이트 점원은 대부분 젊은 학생들로 간단한 영어는 구사할 수 있지만 간혹 한마디도 통하지 않을 때가 있다. 이럴 때에는 메뉴 번호를 가리키는 뉴메로(Numéro, 번호)에 숫자를 더해 주문하고 '다른 것을 주문하시겠습니까?'라는 뜻의 '세 뚜(C'est tout, 그게 다입니까?)'와 포장이냐는 질문(엉포테, Emporter)만 알아들을 수 있으면 문제없을 것이다.

089

파리 카페 Paris Cafés

손바닥보다 작은 사기잔 반도 채우지 못하는 진하고 쓴 에스프레소가 놓인 노천 카페의 테이블을 떠올리는 것으로 파리의 모든 것이 눈앞에 생생하게 펼쳐진다. 파리에서 마시는 커피의 힘은 이렇게 대단하다. 파리 여행의 모든 순간이 이 작은 잔 안에 담겨 여행자를 적시고 깨워준다. 어느 매장을 찾아도 같은 메뉴와 익숙한 커피 맛에 빠져 있던 우리는 파리를 여행하는 중 적어도 한 번은 단골이 되고 싶은 카페를 만나게 된다.

· 몽파르나스의 4대 문학 카페 ·

19세기 예술가들의 아지트는 몽마르트르, 20세기를 책임진 예술가들의 모임터는 몽파르나스다. 몽파르나스 바뱅Vavin 가 근처의 카페에서는 파리에 거주하는 예술가들이 매일같이 모여 토론과 창작 활동을 했다. 샤갈, 사티, 모딜리아니, 피카소, 만 레이 등 유명한 이름이 모두 여기 모였다. 그중 가장 인기가 많았던 다음의 곳들은 '몽파르나스의 4대 문학 카페'라고 불린다. 지금도 여전히 사람들이 가장 많이 찾는 몽파르나스의 유서 깊은 명소들이다.

르 돔 Le Dôme

몽파르나스의 4대 문학 카페 중 제일 처음 자리를 잡은 곳으로 1898년 문을 열었다. 당시 파리의 가십과 무게 있는 대화 모두 이곳에서 시작되었다. 미국 문학가들이 무척 좋아했던 곳으로, 파리의 첫 번째 앵글로-아메리칸Anglo-American 카페라 불린다. 단골이던 예술가들을 가리켜 도미에Dômiers라 불렀고, 그중 모딜리아니는 르 돔 손님들의 초상화를 그려 팔며 생계를 유지했으며 도미에 중에는 레닌도 있었다고 한다.

- Ⓜ 메트로 4호선 Vavin에서 도보 1분
- 🏠 108 Boulevard du Montparnasse, 75014
- ☎ +33 1 43 35 25 81
- 🕐 매일 12:00-15:00, 19:00-23:00
- € 굴 6개 세트 €33, 베르티용 아이스크림 2스쿱 €12.8
- @ www.restaurant-ledome.com

카페 드 라 로통드 Café de la Rotonde

피카소가 그림으로도 남겼던 강렬한 붉은색 카페이자 싸구려 가짜 압생트 한 잔을 놓고 앉아 종일 글을 쓰던 헤밍웨이의 단골 카페. 1911년부터 몽파르나스의 예술과 철학의 요람이었다. 전통적인 프랑스 요리를 전문으로 하며 스테이크 타르타르가 인기가 많다.

- Ⓜ 메트로 4호선 Vavin에서 도보 1분
- 🏠 105 Boulevard du Montparnasse, 75006
- ☎ +33 1 43 26 48 26
- 🕐 매일 07:15-01:00
- € 해산물 모둠 €29.5
- @ menuonline.fr/la-rotonde-montparnasse

르 셀렉트 Le Select

하얀 차양 아래의 카페 르 셀렉트는 1925년 문을 열었다. 크게 바뀐 것이 없어 네 곳의 카페 중 세월의 흔적이 가장 많이 남아 있다. 고다르의 '네 멋대로 해라'의 촬영지이며 이사도라 던컨이 컵 받침을 집어 던졌던 셀렉트의 역사가 눈앞에 펼쳐지는 듯하다. 얇게 썬 돼지고기 요리인 샤퀴트리 Charcuterie가 이곳의 별미다.

- Ⓜ 메트로 4호선 Vavin에서 도보 1분
- 🏠 99 Boulevard du Montparnasse, 75006
- ☎ +33 1 45 48 38 24
- 🕐 월~목요일, 일요일 07:00-02:00, 금~토요일 07:00-03:00
- € 메뉴 셀렉트(평일 12:00-15:00, 오늘의 요리와 와인 1잔, 커피 1잔) €23.7
- @ www.leselectmontparnasse.fr

라 쿠폴 La Coupole

200여 개의 테이블이 있지만 언제나 만석이다. 창고를 개조, 클럽으로 오픈해 댄스파티를 자주 열었던 쿠폴은 아르 데코 인테리어의 정수를 보여준다. 테이블마다 번호가 있는데, 139번 테이블은 사르트르와 보부아르 커플이 늘 앉았던 곳이다. 특별 메뉴는 1927년부터 선보인 양고기 커리.

- Ⓜ 메트로 4호선 Vavin에서 도보 1분
- 🏠 102 Boulevard du Montparnasse, 75014
- ☎ +33 1 43 20 14 20
- 🕐 월요일 08:00-23:00, 화~금요일 08:00-00:00, 토요일 08:30-00:00, 일요일 08:30-23:00
- € 아침 세트 메뉴 €4.5-13.5, 해산물 플래터 €21~
- @ www.lacoupole-paris.com

A Moveable Feast
Paris Cafés

· 파리 문학 카페의 자존심 ·

카페 드 플로르 Café de Flore

카뮈, 미테랑 등 익숙한 이름의 유명인이 자주 방문했던 꽃의 카페. 시몬 드 보부아르와 장 폴 사르트르 커플이 난방 문제로 옆 카페에서 카페 드 플로르로 데이트 장소를 옮겨온 일화로도 유명하다. 1800년 후반 문을 열었을 때 마침 테라스에서 이야기를 나누는 카페 문화가 크게 흥해 19세기 말~20세기 프랑스 지성과 문화의 중심지 역할을 했다. 붉은 아르 데코 인테리어와 긴 앞치마를 휘날리며 빠르게 움직이는 멋진 가르송Garçon들을 구경하다가 시간 가는 줄 모르게 된다.

- Ⓜ 메트로 4호선 Saint-Germain-des-Prés에서 도보 1분
- 🏠 172 Boulevard Saint-Germain, 75006
- ☎ +33 1 45 48 55 26
- 🕐 매일 07:30-01:30
- € 쇼콜라 스페시알 플로르(시그니처 핫초콜릿) €7.8
- @ www.cafedeflore.fr

레 뒤 마고 Les Deux Magots

맞은편의 플로르와 더불어 생텍쥐페리, 지로두와 같은 당대 유명 문인과 예술가, 정치인들의 만남의 장소로 활약해왔다. 예전부터 작가들의 사랑을 받아온 카페답게 1933년부터 해마다 프랑스 소설 하나를 골라 문학상을 수여한다. 카페 이름은 현재의 주소로 이전하기 전 부시 가Rue de Buci에 있던 카페 자리가 예전에 중국산 비단 가게로 사용되어, 중국 도자기 인형을 뜻하는 마고Magot를 차용한 것이다. 1915년경의 옛 장식을 유지하고 있다.

- Ⓜ 메트로 4호선 Saint-Germain-des-Prés에서 도보 1분
- 🏠 6 Place St Germain des Prés, 75006
- ☎ +33 1 45 48 55 25
- 🕐 매일 07:30-01:00
- € 카페 크렘 €6.3
- @ www.lesdeuxmagots.fr

Paris Cafés

> 브런치 카페

홀리벨리 Holybelly

기다리는 수고가 아깝지 않은 최고의 브런치 플레이스. 캐나다에서 온 젊은 커플이 운영하며 수란, 베이컨으로 파리 브런치계를 평정했다. 홈메이드 버터가 맛의 비결인지, 흔한 브런치 메뉴도 여기에서 먹으면 그렇게 맛이 좋다. 홈메이드 그라놀라, 신선한 과일 샐러드도 있고 블랙 푸딩, 흑미죽과 같은 독특한 메뉴도 눈에 띈다. 커피는 벨빌 브륄레히Belleville Brûlerie. 매일 구워내는 쿠키도, 직접 만드는 초콜릿 시럽으로 끓이는 달고 진한 핫초콜릿도 맛있다. 언제나 줄이 길며 주말에는 몇 블록 이상 줄을 서기도 하니 일찍 가자.

- Ⓜ 메트로 5호선 Jacques Bonsergent에서 도보 2분
- 🏠 5 Rue Lucien Sampaix, 75010
- ☎ +33 1 82 28 00 80
- 🕐 매일 09:00-17:00
- € 팬케이크 €9~13.5, 홈메이드 그레놀라 €8.5
- @ holybellycafe.com

HOT TIP

르 푸치 Le Poutch

홀리벨리의 긴 줄에 지쳐 바로 근처에 있는 르 푸치에 들어가 식사를 하는 브런치족이 꽤 많은데, 꿩 대신 닭이라는 마음으로 갔지만 음식이 굉장히 맛있어 깜짝 놀라게 된다. 시그니처는 프리타타. 그라놀라와 키쉬도 맛있다.

- Ⓜ 메트로 5호선 Jacques Bonsergent에서 도보 1분 🏠 13 Rue Lucien Sampaix, 75010 ☎ +33 9 53 70 90 83
- 🕐 월~금요일 09:00-18:00, 일요일 10:30-17:00, 토요일 휴무 € 프리타타 브런치 세트 €10 @ www.lepoutch.fr

이브리크 Ibrik

'특이한 사람들을 위한 특이한 커피'라는 문구를 써 붙인 곳. 커피와 푸드 메뉴 모두 예사롭지 않지만 모두가 좋아할 만한 맛이다. 쿠툼Coutume 로스터리의 커피를 사용하고, 시그니처 메뉴인 터키시 커피(카페 이브리크)는 전통 방식대로 금속 컵에 담은 커피를 뜨거운 모래에 묻어 오랜 시간 끓여 만든다. 직접 만드는 디저트도 건강하고 맛있다. 무화과와 피스타치오, 꿀과 그라놀라를 듬뿍 얹어 내오는 요구르트로 든든한 아침을 먹어보자.

- Ⓜ 메트로 7호선 Le Peletier에서 도보 2분
- 🏠 43 Rue Laffitte, 75009
- ☎ +33 1 73 71 84 60
- 🕐 월~금요일 08:30-17:00, 토요일 11:30-17:30, 일요일 휴무
- € IBRIK 샐러드 €13, 아보카도 연어 토스트 €13
- @ ibrik.fr

A Moveable Feast
Paris Cafés

프라그멍 Fragments

쿠툼Coutume과 벨빌 브륄레히Belleville Brûlerie 등 유명 로컬 로스터리의 콩을 사용해 맛있는 커피를 대접하는 아늑한 카페. 스칸디나비아와 뉴욕, 파리의 매력을 한 곳에 담은 콘셉트로 현대적 분위기를 풍기면서도 동네 카페의 다정함을 느낄 수 있다. 차이 라테와 아보카도 토스트가 맛있기로 유명하다. 바나나 죽, 그라놀라 요구르트, 레몬 케이크도 추천한다.

- Ⓜ 메트로 8호선 Chemin Vert에서 도보 1분
- 🏠 76 Rue des Tournelles, 75003
- 🕐 매일 07:00~19:00
- € 아보카도 토스트 €13, 카푸치노 €4.5
- @ www.instagram.com/fragmentsparis

오 커피숍 O Coffeeshop

서핑과 파리, 커피와 건강하고 맛 좋은 베이커리를 사랑하는 호주인과 프랑스인이 의기투합했다. 서프 보드를 세워둔 작고 활기찬 분위기로 파리에서 가장 인기 있는 브런치 카페 중 하나다. 아침 일찍 문을 연다는 것이 최대 장점. 홈메이드 그라놀라와 요구르트, 수프, 달걀 요리 등 전형적인 브런치 메뉴를 오 커피숍만의 느낌으로 선보인다. 오픈 키친에서 매일 아침 굽는 바나나 브레드와 진한 브라우니, 쿠키도 맛있다. 커피는 벨빌 브륄레히 로스터리에서, 도넛은 본셰이커 Boneshaker Donuts에서 가져온다.

- Ⓜ 메트로 6호선 Dupleix에서 도보 3분
- 🏠 23 Rue de Lourmel, 75015
- 🕐 화~금요일 07:30-17:00, 토요일 08:30-17:30, 월요일, 일요일 휴무
- € 에스프레소 €2.5, 플랫 화이트 €4, 에그 베네딕트 €9, 아보카도 토스트 €7.5
- @ www.facebook.com/O-Coffee-shop-899618906724142

시즌 Season

카페, 주스 바, 비스트로, 브런치 식당 등 여러 가지 느낌을 내는 인기 맛집으로 지나가는 마레 멋쟁이들을 구경하기 좋은 테라스 자리가 인기가 많다. 주말에는 줄을 서서 들어가야 할 정도로 사람들이 몰린다. 영국인 셰프는 계절마다 신선한 제철 재료를 사용하며 독창적이고 균형 잡힌 메뉴를 질리지 않게 자주 바꾼다. 차를 주문하면 모래시계를 함께 가져다주는데, 오래 우리고 싶으면 5분, 살짝 우리고 싶으면 3분 기다렸다가 마시라는 친절하고 귀여운 배려. 예약은 받지 않는다.

- Ⓜ 메트로 3호선 Temple에서 도보 4분 🏠 1 Rue Charles François Dupuy, 75003
- ☎ +33 9 67 17 52 97
- 🕐 월~토요일 08:30-01:00, 일요일 08:30-16:00
- € 팬케이크 €12, 뮤즐리 €10 @ www.season-paris.com

A Moveable Feast
Paris Cafés

에그스 앤 코 Eggs & Co.

하루 종일 브런치를 먹을 수 있는 아기자기한 달걀 전문 2층 브런치 카페. 에그 베네딕트, 플로렌틴, 스크램블, 오믈렛, 서니사이드업, 수란… 달걀로 만들 수 있는 다양한 브런치 요리로 메뉴판이 그득하다. 신선한 샐러드와 갓 짠 오렌지 주스, 바게트, 잉글리시 머핀, 키쉬, 팬케이크와 각종 케이크, 쿠키 등의 디저트까지, 저녁 식사 시간까지 허기가 지지 않을 정도로 푸짐하게 먹고 갈 수 있다. 라 마르조코La Marzocco 머신으로 뽑는 커피 잊지 말자.

- Ⓜ 메트로 4호선 Saint-Germain-des-Prés에서 도보 3분
- 🏠 11 Rue Bernard Palissy, 75006
- ☎ +33 1 45 44 02 52   🕐 매일 10:00-18:00
- € 차나 커피+오렌지 주스+팬케이크+과일 샐러드+달걀 요리와 샐러드 세트 €25
- @ www.eggsandco.fr

카페 오베르캉 Café Oberkampf

허머스와 뮤즐리, 그릴드 치즈, 아보카도 토스트, 다양한 토핑을 골라 올려 먹는 타틴, 치아씨드 보울 등 흔치 않은 브런치 요리들이 모두 유명하지만, 대부분의 사람들은 매콤한 토마토소스에 허브와 수란을 넣어 요리한 샥슈카Shakshuka를 먹으러 온다. 바삭하게 구운 빵과 먹다보면 금방 바닥이 보인다. 배고픈만큼 달걀 개수를 추가해서 주문할 수 있다. 커피는 쿠튐Coutume 로스터리를 사용한다.

- Ⓜ 메트로 3호선 Parmentier에서 도보 3분
- 🏠 3 Rue Neuve Popincourt, 75011
- ☎ +33 1 43 55 60 10
- 🕐 매일 08:00-17:00(주방 15:00 마감)
- € 호박 스프 €7, 아보카도 타르틴 €9
- @ www.cafeoberkampf.com

네이버스 Neighbours

개성 있고 맛있는 아침 식사를 뚝딱 만들어주는 이 작은 카페는 이름처럼 좋은 이웃이다. 옥수수 프리터와 아보카도 매시, 수란, 훈제 연어, 사워도우 포카치아, 채식주의자를 위한 키쉬와 매일 바뀌는 오늘의 요리, 바로 짜주는 오렌지 주스와 클래식한 브런치에 빠질 수 없는 블러디 매리 칵테일까지, 브런치의 정석을 고수하면서도 네이버스만의 요리도 여럿 있다. 모든 메뉴를 먹어보고 싶은 욕심이 나는 친절하고 정직한 맛집이다. 커피도 훌륭해서 과식한 다음 날 커피 한 잔만 마시러 걸음하기에도 좋다.

- Ⓜ 메트로 8호선 Chemin Vert 및 Saint-Sébastien-Froissart에서 도보 3분
- 🏠 89 Boulevard Beaumarchais, 75003
- ☎ +33 7 67 99 99 91
- 🕐 월~금요일 08:30-18:00, 토~일요일 09:30-18:00
- € 플랫 화이트 €5
- @ www.brunchinparis.com

INSTA HOT 카페

홀리데이 카페 Holiday Café

한적한 16구 끄트머리에 새하얀 외관을 한, 여행 잡지를 운영하는 홀리데이에서 개점한 카페. 맛있는 프렌치 요리와 나무랄 데 없는 디저트와 음료로 구성된 간단한 메뉴를 운영한다. 종류는 많지 않아도 메뉴에 오른 모든 요리가 시그니처라고 할 수 있을 정도로 고심해서 개발했다고 한다. 식사 시간에는 실내 자리에서 디저트만 주문할 수 없어서 커피나 디저트만 주문하려면 테라스 자리를 이용해야 한다.

- Ⓜ 메트로 9호선 Porte de St Cloud에서 도보 4분
- 🏠 192 Avenue de Versailles, 75016
- ☎ +33 1 42 24 90 21
- 🕐 화, 일요일 10:00-15:00, 수~토요일 10:00-23:00, 월요일 휴무
- € 일요일 브런치 세트 €35, 카페 크렘 €4
- @ www.holiday-paris.fr/cafe.php

부트 카페 Boot Café

잘 보지 않으면 카페 위에 걸려 있는 빛바랜 푸른 부츠 한 짝을 못 보고 지나칠 수 있다. 간판 없는, 바깥에 엉덩이 붙일 자리 두어 개와 좁은 실내에도 불구하고 빈티지하고 따뜻한 느낌이 포토제닉해 손님이 끊이지 않는다. 일본인 주인이 운영하는 이곳은 비주얼이 전부가 아니다. 커피도 맛있고 자주 바뀌는 사이드 메뉴도 맛있다.

- Ⓜ 메트로 8호선 Saint-Sébastien-Froissart에서 도보 2분
- 🏠 19 Rue du Pont aux Choux, 75003
- ☎ +33 6 26 41 10 66
- 🕐 매일 10:00-18:00
- € 카페 크렘 €4.5, 쇼콜라 쇼 €5, 쿠키 €4
- @ www.facebook.com/bootcafe

오블라디 Ob-La-Di

2015년 여름 오픈한, 비틀스 노래를 상호명으로 하는 카페로 부트와 함께 마레에서 가장 인스타그램에 많이 등장한다. 푸른 타일과 생화 꽃병, 세라믹 접시와 노출 콘크리트 벽이라니, 인스타그램에 오를 모든 조건을 충실히 갖추었다. 그런데 커피도 푸드 메뉴까지 맛있다니, 더 바랄 것이 없다. 커피는 부트 카페와 마찬가지로 로미Lomi 콩을 쓰고 아보카도 토스트가 정말 맛있다.

- Ⓜ 메트로 8호선 Filles du Calvaire에서 도보 5분
- 🏠 54 Rue de Saintonge, 75003
- 🕐 월~금요일 08:00-17:00, 토~일요일 09:00-18:00
- € 카페 알롱제 €2.5, 카페 라테 €5,
  그라놀라 €11, 아보카도 토스트 €10
- @ www.facebook.com/ObLaDiParis

♥ 1996 likes

♥ 1210 likes

커피 퀴이에흐 Coffee Cuillier

파리지앵들이 와인과 치즈에는 그렇게 까다로운데 커피는 원산지나 로스터리를 따지지 않는 것에 문제의식을 가진, 커피에 대해 무척 진지한 사람들이 모여 카페를 열었다. 프랑스에서 가장 먼저 커피와 초콜릿을 수입했던 회사의 이름을 땄다. 퀴이에흐만을 위한 블렌드를 로스팅하는 로컬 로스터리 벨빌 브륄레히 Belleville Brûlerie에서 콩을 받는다. 계절마다 최상의 콩을 사용해 블렌드 구성이 주기적으로 바뀌지만 일관적인 맛을 낸다. 디저트와 브로큰 비스킷츠(p. 099 참고)의 케이크도 판매하며 파리에 4개 지점이 있다.

- Ⓜ 메트로 12호선 Abbesses역에서 도보 2분
- 🏠 19 Rue Yvonne le Tac, 75018
- 🕐 수~금요일 08:00-16:30, 토~일요일 09:00-17:00
- € 카페 알롱제 €2.5, 쇼콜라쇼 €4.5

더 브로큰 암 The Broken Arm

쟈크뮈스, 카르벤, 라프 시몬 등 요즘 프랑스에서 가장 핫한 브랜드 의류와 액세서리, 예술 관련 서적을 취급하는 편집 숍이 운영하는 느낌 있는 카페다. 편집 숍과는 문 하나를 사이에 두고 있다. 샐러드, 채소 수프, 포카치아 샌드위치, 타르트, 그라놀라 등 신선하고 든든한 다양한 브런치 메뉴를 갖추고 있다. 커피는 노르웨이의 솔베르그 & 한센 로스터리에서 받아 쓴다. 유럽 전역을 휩쓸고 있는 호주·뉴질랜드 카페 열풍에서 살짝 벗어나 유니크한 느낌을 추구한다.

- Ⓜ 메트로 3호선 Temple에서 도보 4분
- 🏠 12 Rue Perrée, 75003
- ☎ +33 1 44 61 53 60
- 🕒 화~토요일 09:00-18:00, 월요일, 일요일 휴무
- € 홈메이드 케이크 €5, 그라놀라 €5
- @ the-broken-arm.com

♥ 4580 likes

♥ 3070 likes

아너 Honor

조용한 파리 안뜰에 있는 작은 스페셜티 커피 카페. 당근 케이크와 바나나 브레드 같은 디저트도 맛있고, 맑은 파리 하늘만큼 파란 종이에 싸주는 빵빵하게 속을 채운 샌드위치도 좋다. 후무스 양파 처트니 등 건강하고 개성 있는 맛으로 오픈하자마자 단골을 확보한 아너의 자랑거리다. 유리 천장 아래의 테이블 자리도 있고, 커피만 마시고 가는 손님은 뜰을 서성이며 담소를 나눈다.

- Ⓜ 메트로 1, 8, 12호선 Concorde에서 도보 6분 / 메트로 8, 12, 14호선 Madeleine에서 도보 8분
- 🏠 54 Rue du Faubourg Saint-Honoré, 75008
- ☎ +33 7 82 52 93 63
- 🕒 월~금요일 09:00-18:00, 토요일 10:00-18:00, 일요일 휴무
- € 피콜로 €4, 플랫 화이트 €5, 샌드위치 €7.5
- @ www.honor-cafe.com

그랑 카페 톨토니 Grand Cafe Tortoni

로댕이 <생각하는 사람>을 조각했던 건물에 들어선 프랑스 화장품 오피시네 불리Officine Buly 부티크와 같은 공간을 사용하는, 진한 녹색과 골드로 장식한 매혹적이면서 클래식한 인테리어의 카페. 은은하고 고소한 향의 커피 메뉴는 물론이고 마들렌과 쇼콜라 쇼, 홈메이드 아이스크림도 맛있다. 카페 한 켠에는 일본식 오니기리를 파는 나니코레Nanikoré 바도 있다.

- Ⓜ 메트로 8호선 Filles du Calvaire에서 도보 5분
- 🏠 45 Rue de Saintonge, 75003
- ☎ +33 1 42 72 28 92
- 🕒 화~금요일 08:00-19:00, 토요일 09:00-19:00, 일요일 11:00-18:00, 월요일 휴무
- € 에스프레소 €1.2

♥ 6530 likes

· 커피 맛으로 승부한다 ·

KB 카페숍 KB CaféShop

분위기도, 인테리어도, 주문하면 바로 짜서 내주는 신선한 과일 주스와 전부 한입씩 먹어보고 싶은 탐나는 베이커리도 훌륭하다. 그러나 KB의 인기 비결은 누가 뭐래도 커피다. 파리의 여러 다른 카페들이 KB의 커피 콩을 사용하는 것을 자랑스레 홍보할 정도로 커피 맛이 일품이다. 보드라운 우유 거품이 일품인 플랫 화이트를 추천한다. 레지던트 셰프가 선보이는 신선하고 건강한 수프, 샌드위치, 키쉬, 샐러드, 케이크도 맛있어 브런치하기에도 좋다.

- Ⓜ 메트로 2, 12호선 Pigalle에서 도보 5분
- 🏠 53 Avenue Trudaine, 75009
- ☎ +33 1 56 92 12 41
- 🕐 월~금요일 07:45-18:30, 토~일요일 09:00-18:30
- € 타르틴 €4, 그라놀라 €7, 아이스 라테 €5.5, 콜드 브루 €5
- @ www.kbcafeshop.com

라 카페오테크 드 파리
La Caféothèque de Paris

강변에 있는 낭만적인 카페로, 미슐랭 셰프 알랭 뒤카스가 파리에서 제일 좋아하는 카페로 꼽은 바 있다. 페루 대사와 그녀의 파리지앵 남편이 운영하는 진짜 커피 마니아들의 아지트다. 여러 나라의 국기로 구분되어 있는 다양한 커피 콩들로만 실내를 꾸미며 맛있는 커피에 전념하고 있음을 알 수 있다. 이국적인 분위기를 한층 더해주는 것은 미로처럼 복잡한 실내 구조 바람이 찰 때 맛있는 커피 한 잔을 쥐고 잠깐 숨어 있기 좋다.

- Ⓜ 메트로 7호선 Pont Marie에서 도보 2분
- 🏠 52 Rue de l'Hôtel de Ville, 75004
- ☎ +33 1 53 01 83 84
- 🕐 월~목요일 08:30-19:30, 금요일 08:30-22:00, 토요일 10:00-22:00, 일요일 10:00-19:30
- € 아메리카노 €3.5
- @ www.lacafeotheque.com

A Moveable Feast
Paris Cafés

빈스 온 파이어 The Beans on Fire

불타는 커피콩! 커피에 대한 열정을 느낄 수 있는 상호명이다. 세계 각지의 훌륭한 콩을 공수해와 여러 방법으로 로스팅해 만드는 다양한 블렌드를 사용, 판매한다. 테라스 자리가 넓어 볕 좋은 날 느긋하게 커피를 즐기려는 동네 사람들로 붐빈다. 간단하지만 확실한 메뉴와 기가 막힌 본셰이커 도넛으로 차별화한다. 늦게 가면 도넛이 다 팔리고 없으니 일찍 가서 커피와 함께 주문하자.

- Ⓜ 메트로 9호선 Voltaire에서 도보 6분 / 메트로 3호선 Rue Saint-Maur에서 도보 7분
- 🏠 7 Rue du Général Blaise, 75011
- ☎ +33 1 43 55 94 73
- 🕐 월~목요일 08:00-17:00, 금~일요일 09:00-18:00
- € 당근 케이크 €4, 에스프레소 €2.5, 콜드 브루 €4
- @ thebeansonfire.com

도즈 딜러 드 카페 DOSE Dealer de Café

홈메이드 메뉴로 프랑스 카페 경험을 발전시키고 싶다는 소망으로 시작한 스페셜티 카페다. 시간이 멈추고 순간을 영원히 기억할 수 있는 커피 한 잔을 뽑아 대접하는 것을 신념으로 한다. 발로나 초콜릿으로 만드는 쇼콜라 쇼와 녹차 라테 등 커피 외의 음료도 추천한다. 주스와 잼까지 모두 직접 만든다. 17구 지점(82 Place du Dr Félix Lobligeois, 75017)도 있다.

- Ⓜ 메트로 7호선 Place Mong에서 도보 6분　🏠 73 Rue de Mouffetard, 75005　☎ +33 1 43 36 65 03
- 🕐 화~금요일 08:00-18:00, 토~일요일 09:00-19:00, 월요일 휴무　€ 카푸치노 €3.5, 카페 라테 €4　@ dosedealerdecafe.fr

브로큰 비스킷츠 Broken Biscuits

'부서진 비스킷'이라는 귀여운 이름의 카페로, 실제로 부서진 것 하나 없이 진열되어 있는 작고 예쁜 디저트와 커피를 판매한다. 유럽에서 보기 드문 아이스 라테가 메뉴에 있어 여름에 특히 인기가 많고 베이커리로도 유명하다. 파리 여러 카페들이 이곳의 케이크와 쿠키를 가져가 팔기도 한다. 앉아서 마실 자리는 몇 안 되지만 바로 뒤에 작은 공원이 있다.

- Ⓜ 메트로 9호선 Voltaire에서 도보 3분
- 🏠 13 Avenue Parmentier, 75011
- 🕐 수~일요일 09:00-17:00, 월요일, 화요일 휴무
- € 카페 알롱제 €2.5, 카페 크렘 €4
- @ www.instagram.com/broken_biscuits_paris

쿠툼 카페 Coutume Café

실험실을 떠올리게 하는 비커와 작은 램프들이 나란히, 직접 로스팅한 커피콩으로 내린 커피를 대접하는 신선한 콘셉트의 카페다. 에스프레소 머신과 함께 하리오 사이폰Hario Syphon을 사용해 심혈을 기울여 추출한 커피 맛으로도 유명하지만 오믈렛과 토스트 등과 같은 간단한 식사 메뉴도 다른 카페들과 차별화된다.

- Ⓜ 메트로 13호선 Saint-François-Xavier에서 도보 4분
- 🏠 47 Rue de Babylone, 75007
- ☎ +33 1 45 51 50 47
- 🕐 월~목요일 08:30-17:30, 금요일 12:00-17:30, 토요일, 일요일 09:00-18:00
- € 카푸치노 €4.2, 쇼콜라 쇼 €4.5, 팬케이크 €10
- @ www.coutumecafe.com

텐 벨스 Ten Belles

파리의 스타 바리스타 토마 르후Thomas Lehoux가 운영하는 생마르탱 운하 카페. '좋은 커피를 마시는 것은 섹시하다'라는, 백 번 지당한 말을 카페 앞에 내걸고 라 마르조코 에스프레소 머신으로 산미 있는 진한 커피를 뽑아서 판다. 테이블은 대여섯 개뿐이라 항상 줄이 길다. 소시지롤, 비프와 콜리플라워 수프 등 간단한 아침, 점심 식사 메뉴도 훌륭하다.

- Ⓜ 메트로 5호선 Jacques Bonsergent에서 도보 6분
- 🏠 10 Rue de la Grange aux Belles, 75010
- ☎ +33 1 42 40 90 78
- 🕐 월~금요일 08:00-17:00, 토~일요일 09:00-18:00
- € 필터 커피 €3, 스위트번 €3
- @ www.tenbells.com

파리 카페 문화

- 이탈리아와 비슷하게 아침에는 우유가 들어간 커피(카페 라테나 카푸치노)와 크루아상을 먹는다. 오렌지 주스까지 더하면 전형적인 파리지앵의 아침 식사.
- 메뉴가 없는 곳도 꽤 많다. 보통 에스프레소와 알롱제(아메리카노), 크렘(라테)은 모두 판매한다.
- 테라스나 테이블 자리는 바에서 마시는 것보다 음료 가격이 더 비싼 경우가 많다. 12:00-14:00에 카페와 식당을 겸하는 곳에서는 테이블에 포크와 나이프를 세팅해두는데, 이런 경우 식사 시간에는 커피만 마시는 손님은 받지 않는다는 뜻이니 음료만 마시는 것이 가능한지 물어보고 착석하도록 한다.
- 테라스 자리에 앉는 대부분의 사람들은 커피를 주문함과 동시에 담배를 꺼낸다. 해마다 흡연율이 줄고 있지만 카페 테라스야말로 파리지앵 애연가들이 담배를 태우기 가장 좋아하는 장소 중 하나다.

파리 카페 메뉴 읽기

한국어	발음	프랑스어
에스프레소	카페	Café
아메리카노	카페 알롱제	Café Allongé
	카페 아메리캔	Un café Américain
카페 라테	카페 크렘	Café Crème
	카페 올레	Café au Lait
디카페인 커피	카페 데카	Café Déca
	카페 데카페이네	Café Décaféiné
인스턴트 커피	카페 솔루블	Café Soluble
비엔나 커피	카페 비엔누아	Café Viennois
터키시 커피	카페 튀크	Café Turc
카페 노아젯		Café Noisette 에스프레소에 뜨거운 우유를 약간 넣은 것.
카페 칼바도스		Café Calvados 에스프레소에 칼바도스(프랑스 애플 브랜디) 샷을 더한 것
카페 코냑		Café Cognac 에스프레소에 코냑을 더한 것

파리에서 스타벅스를 찾는 이유

파리에도 스타벅스가 있지만 목적은 커피가 아니다. 오페라역 지점은 화려한 아르 데코풍의 외관과 인테리어로 유명하고, Wi-Fi가 잘 터지며, 공중화장실보다 훨씬 깨끗한 화장실이 있다. 이 외에도 파리까지 와서 한국에서도 골목마다 보이는 스타벅스를 찾는 이유는 몇 가지 더 있다.

- 저지방이나 무지방, 엑스트라 샷 등 커스텀 커피는 스타벅스가 아니면 거의 불가능하다.
- 프랑스는 물론 대부분의 유럽 카페에는 아이스커피가 없다. 관광객을 위해 메뉴에 올려놓은 카페를 찾기가 굉장히 어려워 운이 좋으면 우연히 들어간 카페에 아이스 라테나 아이스 아메리카노가 있을 것이다. 무더운 날 아이스 아메리카노가 간절하다면 별다방을 검색해보자. 파리에 여러 매장이 있어 멀리 가지 않고 가까운 곳을 찾을 수 있을 것이다.

Paris Cafés

파리의 티타임

영국을 제외하고 유럽 대부분의 나라에서는 커피가 차보다 훨씬 인기가 많다. 그렇다고 해서 차를 등한시하는 것은 아닌 것이, 훌륭한 티 브랜드와 티 살롱이 꽤 많다. 카페인과 친하지 않은 여행자도 파리에서 얼마든지 향긋한 차를 음미하며 여유로운 오후를 보낼 수 있다.

마리아주 프레르 Mariage Frères

1854년부터 파리를 대표해온 찻집으로 '각각의 차 한 잔에는 모험과 시의 향기가 끝없이 감돈다'라고 말했던 마리아주 형제의 티하우스다. 수백 가지 차를 판매하며 해마다, 시즌마다 새로운 블렌드를 소개한다. 기분과 취향에 따라 추천받아 새로운 맛을 골라 마셔봐도 좋고, 패키징도 예뻐 선물하기에도 좋다. 파리에 여러 매장이 있다.

- Ⓜ 메트로 1, 11호선 Hôtel de Ville에서 도보 6분 🏠 30-32 Rue Bourg Tibourg, 75004
- ☏ +33 1 42 72 28 11 (Le Marais 지점) 🕐 매일 10:00-19:30 @ www.mariagefreres.com

쿠스미 티 Kusmi Tea

1867년 생페테르스부르크에서 탄생한 브랜드로, CEO의 긴 이름(Pavel Michailovitch Kousmichoff)을 세계적으로 어필하기 위해 땡강 잘라 줄였다. 파리에는 제2차 세계대전 직전에 넘어와 고급스럽고 다양한 종류의 은은한 차를 좋아하는 사람들의 주방 필수 품목으로 자리 잡은 지 오래다. 파리에는 약 16개 매장이 있다.

- Ⓜ 메트로 1호선 George V에서 도보 3분 / 메트로 1, 9호선 Franklin D. Roosevelt에서 도보 6분
- 🏠 71 Avenue des Champs-Elysées, 75008
- ☏ +33 1 45 63 08 08
- 🕐 일~수요일 10:00-21:00, 목~토요일 10:00-22:00
- @ kusmitea.com

빵빵빵 Pain Pain Pain

갓 구운 바게트를 안고 집으로 향하는 퇴근길의 파리지앵보다 행복한 사람은 없다. 프랑스 전 국민의 모든 끼니에 빠지지 않고 테이블에 오르는 바게트의 매력과 맛있는 바게트의 기준 그리고 그 외 꼭 먹어볼 프랑스 빵과 파리 최고의 빵집을 살펴보자.

A Moveable Feast
Pain Pain Pain

· 프랑스 빵 ·

바게트
Baguette

맛있는 바게트는 겉과 속이 다르다. 겉은 손가락 하나만 대어도 온몸으로 가루를 털어내며 바사삭 맛있는 소리를 내고, 크림빛의 부드럽고 촉촉한 속은 구멍이 숭숭 뚫려 탄력 있는 식감이어야 한다.

바게트 트하디씨옹
Baguette Tradition

전통 레시피를 따라 만드는 바게트로 그냥 바게트보다 가격이 조금 더 비싸며 크러스트가 쫄깃하고 냄새도 더 진하다. 플뤼트Flute 는 보통 바게트보다 조금 작고 모서리가 뾰족하다.

크루아상
Croissant

수십 겹으로 된 반달 모양의 얇은 페이스트리. 버터가 듬뿍 묻어나는 기름지고 촉촉한 맛은 막 구웠을 때 가장 잘 느껴진다. 프랑스 사람들이 가장 선호하는 아침 식사 메뉴는 커피와 크루아상이다.

슈케트
Chouquette

우리가 흔히 알고 있는 슈크림 빵에 크림만 들어 있지 않은 것. 작은 슈 페이스트리에 굵은 설탕이 뿌려져 있다. 자극적이지 않고 은근히 달고 짭짤해서 자꾸만 손이 간다.

바게트 오 쎄헤알
Baguette aux Céréales

섬유질 가득한 건강한 바게트. 통밀 가루에 여러 종류의 씨, 곡류를 더한다.

뺑 오 헤쟁
Pain aux Raisins

건포도를 듬뿍 넣고 설탕 시럽으로 글레이즈를 바른 끈적한 빵으로 아침 식사로 인기가 많다.

쇼쏭 오 뽐므
Chausson aux Pommes

사과 파이. 신발 모양이라고 하여 '사과 신발'이라는 귀여운 이름으로 부른다.

뺑 브히오쉬
Pain Brioche

달콤하고 보드라운 빵으로 잼이나 버터와 함께 아침으로 많이 먹는다.

뺑 비엔누아
Pain Viennois

바게트와 비슷한 모양이지만 길이가 짧다. 브리오슈처럼 부드러운 빵이지만 좀 더 밀도가 있다.

뺑 오 쇼콜라
Pain au Chocolat

'초콜릿 빵'이라는 정직한 이름 그대로, 결이 많은 페이스트리 사이에 초콜릿 조각을 콕콕 박아 구운 것으로 크루아상 못지않게 아침 메뉴로 인기가 많다.

HOT TIP

파리 최고의 바게트 그랑 프리
Grand Prix de la Meilleure Baguette de Paris

1994년부터 매년 파리 시에서 주최해왔으며 프랑스의 자존심인 바게트를 굽는 제빵사들에게 더없이 영예로운 상이다. 1~10위까지 선정하는데 1위는 메달과 €4000의 상금을 받으며 프랑스 대통령이 거주하는 엘리제 궁에 1년 동안 바게트를 납품하게 된다. 경쟁 자격은 길이 55~65cm, 무게 250~300g, 밀가루 1kg당 소금의 양이 18g이어야 한다. 굽기, 부스러기, 맛, 냄새, 모양을 0~4점으로 평가한다. 보통 1~5등 수상 베이커리는 가게 유리에 크게 써 붙여놓는다. 그렇다고 무작정 상을 받은 빵집만 찾아다니는 것은 쉽지 않다. 그랑 프리 다음으로 냉동 빵이나 공장 빵이 아닌, 반죽부터 빵집에서 직접 만드는 곳은 불랑제리 아티자날Boulangerie Artisanale이라고 표시하니 눈여겨보자.

프랑스 빵 FACT

- '빵'이라는 단어가 프랑스어의 팽Pain에서 왔다.
- 실온에 그대로 두면 이틀이면 딱딱해지기 때문에 프랑스 사람들의 83%가 매일 바게트를 산다.
- 18세기에 처음 등장한 바게트의 역사는 생각보다 길지 않다. 원래 프랑스는 주로 둥근 빵을 만들어 먹었고, 공(불Boule) 모양으로 반죽하는 것에서 제빵사를 불랑제Boulanger라고 부르게 되었다.

뒤 팽 에 데지데 Du Pain et des Idées

패션 업계에 몸담고 있던 크리스포트 바쇠흐Christophe Vasseur의 '빵, 그리고 생각'이라는 멋진 이름의 베이커리. 클래식한 외관의 이곳은 독특한 콘셉트나 상호명보다도 빵 맛으로 유명하다. 1900년대 스타일의 유리 천장과 거울 장식들 사이에 큼지막하게 썰려 있는 갓 구운 사워도우를 주로 만든다. 바게트는 맛이 진하고 고소하며 만드는 데 보통의 1시간 30분이 아니라 7시간이나 걸린다. 시그니처는 달팽이 모양의 납작한 에스카르고 빵.

- Ⓜ 메트로 5호선 Jacques Bonsergent에서 도보 3분
- 🏠 34 Rue Yves Toudic, 75010
- ☎ +33 1 42 40 44 52
- 🕐 월~금요일 06:45-20:00, 토요일, 일요일 휴무
- @ www.dupainetdesidees.com

블레 수크헤 Blé Sucré

르 브리스톨, 플라자 아테나와 같은 파리의 유명 5성 호텔의 파티시에 파브리스 르 부르다Fabrice Le Bourdat가 '달콤한 밀'이라는 고급 베이커리를 열었다. 아침 식사용 팽 오 쇼콜라를 사러 오는 부지런한 동네 사람들로 이른 아침부터 붐빈다. 크루아상, 마들렌과 휘낭시에, 퀸아망도 인기가 많고, 헤이즐넛과 건포도를 넣고 굽는 부드러운 라볼리오Raboliot도 추천한다. 바깥에 테이블이 몇 개 있고 길 건너 작은 공원이 있어 먹고 갈 수도 있다. 샌드위치나 미니 피자, 키쉬와 음료를 묶은 점심 세트도 판매한다.

- Ⓜ 메트로 8호선 Ledru-Rollin에서 도보 1분
- 🏠 7 Rue Antoine Vollon, 75012
- ☎ +33 1 43 40 77 73
- 🕐 화~토요일 07:00-19:30, 일요일 07:00-13:30, 월요일 휴무
- @ www.facebook.com/blesucrepatisserie

A Moveable Feast
Pain Pain Pain

스토에흐 Stohrer

루이 15세의 폴란드 약혼녀가 데려온 자신의 전용 베이커 니콜라 스토에흐 Nicolas Stohrer의 레시피를 고수하는 빵집. 럼주에 절인 바바Baba나 다양한 종류의 파이 등 1730년부터 파리에서 빵을 구워낸 스토에흐의 솜씨는 모든 제품에서 느껴진다.

- Ⓜ 메트로 3호선 Sentir에서 도보 3분 / 메트로 4호선 Étienne Marcel 및 Les Halles에서 도보 4분
- 🏠 51 Rue Montorgueil, 75002
- ☎ +33 1 42 33 38 20   매일 07:30-19:30
- @ www.stohrer.fr

푸알랑 Poilâne

살바도르 달리와 함께 빵으로 만든 가구로 채운 방을 만들기도 했었다는, 만들지 못하는 빵이 없다는 바게트 명장의 가게다. 파리 토박이 가족이 대를 이어 운영하며 사과 파이와 바게트, 사워도우 빵으로 유명하다. 6구(8 Rue du Cherche-Midi, 75006)와 15구(49 Boulevard de Grenelle, 75015)에도 매장이 있다.

- Ⓜ 메트로 8호선 Filles du Calvaire 및 Saint-Sébastien-Froissart에서 도보 4~5분
- 🏠 38 Rue Debelleyme, 75003   ☎ +33 1 44 61 83 39
- 🕐 화~일요일 07:15-20:15, 월요일 휴무   @ www.poilane.com

리베흐테 Liberté

봉 마르셰의 식품점에서 오랫동안 경력을 쌓은 페이스트리 셰프의 리베흐테는 현재 가장 인기 있는 브런치 카페가 모여 있는 생마르탱 운하 근처에 있다. 오픈 키친으로 빵 만드는 과정을 살짝 엿볼 수 있는 도시적인 인테리어의 모던한 빵집이다. 갈레트 드 호와를 만들 때에는 유명한 세라믹 아티스트에게 의뢰해 케이크 안에 들어갈 표식을 주문 제작할 정도로 공을 들인다. 빵과 페이스트리 둘 다 잘하는 만능 베이커리로, 샐러드와 피자 빵 같은 점심 식사 메뉴도 맛있다.

- Ⓜ 메트로 5호선 Jacques Bonsergent에서 도보 4분
- 🏠 39 Rue des Vinaigriers, 75010   ☎ +33 1 42 05 51 76
- 🕐 월~금요일 07:30-20:00, 토요일 08:30-20:00, 일요일 휴무
- @ libertepatisserieboulangerie.com

HOT TIP

파리에서 가장 대중적인 베이커리 체인 - 폴 PAUL

1889년 첫 상점을 오픈했으니 무려 100년이 넘는 역사를 자랑한다. 한국에도 상륙한 폴 베이커리는 바쁜 파리지앵의 단골 아침 메뉴다. 기차역에도, 공항에도, 동네마다 볼 수 있는 체인 베이커리다. 방금 구운 바게트부터 각종 페이스트리와 마카롱, 케이크, 요구르트 등 다양한 제품 군을 자랑한다. 커피 등의 음료도 함께 판매한다. 괜찮은 퀄리티와 무난한 맛으로 누구든지 만족하며 먹을 수 있다. 폴의 바게트 샌드위치 하나면 파리 어디에서든 엉덩이를 붙이고 앉아 피크닉을 즐길 수 있다. 폴 다음으로 흔히 볼 수 있는 베이커리로는 브리오슈 도레Brioche Dorée가 있다.

@ www.paul.fr

마카롱 Macaron

한국에서도 열풍이 불고 있는 대표적인 프랑스 디저트. 아몬드 가루와 달걀 흰자, 설탕으로 반죽한 것을 작은 동그라미 모양으로 구워 버터크림이나 잼 필링을 사이에 넣고 샌드위치처럼 눌러 만든다. 단단한 꼬끄 안에 살살 녹는 필링의 조화는 중독적이다.

HOT TIP

내 마카롱 취향은?

간단한 레시피로 만드는 마카롱이 비슷하다고 생각할 수도 있겠지만 제과점마다 맛의 차이를 보인다. 본인의 마카롱 취향을 알고 싶다면 가장 유명한 두 곳의 마카롱을 먹고 어느 쪽이 더 맛있는지 보자. 파스텔 빛의 라뒤레 마카롱은 향이 은은하게 오래 입안에 맴돌고, 한입 깨무는 순간 꼬끄가 바사삭 부서지며 필링이 밀려 들어온다. 강렬한 색감과 진한 맛으로 승부하는 피에르 에르메는 좀 더 쫀득하다.

라뒤레 Ladurée

프랑스 마카롱 브랜드 중 가장 유명한 라뒤레는 초콜릿과 바닐라와 같은 기본적인 맛부터 시작해 짭조름한 캐러멜과 오렌지 블로섬, 향기로운 장미 맛까지 여러 종류의 마카롱을 선보인다. 파스텔 톤의 은은한 빛깔과 입안에서 천천히 퍼지는 섬세한 맛이 특징이다. 몇몇 매장은 안에서 차를 마시며 마카롱을 먹고 갈 수 있도록 하는데 마카롱을 베이스로 한 다양한 디저트 메뉴는 예술 작품처럼 예쁘다. 고심하여 고른 마카롱을 고급스러운 민트색 상자에 포장하여 들고 매장을 나서는 기분은 파리의 봄날 그 자체. 파리 시내에 여러 지점이 있다.

Ⓜ 메트로 1호선 George V에서 도보 3분 / 메트로 1, 9호선 Franklin D. Roosevelt에서 도보 6분
🏠 75 Av. des Champs-Élysées, 75008
☎ +33 1 40 75 08 75
🕐 월~금요일 07:30-23:00, 토요일 07:30-00:00, 일요일 07:30-22:00
@ www.laduree.fr

A Moveable Feast
Macaron

피에르 에르메 Pierre Hermé

전직 라뒤레 수석 파티세리가 자신의 이름을 걸고 라뒤레에 대적하기 위해 만든 브랜드다. 쫀득, 쫄깃한 머랭 꼬끄와 두꺼운 필링이 특징이다. 딸기 와사비나 초콜릿 푸아그라 등 실험적인 맛의 마카롱을 판매한다. 매년 3월 20일이면 '마카롱의 날' 자선 행사를 하는데, 마카롱을 무료로 나누어주고 기부금을 받는다. 캉봉 가(4 Rue Cambon, 75001)와 오페라(39 Avenue de l'Opéra, 75002) 지점을 비롯해 파리 시내 전역에 매장을 가지고 있다.

Ⓜ 메트로 1호선 George V에서 도보 3분 / 메트로 1, 2, 6호선 및 RER A선 Charles de Gaulle-Étoile에서 도보 4분
🏠 133 AV. des Champs-Elysées, 75008 ☎ +33 1 44 43 75 07 🕒 매일 10:00-22:30
@ www.pierreherme.com

카페 푸쉬킨 Café Pouchkine

프랭탕 백화점 1층에 있는 푸쉬킨은 러시아풍 이름과 어울리는 화려한 실내장식과 그보다도 더 화려한 페이스트리로 유명하다. 머랭 위에 다른 색깔의 작은 원을 하나 더 얹는 고유의 데코가 푸쉬킨 마카롱의 특징이다. 딸기와 피스타치오 맛 마카롱이 베스트셀러. 팬케이크와 에그 메뉴 등으로 구성된 아침 식사 메뉴와 와인, 아페리티프, 칵테일 메뉴도 괜찮다. 저녁 시간에는 푸쉬킨의 고풍스러운 분위기를 즐기며 간단히 한잔하려는 패셔너블한 사람들이 많다. 2구(14 Rue des Petits Carreaux, 75002)와 8구(16 Place de la Madeleine, 75008)에도 지점이 있다.

Ⓜ 메트로 3, 9호선 Havre-Caumartin에서 도보 1분
🏠 64 Boulevard Haussmann, 75009
☎ +33 1 42 82 43 31
🕒 월~수요일, 금~토요일 09:30-20:00, 목요일 09:30-20:45, 일요일 11:00-19:00
@ www.cafe-pouchkine.fr

쇼콜라 & 디저트 Chocolat & Dessert

유리창 너머 고혹적인 자태로 유산지를 깔고 앉은 예술 작품 같은 프랑스 디저트들은 호불호가 갈릴 수 없을 정도로 맛있다. 메디치와 앙리 2세의 결혼을 계기로 설탕과 아몬드 소비가 급격히 늘기 시작해 프랑스 제과가 크게 발달했고, 1566년 파티시에(제과사)라는 직업이 공인되었다. 최고의 디저트를 미리 알고 가서 실패 없는 후식을 즐기자.

• BEST 프랑스 디저트 •

밀푀유
Millefeuille

천 겹의 켜가 있다는 뜻으로 페이스트리 사이사이에 버터가 층을 이루고 있는 과자. 바삭하고 얇은 페이스트리와 부드럽고 진한 필링의 대조가 클수록 맛있다.

에끌레르
Eclairs

긴 퍼프 페이스트리 속에 필링을 넣고 위를 아이싱으로 장식한다. 너무 맛있어 번개처럼 해치우게 되어 '번개'라는 이름을 붙였다. 보통 바닐라, 초콜릿, 커피 맛이 있다.

레몬 타르트(타트 오 시트홍)
Tarte aux Citron

사과, 배, 딸기 등 여러 종류의 프랑스 과일 타르트 중 가장 인기 있는 것이 레몬 타르트다. 새콤한 레몬 커스터드의 맛이 고소하고 단단한 크러스트와 합이 좋다.

A Moveable Feast
Chocolat & Dessert

오페라
Opera

초콜릿 무스 케이크. 바삭한 프랄린 레이어가 있어 식감이 남다르다. 매끈한 케이크 표면은 오페라 가르니에의 무대에서 영감을 받은 것으로 파리 유명 제과점 달로와요 Dalloyau의 제과사가 개발했다.

생토노레
Saint-Honoré

제빵사와 파티세리의 수호성인인 성 오노레를 기리며 만들었다는 설도 있고, 생토노레를 처음 만든 사람의 가게가 위치한 거리의 이름을 따서 만들었다고도 한다. 층층이 쌓인 크림 퍼프 비주얼이 먹음직스럽다.

슈
Chou/Choux

한 손에 쏙 들어오는 작은 행복, 슈크림 빵. 슈크림을 찰지게 쳐서 흘러내리지 않고 단단한 것이 좋고, 슈 역시 눅눅해지지 않고 바삭한 것이 맛있어 신선도가 관건이다.

파리 브레스트
Paris-Brest

파리와 브레스트를 달리는 자전거 경주를 기념하기 위해 1891년 탄생한 메뉴로, 슈 페이스트리 사이에 프랄린 크림을 듬뿍 넣어 만든다.

머랭
Meringues

달걀 흰자로 만드는 큼직한 설탕 덩어리. 정말 달다. 이 자체로 사탕처럼 먹기도 하고 다른 디저트에 장식으로 올리기도 한다. 다양한 색과 모양으로 만들어보는 재미도 있다.

마들렌
Madeleine

마르셀 프루스트의 <잃어버린 시간을 찾아서> 소설로 더욱 유명해진 밀도 있는 식감과 촉촉하고 진한 맛의 베이커리. 쿠키와 케이크 그 중간 어디쯤의 느낌이다. 마들렌을 먹고 유년 시절을 상기하는 소설 대목에서 기인해 음식을 먹고 추억을 떠올린다는 '마들렌 효과'라는 말도 생겨났다.

크렘 브륄레
Crème Brûlée

'불에 그을린 크림'이라는 이름처럼 바삭 달콤 촉촉 부드러운 디저트. 커스터드 크림 위에 설탕을 두껍게 뿌리고 토치로 그을려 딱딱한 뚜껑을 만든다. 티스푼으로 톡톡 두드려 설탕 코팅을 깨뜨려 커스터드와 함께 떠먹으면 그곳이 천국.

타트 타탱 Tarte Tatin

버터와 설탕을 넣어 캐러멜화한 과일을 듬뿍 얹은 과일 타르트. 사과를 가장 많이 쓴다. 설탕에 오래 절였어도 상큼한 과일의 식감과 맛이 살아 있어 부드러운 필링과 단단하고 바삭한 타르트 반죽과 조화를 이룬다.

어느 겨울날, 집에 돌아온 내가 추워하는 걸 본 어머니께서는 평소 내 습관과는 달리 홍차를 마시지 않겠냐고 제안하셨다. 처음에는 싫다고 했지만 왠지 마음이 바뀌었다. 어머니는 사람을 시켜서 '생 자크라는 조가비 모양의, 가느다란 홈이 팬 틀에 넣어 만든 '프티 마들렌'이라는 짧고 통통한 과자를 사 오게 하셨다. 침울했던 하루와 서글픈 내일에 대한 전망으로 마음이 울적해진 나는 마들렌 조각이 녹아든 홍차 한 숟가락을 기계적으로 입술로 가져갔다. 그런데 과자 조각이 섞인 홍차 한 모금이 내 입천장에 닿는 순간, 나는 깜짝 놀라 내 몸속에서 뭔가 특별한 일이 일어나고 있다는 사실에 주목했다. 이유를 알 수 없는 어떤 감미로운 기쁨이 나를 사로잡으며 고립시켰다.

- 마르셀 프루스트 <잃어버린 시간을 찾아서> 중에서

갈레트 드 호아 Galette de Roi

공현 대축일(1월 6일)에 먹는 케이크로, 안에 작은 표식을 숨기고 무리 중 가장 어린 사람이 조각을 내 모두에게 나누어준다. 먹다가 이 표식이 나온 사람이 왕관을 쓰고 그날 하루 종일 왕 노릇을 하는 재미난 전통이 있다.

앙젤리나 Angelina

오드리 헵번과 코코 샤넬, 마르셀 프루스트 등이 단골이었다는 파리 제일의 살롱. 지친 여행자라도 앙젤리나의 쇼콜라 쇼 Chocolat Chaud(핫 초콜릿) 한 모금이면 '백만 스물 하나, 백만 스물 둘'을 외치게 된다. 숟가락으로 떠먹는 것이 더 편할 정도로 되고 달다. 2층까지 있어 넓지만 줄을 서지 않고 바로 들어가는 일이 거의 없다. 디저트류는 포장할 수 있지만 1903년에 생긴 이 역사 깊은 곳에 앉아 보는 편을 추천한다. 휘핑 크림과 달콤한 밤 퓨레로 속을 채운 몽블랑도 맛있다.

- Ⓜ 메트로 1호선 Tuileries에서 도보 2분
- 🏠 226 Rue de Rivoli, 75001
- ☎ +33 1 42 60 82 00
- 🕐 매일 08:00-19:00
- @ www.angelina-paris.fr

에끌레르 드 제니 L'Éclair de Génie

15년간 포숑의 크리에이티브 디렉터로 경력을 쌓은 전설적인 프랑스 파티세리 크리스토프 아담 Christophe Adam이 공을 들여 런칭했다. 입에 넣기 아까울 정도로 예쁜 비주얼과 진한 맛이 인기 요인이다. 매장을 지나게 되면 걸음을 멈출 수밖에 없는 화려한 디자인, 강렬한 색의 에끌레르는 백 종류가 넘는다. 에끌레르마다 필링 맛이 진하고 각각의 특징이 뚜렷하다. 가장 인기가 많은 것을 딱 하나만 꼽아달라는 말에 여러 지점의 모든 직원들은 입을 모아 단짠단짠 카라멜 뵈르 살레 Caramel Beurre Salé라고 한다.

- Ⓜ 메트로 1호선 Saint-Paul에서 도보 2분
- 🏠 14 Rue Pavée, 75004
- ☎ +33 1 42 77 85 11
- 🕐 매일 11:00-19:30
- @ www.leclairdegenie.com

베르티용 Berthillon

1954년부터 같은 가족이 운영하는 유기농 아이스크림 & 소르베 가게. 파리의 여러 카페와 식당이 큼지막하게 '베르티용 아이스크림을 팝니다'라고 써 붙일 정도로 인기 있다. 70개 이상의 베르티용 아이스크림은 화학 물질이 전혀 들어가지 않은 깨끗하고 건강한 맛으로, 진하지만 너무 달지 않아 질리지 않는다. 베르티용 가족만 알고 있는 비밀 레시피를 따라 우유와 달걀, 천연 재료를 배합하여 만든다.

- Ⓜ 메트로 7호선 Pont Marie에서 도보 4분
- 🏠 29-31 Rue Saint-Louis en l'Île, 75004
- ☎ +33 1 43 54 31 61
- 🕐 수~일요일 10:00-20:00,
  월~화요일 휴무, 8월 중 2주 휴무
- @ www.berthillon.fr

라 파티세리 데 헤브 La Pâtisserie des Rêves

문 열기 전부터 줄을 서게 만드는 '꿈의 페이스트리'다. 꿈에서나 볼 수 있을 듯한 핑크색, 연두색의 쿠키 부스러기 하나 없는 깨끗한 매장에 들어서면 페이스트리 하나하나마다 천장에서부터 내려오는 투명한 돔을 씌워 보관하고 있는 모습을 볼 수 있다. 진짜 케이크일까 싶을 정도로 자로 잰 듯 깔끔하게 빚어낸 여러 종류의 케이크 앞에서 오랫동안 고민할 수밖에 없을 것이다. 파리에 4개 지점이 있다.

- Ⓜ 메트로 10, 12호선 Sèvres-Babylone에서 도보 5분
- 🏠 93 Rue du Bac, 75007
- ☎ +33 9 72 60 93 19
- 🕐 화~목요일 09:00-19:00, 금~토요일 09:00-20:00, 일요일 09:00-18:00, 월요일 휴무
- @ www.lapatisseriedesreves.com

포플리니 Popelini

작고 귀여운 슈크림 빵 전문점. 상호명은 1540년 메디치가를 위해 처음 슈크림 빵을 만들었던 이탈리아 셰프의 이름에서 따왔다. 슈크림 빵 말고 다른 메뉴는 없지만 피스타치오, 체리, 커피, 프랄린, 라즈베리, 레몬, 밀크 초콜릿 등 종류가 워낙 많고 무얼 추천해야 할지 모를 정도로 전부 맛이 있는데, 패션 프루트처럼 상큼한 과일 맛이 질리지 않고 좋다.

- Ⓜ 메트로 8호선 Filles du Calvaire 및 Saint-Sébastien-Froissart에서 도보 4~5분
- 🏠 29 Rue Debeylleme, 75003
- ☎ +33 1 44 61 31 44
- 🕐 월~토요일 11:00-19:30, 일요일 10:00-15:00
- @ www.popelini.com

라 타르트 트로피지엔느 La Tarte Tropézienne

남프랑스 생트로페에서 온 슈크림 파이. 전설적인 여배우 브리짓 바르도가 1955년 생트로페에서 '…그리고 신은 여자를 창조했다'를 촬영할 때 생트로페의 유명 베이커가 그녀를 위해 개발한 디저트로, 바르도가 직접 이름을 붙였다. 부드러운 브리오슈 빵 안에 바닐라 필링이 가득 차 있어 한입 물면 크림이 흘러내리는, 달콤하고 촉촉한 칼로리 끝판왕이다. 큼직한 파이가 조금 부담된다면 미니 사이즈도 있다. 여러 가지 맛이 있지만 오리지널이 제일 맛있다.

- Ⓜ 메트로 10호선 Mabillon에서 도보 1분
- 🏠 3 Rue de Montfaucon, 75006
- ☎ +33 1 43 29 09 81   🕐 매일 10:30-19:30
- @ www.latartetropezienne.fr

라 파티세리 시릴 리냑 La Pâtisserie Cyril Lignac

눈이 호강하는 정교하고 예쁜 디저트를 먹어보자. 시릴 리냑은 미슐랭 원스타 레스토랑 르 깽지엠Le Quinzième을 비롯해 파리에서 훌륭한 식당을 운영하는, '프랑스에서 가장 인기 있는 셰프' 투표에서 1위를 했던 유명 셰프다. 그가 페이스트리 셰프 베누아 쿠브랑드Benoît Couvrand와 의기투합해 2011년에는 달콤한 디저트 가게를, 2016년에는 초콜릿 상점을 열었다. 전통적인 프랑스 케이크와 창의적이고 현대적인 메뉴가 함께 진열되어 있다. 파리에 7개 지점이 있다.

- Ⓜ 메트로 9호선 Iéna 및 Alma-Marceau에서 도보 4분
- 🏠 2 Rue de Chaillot, 75116
- ☎ +33 1 55 87 21 40
- 🕐 월요일 07:00-19:00, 화~일요일 07:00-20:00
- @ www.gourmand-croquant.com

자크 제냉 Jacques Génin

유명 쇼콜라티에이자 캐러멜 메이커인 자크 제냉이 이름을 걸고 낸 시크한 초콜릿 상점. 르 모리스나 플라자 아테네 등 저명한 프랑스 호텔과 레스토랑에도 자크 제냉 초콜릿과 캐러멜을 공급한다. 크리미한 가나슈, 트러플, 로쉐 등의 초콜릿이 열을 맞춰 유리 진열대 안에 놓여 있다. 망고, 패션 푸르트, 루바브 등 이국적이고 상큼한 맛을 가미한 캐러멜은 초콜릿만큼이나 인기가 많다. 이 외에도 과일 파테와 누가 등이 있어 원하는 크기의 상자를 선택해 골라 담으면 된다. 살롱이 따로 있어 먹고 가도 되며 7구(22 Rue de Varenne)에도 매장이 있다.

- Ⓜ 메트로 8호선 Filles du Calvaire에서 도보 5분
- 🏠 133 Rue de Turenne, 75003   ☎ +33 1 45 77 29 01
- 🕐 화~금요일, 토요일 11:00-19:30, 일요일 11:00-19:00, 월요일 휴무
- @ jacquesgenin.fr

엉 디망쉬 아 파리 Un dimanche à Paris

'파리에서의 일요일'이라는 낭만적인 상호명의 이곳은 좁은 골목 안쪽으로 들어와야 찾을 수 있다. 한쪽은 초콜릿 바, 한쪽은 레스토랑으로 운영한다. 브런치와 점심, 저녁 세트 메뉴 구성이 훌륭하다. 넓은 식당은 해가 잘 들어 날씨 좋을 때 브런치를 하기에 안성맞춤이다. 다양한 종류의 초콜릿과 직접 만드는 스프레드, 잼도 판매한다. 부서져서 팔 수 없는 마카롱을 먹어보라고 건네주는 친절한 직원의 도움을 받아 수많은 초콜릿 중 취향에 딱 맞는 맛을 골라 담을 수 있다.

- Ⓜ 메트로 4, 10호선 Odéon에서 도보 2분
- 🏠 4-6-8 Cour du Commerce Saint André, 75006
- ☎ +33 1 56 81 18 18
- 🕐 **티룸** 매일 15:00-18:00 **레스토랑** 화요일 19:00-22:00, 수요일~토요일 12:00-14:00, 19:00-22:00, 일요일 브런치 11:00-14:30 **숍** 월요일 12:00-20:00, 화~토요일 11:00-20:00, 일요일 11:00-19:30
- @ www.un-dimanche-a-paris.com

A Moveable Feast
Chocolat & Dessert

르 쇼콜라 알랭 뒤카스 Le Chocolat Alain Ducasse

장인 정신과 섬세하고 꼼꼼한 손, 창의적인 레시피와 기술이라는, 초콜릿의 본질에 부합한 미슐랭 셰프의 초콜릿 전문점. 11구 맛집이 모여 있는 골목 샛길에 있다. 시끌벅적한 번화가에서 용케 조용한 구석을 찾아내 달콤 씁싸름한 퀄리티 초콜릿을 하루 종일 만든다. 워크숍, 키친과 상점이 함께 자리해 초콜릿 냄새가 진동한다. 50여 개의 초콜릿 중 몇 개만 골라 먹기가 너무나 어려워 오래 머물게 되는 곳이다. 1구(9 Rue du Marché Saint-Honoré, 75001), 6구(26 Rue Saint-Benoît, 75006), 갤러리 라파예트 고메, 북역, 리옹역에도 지점이 있다.

- Ⓜ 메트로 1, 5, 8호선 Bastille에서 도보 2분
- 🏠 40 Rue de la Roquette, 75011
- ☎ +33 1 48 05 82 86
- 🕒 월~토요일 10:30-19:00, 일요일 휴무
- @ www.lechocolat-alainducasse.com

투 스토리즈 Two Stories

5월에 개점한 생마르탱 운하의 핫플레이스! 1층에는 홈메이드 아이스크림과 달콤한 케이크, 타르트를 앞세운 카페 포보이카페POboyCafé가, 2층에는 뉴올리언스에서 영감을 받은 오리지널 칵테일과 케이준 콘셉트의 메뉴가 이색적인 레스토랑 & 피아노바 놀라NOLA가 있다. 디저트가 워낙 맛있지만 식사와 분위기, 음악도 최고라 2층에서 저녁 식사나 술 한잔 하는 것도 추천한다.

- Ⓜ 메트로 5호선 Jacques Bonsergent에서 도보 7분
- 🏠 72 Quai de Jemmapes, 75010
- ☎ +33 1 53 16 17 88   🕒 매일 10:00-23:00
- @ www.twostories.fr

파티세리 얀 쿠브뢰흐 Patisserie Yann Couvreur

하루에 딱 50개만 만들어 파는 밀푀유로 유명하다. 에클레르, 파이, 바게트, 브리오슈와 함께 그라놀라, 요구르트, 신선한 과일, 판나코타 등 다양한 베이커리와 파티세리를 만드는데, 11시부터 디저트 메뉴가 나오고 12시부터 밀푀유 등 쿠브뢰흐의 독창적인 디저트 메뉴가 나온다. 아침 일찍 가서 신선하고 맛있는 조식을 하는 것도 좋다. 10구(137 Avenue Parmentier, 75010)와 갤러리 라파예트 고메 지점도 있다.

- Ⓜ 메트로 1호선 Saint-Paul에서 도보 4분
- 🏠 23bis Rue des Rosiers, 75004
- 🕒 매일 10:00-20:00   @ yanncouvreur.com

와인 & 치즈 Vins & Fromage

• 와인 Le Vin •

물만큼이나 프랑스 사람들의 일상생활과 밀접한 음료인 와인. 그리스인들이 BC 600년경 마르세유에 상륙해 포도를 재배한 것을 시작으로 프랑스 와인은 오늘날 전 세계적으로 최고라 인정받고 있다. 파리에서는 손쉽게 와인 판매점과 와인 바를 찾아볼 수 있으며 일반 식당에서도 좋은 와인을 마실 수 있다. 망설임 없이 두 번째, 세 번째 잔을 들이켤 수 있도록 하는 프랑스 와인의 또 다른 장점은 거품 없는 가격이다.

프렌치 패러독스 French Paradox

기름기가 많은 육류 등을 자주 먹는 사람들이 심장 혈관 계통의 질병으로 높은 사망률을 보여야 하는데 프랑스 사람은 그렇지 않다는 아이러니를 가리키는 표현이다. 많은 전문가들은 콜레스테롤 수치도 높고 매일 술을 마시는데도 심장병 환자가 많지 않은 이유로 규칙적인 포도주 섭취를 꼽는다. 포도 껍질과 씨에 함유된 폴리페놀이 항산화작용을 하기 때문이다. 그러니 파리에서는 기꺼이 1식 1잔을!

유기농 와인 BIO

프랑스에서도 유기농 와인 열풍이 불고 있다. 어떠한 화학 처리도 하지 않고 첨가물이 들어가지 않아 톡 쏘는 맛이 덜하지만 끝 맛이 개운하고 깨끗하여 사랑받는다. 프랑스 와인 전체 생산량의 1.4%가 유기농으로, 비오BIO라는 표시가 따로 붙어 있어 마트나 메뉴판에서도 쉽게 알아볼 수 있다.

AOC와 좋은 프랑스 와인 고르기

1936년, 프랑스 와인의 품질을 보장하기 위해 국립원산지명칭연구소IMAO를 출범하고 생산지와 양조 기준을 꼼꼼히 따져 적용하는 원산지 통제 명칭 'AOC(Appellation d'Origine Contrôlé)' 제도를 도입했다. AOC 와인은 프랑스 와인의 제일 높은 등급으로 와인 라벨에 원산지, 포도 품종, 재배 및 제조 방법, 단위 면적당 최대 수확량, 알코올 농도 등을 표기한다. 그 아래 등급으로는 우수 품질 제한 와인 VDQS(Vin Delimites deQualite Superieure), 지역 등급 와인 VDP(Vin de Pays), 테이블 와인 VdT(Vin de Table)가 있다. 이 기준을 절대적으로 맹신하지는 말자. AOC보다 더 좋은 평가를 받는 VDQS도 있기 때문이다. 슈퍼에서 살 수 있는 €2 와인이 오늘 저녁 식사와 가장 잘 어울리는 보틀일 수도 있다. 구입처의 직원, 소믈리에, 레스토랑의 웨이터에게 물어보는 것도 아주 좋은 방법이다.

라 카브 데 파피유 La Cave des Papilles

프랑스 전역에서 들여오는 1000여 종류의 프랑스 와인을 취급하는 상점이다. 훌륭한 유기농 와인 셀렉션으로도 유명하다. 와인 문외한이라도 괜찮다. 언제나 도울 준비가 되어 있는 친절한 직원들이 항시 대기 중이다. €6~15 정도면 맛 좋은 한 병을 고를 수 있다.

- Ⓜ 메트로 4, 6호선 Denfert-Rochereau에서 도보 6분
- 🏠 35 Rue Daguerre, 75014
- ☎ +33 1 43 20 05 74
- 🕐 월요일 15:30-20:30,
  화~금요일 10:00-13:30, 15:30-20:30,
  토요일 10:00-20:30, 일요일 10:00-13:30
- @ www.lacavedespapilles.com

르 베르 볼레 Le Verre Volé

'훔친 잔'이라는 유쾌한 이름과 청색 외관, 무엇보다도 맛 좋은 와인과 여러 종류의 글라스 와인으로 인기를 끈다. 언제 찾아도 만석이다. 해산물과 육류를 아우르는 메뉴도 프랑스 요리 전문 레스토랑 수준이다. 와인 한 잔이 아니라 테이블당 몇 병을 시켜놓고 맛있는 르 베르 볼레의 요리를 차례로 맛보자.

- Ⓜ 메트로 5호선 Jacques Bonsergent에서 도보 4분
- 🏠 67 Rue de Lancry, 75010
- ☎ +33 1 48 03 17 34
- 🕐 매일 11:00-22:30
- @ www.leverrevole.fr

르 바홍 후쥬 Le Baron Rouge

허세라고는 1g도 없는 편안한 바. 동네 사람들이 수다 떨기 위해 자주 모이는 편안한 와인 바로, 특히 달리그르 장Marché d'Aligre이 서는 날 바쁘다. 좋은 가격, 좋은 맛의 로컬 빈티지 와인으로 가득하다. 보디감 있는 레드와 육류 플래터도 맛있고, 가을부터 시즌이 되면 주말에는 굴을 들여온다. 병을 가져와 배럴로 쌓여 있는 맛있는 와인을 싼 가격에 담아갈 수도 있다.

- Ⓜ 메트로 8호선 Ledru-Rollin에서 도보 3분
- 🏠 1 Rue Théophile Roussel, 75012
- ☎ +33 1 43 43 14 32
- 🕐 월요일 17:00-22:00, 화~금요일 10:00-14:00, 17:00-22:00,
  토요일 10:00-22:00, 일요일 10:00-16:00
- @ lebaronrouge.net

A Moveable Feast
Vins & Fromage

르 가드 호브 Le Garde Robe

'옷장'이라는 뜻처럼 작고 귀여운 이 와인 바는 벽마다 빼곡히 채워진 빈 와인 병들 때문에 더 좁아 보이지만 밖에 서서 와인을 마시며 수다를 떨다 집으로 가는 단골이 매일 찾아올 정도로 인기가 좋다. 비싼 샤토의 와인은 잘 보이지 않지만 프랑스 소규모 샤토의 유기농 와인이라든지 값에 비해 품질이 훌륭한 와인을 추천받아 마시기에 더없이 좋다. 소박하고 아늑한 분위기의 와인 바를 1구에서 찾아보기 쉽지 않으니 시내 중심에서 멀리 가고 싶지 않다면 르 가드 호브에서 자정까지 마셔보자.

- Ⓜ 메트로 1호선 Louvre-Rivoli에서 도보 2분　🏠 41 Rue de l'Arbre Sec, 75001　☎ +33 1 49 26 90 60
- 🕐 월~금요일 12:00-15:00, 18:00-24:00, 토요일 18:00-24:00, 일요일 휴무

르그랑 피유 에 피스 Legrand Filles et Fils

쉽게 구할 수 없는 와인을 보유하고 있어 와인 애호가들이 즐겨 찾는 바. 고전적인 파사주 갤러리 비비엔느에 있다. 프랑스 레스토랑을 겸하고 있어 최고의 요리와 와인 페어링을 경험할 수 있다.

- Ⓜ 메트로 3호선 Bourse에서 도보 4분
- 🏠 1 Rue de la Banque, 75002
- ☎ +33 1 42 60 07 12
- 🕐 월요일 11:00-19:00, 화~토요일 10:00-19:30, 일요일 휴무
- @ www.caves-legrand.com

A Moveable Feast
Vins & Fromage

• 치즈 Le Fromage •

프랑스 요리에서 빼놓을 수 없는 단 한 가지, 치즈! 와인만큼이나 깐깐하게 고르는 프랑스 사람들의 치즈. 전 프랑스 대통령 샤를 드골은 "246종류의 치즈가 있는 나라를 어떻게 통치한단 말인가?"라고 한탄한 적이 있는데, 사실 프랑스 치즈의 종류는 그것보다도 많다. 약 450종의 치즈가 8개 그룹으로 분류되는데, 한 종류의 치즈도 다시 세분화되어 1000개가 넘는 종류의 치즈가 프랑스에서 만들어진다. 고릿한 냄새의 장벽을 넘어서면 어떻게 요리하느냐에 따라 내재된 짭짤함과 식감을 극대화하는 프랑스 치즈의 깊고 진한 맛에 빠지게 된다. 와인처럼 프랑스의 치즈 역시 원산지 증명 등급 제도가 있다. 450여 종류 중 36종만이 AOC 치즈다.

타카 & 베르모 Taka & Vermo

프랑스 전역의 훌륭한 치즈 농장을 발굴해 판매하는, 치즈 짝꿍 찾아주기 달인들의 상점이다. 80%가 프랑스 치즈이며 스페인, 이탈리아, 폴란드 농장에서도 공수해온다. 호두, 일본 후추나 유자 등 독특한 식재료와 치즈를 섞어 고유의 셀렉션을 선보이기도 한다. 부드럽고 달콤하여 고소한 빵과 아침 식사로 먹기에 최고인 유자 염소 치즈를 추천한다. 달걀, 버터, 요구르트, 맥주, 프랑스 유기농 와인도 있다.

- Ⓜ 메트로 4호선 Château d'Eau에서 도보 3분
- 🏠 61bis Rue du Faubourg Saint-Denis, 75010
- ☎ +33 1 48 24 89 29
- ⏰ 화~금요일 09:30-14:00, 15:30-20:30, 토요일 09:30-20:30, 일요일 09:30-13:00, 월요일 휴무
- @ www.facebook.com/TakaVermo

더 그릴드 치즈 팩토리 The Grilled Cheese Factory

프랑스 사람이라고 바게트와 크루아상이 질리지 않을까! 가끔 겉은 바삭하게 익히고 속은 온몸이 녹을 듯 따끈하게 흘러내리는 체다 치즈로 가득한 그릴드 치즈 샌드위치가 눈앞에 아른거릴 때가 있다. 바스티유 오페라 바로 앞 골목에 있어 점심시간이 되면 부근의 학생들과 직장인들이 벌떼처럼 몰려드는 이곳은 이 치즈 샌드위치 하나의 여러 버전으로 성업 중이다. 베스트셀러는 마카로니에 치즈를 듬뿍 부어 끓여내는 맥앤치즈다. 그릴드 치즈 중에서는 베이컨이 들어가 고소함과 짠맛이 한결 진해지는 샌드위치가 일등이란다.

- Ⓜ 메트로 1, 5, 8호선 Bastille에서 도보 2분
- 🏠 9 Rue Jacques Cœur, 75004
- ☎ +33 1 77 10 67 83
- ⏰ 매일 12:00-22:00
- @ thegrilledcheesefactory.fr

칵테일 바 Cocktail Bar

아침 일찍부터 줄을 설 훌륭한 박물관이 수없이 많은 이 도시, 해가 진 후 메트로 막차 시간이 걱정될 밤이 깊어오면 무엇을 해야 할까? 한 시간에 한 번씩 황홀하게 금빛 옷을 흔드는 반짝이는 에펠탑 구경에 칵테일 한 잔을 들고 보면 그 흥취가 더한다. 스타일리시한 분위기와 계속 홀짝이고 싶은 맛의 칵테일이 있는 멋진 바에서 파리의 밤을 더 아름답게.

르 퓨모아 Le Fumoir

새벽까지 운영하는 서재 같은 분위기의 멋진 카페/바로, 해가 지고 나서 촛불을 켜고 조명을 어둡게 낮추면 커피보다 칵테일과 와인 주문이 급격히 늘어난다. 루브르 바로 옆에 있는, 빛바랜 주황색 차양의 이 카페는 밖에서 보면 실내의 고급스러운 맨션 응접실과 같은 분위기를 전혀 알아차릴 수 없다. 재즈가 흘러나오는 편안한 무드가 수년 동안 매일 많은 손님을 불러 모은다. 정신없이 바빠도 언제나 친절한 웨이터들의 서비스도 콧대 높은 파리 1구의 전형적인 모습과는 사뭇 다르다.

- Ⓜ 메트로 1호선 Louvre-Rivoli에서 도보 1분
- ⌂ 6 Rue de l'Amiral de Coligny, 75001
- ☎ +33 1 42 92 00 24
- 매일 11:00-02:00
- € 글라스 와인 €4.5~
- @ www.lefumoir.com

Cocktail Bar

프리스크립션 칵테일 클럽 Prescription Cocktail Club

엑스페리멘탈을 총괄하는 ECC 팀이 운영하는 곳으로, 1930년대 미국 뉴올리언스 분위기를 표방하는 시크한 스피크이지 바다. 엑스페리멘탈이 큰 성공을 거두자 강 건너편에도 바를 낸 것이다. 기호에 맞춰 망설임 없이 맞춤식 칵테일을 제조하는 바텐더를 믿고 무엇이든 시켜보자. 푸드 메뉴가 맛있기로 유명하고, 그루브 있게 흘러나오는 재즈 음악도 좋다. 프리스크립션 외에도 ECC의 큐리오 팔러 Curio Parlour, 비프 클럽 Beef Club 레스토랑의 칵테일 바 르 볼룸 Le Ballroom도 추천한다.

- 메트로 4, 10호선 Odéon에서 도보 5분 / 메트로 10호선 Mabillon에서 도보 6분
- 23 Rue Mazarine, 75006   +33 9 50 35 72 87
- 월~목요일 19:00-02:00, 금~토요일 19:00-04:00, 일요일 20:00-02:00
- 칵테일 €13~
- www.facebook.com/prescriptionparis

엑스페리멘탈 칵테일 클럽 Experimental Cocktail Club

칵테일 바가 흔치 않았던 파리에 다양한 종류의 맛있는 칵테일을 전문으로 하는 바를 만들고자 3명의 프랑스 남자들이 뭉쳐 세운 칵테일 클럽이다. 2007년부터 수년간 파리의 나이트 라이프의 중추 역할을 해왔고, 여전히 명실상부 최고의 바 자리를 지키고 있는 스피크이지(Speakeasy, 1920~1930년대 미국 금주법 시대의 밀주점)다. 이름에 걸맞게 실험적인 메뉴와 클래식한 칵테일을 고루 판매한다. 약 40명 정도 수용할 수 있는 작은 규모이지만 어깨를 맞대고 좁은 공간에서 칵테일을 마시게 되니 금방 바 안의 사람들과 친해질 수 있다. 대표 메뉴는 진, 셰리와 크러시한 핑크 페퍼콘과 세이지를 섞어 만드는 포브르 셰리 Pauvre Chérie.

- 메트로 3호선 Sentier 및 메트로 3, 4호선 Réaumur-Sébastopol에서 도보 5분
- 37 Rue Saint-Sauveur, 75002   +33 1 45 08 88 09
- 월~목요일 19:00-02:00, 금~토요일 19:00-04:00, 일요일 20:00-02:00
- 칵테일 €13~
- www.experimentalevents.com/paris

셰리 벗 Sherry Butt

작위적인 느낌은 눈을 씻고 찾아도 볼 수 없는 편안하고 캐주얼한 칵테일/위스키 바. 진중하고 세심한 바텐더들이 상주한다. 어두운 조명과 주말의 하우스 DJ가 즐겁고 친밀한 분위기를 보장한다. 계절마다 조금씩 바뀌는 지루하지 않은 메뉴는 진, 럼, 보드카 등 다양한 베이스의 12종류의 창의적인 오리지널 칵테일로 구성된다. 셰리 벗의 독창적인 칵테일은 종류는 많지 않지만 맛있는 음식과 함께 많은 단골을 보유하는 이곳의 비결이다. 위스키를 특별히 좋아하는 주인이 세계 각지에서 공수해온 위스키도 추천한다. 그날의 기분을 말하고 독창적인 맞춤형 칵테일을 마셔보고 싶은 사람들에게도 좋다. 바 매니저는 열린 마음으로 새로운 맛에 대한 편견 없이 찾아준다면 가장 좋아하는 칵테일을 만나게 될 수 있다고 귀띔한다.

- 메트로 1호선 Saint-Paul에서 도보 4분
- 20 Rue Beautreillis, 75004   +33 9 83 38 47 80
- 화~토요일 18:00-02:00, 일~월요일 20:00-02:00
- 칵테일 €13~   @ www.sherrybuttparis.com

A Moveable Feast
Cocktail Bar

캉델라리아 Candelaria

멕시코 출신 셰프가 정통 타코를 만드는 타케리아Taqueria로, 파리 최고의 마가리타를 만든다. 칵테일로 더 유명하다. 한 방울도 남기기 아까운 진한 맛이 일품이다. 해가 지고 바텐더가 출근하면 녹차 맛이 나는 보드카와 라임, 홈메이드 레몬 시럽과 그레나딘으로 만드는 러브 바이 더 문Love by the Moon, 피스코와 아페롤로 만드는 피스코 디스코Pisco Disco 등 남미 느낌 물씬 나는 칵테일도 주문할 수 있다.

- Ⓜ 메트로 8호선 Filles du Calvaire에서 도보 5분
- 🏠 52 Rue de Saintonge, 75003
- ☎ +33 1 42 74 41 28
- 🕐 월~금요일 12:00-23:00, 토~일요일 12:00-00:00
- € 칵테일 €12~
- @ www.quixotic-projects.com/venue/candelaria

르 메리 셀레스트 Le Mary Celeste

촛불과 어두운 조명으로 섹시하고 무드 있는 분위기를 연출하는 오이스터 바. 뉴욕에서 술을 가득 실어 출항했으나 탑승객 전원이 미스터리하게 사라졌던 전설적인 배 이름을 땄다. 굴이 특히 맛있는데 미니 햄버거나 다른 푸드 메뉴도 훌륭하다. 안주가 워낙 맛있어 하나씩 주문하다보면 칵테일도 여러 잔 하게 된다. 자체 개발한 창의적인 칵테일과 클래식한 메뉴 모두 갖추고 있다. 엄선한 와인 메뉴와 브루클린 생맥주 두 종류와 달콤한 논알코올 칵테일도 있다. 사람이 항상 많아 저녁 시간에는 줄을 서야 한다.

- Ⓜ 메트로 8호선 Saint-Sébastien-Froissart 및 Filles du Calvaire에서 도보 3~4분
- 🏠 1 Rue Commines, 75003　☎ +33 1 42 77 98 37
- 🕐 매일 18:00-02:00　€ 칵테일 €7~
- @ www.quixotic-projects.com/venue/mary-celeste

마벨 Mabel

칵테일과 럼의 세상. 독창적인 칵테일 레시피로 특별한 한잔을 원하는 사람들이 단골이다. 파리의 많은 칵테일 바 직원들이 추천하는 아지트이기도 하다. 다양한 향신료와 허브, 가니시를 이용하는 것이 특징이다. 니카Nikka 등 맛있는 위스키도 세계 각지에서 공수해온다. 그릴드 치즈가 맛있기로 유명해서 저녁 식사를 하지 않고 오는 사람도 많다.

- Ⓜ 메트로 3호선 Sentier에서 도보 1분　🏠 58 Rue d'Aboukir, 75002　☎ +33 1 42 33 24 33
- 🕐 월~수요일 19:00-00:00, 목~토요일 19:00-02:00, 일요일 휴무　€ 칵테일 €13~　@ www.mabelparis.com

HOT TIP

파리 칵테일 위크 Paris Cocktail Week

연초에 열리는 도시 최대의 칵테일 파티. 내로라하는 파리의 여러 칵테일 바들이 이 축제를 위한 새로운 메뉴를 개발해 선보이고 워크숍과 팝업 칵테일 클래스, 가격 할인, 여러 바의 콜라보레이션이나 특별 오픈 시간 등의 다양한 이벤트가 열린다.

- @ pariscocktailweek.fr

길거리 음식 Cuisine de Rue

길빵, 길케밥이 자유로운 파리이기에 파리 여행자의 먹방은 조금도 쉴 틈이 없다. 먹기 편하고 가격도 착하며 바삐 걸어도 깔끔히 먹을 수 있으며, 무엇보다 맛있기에 추천한다. 주소를 따로 적을 수 없을 정도로 파리 골목골목에 자리를 잡고 파는 값싼 즐거움을 지나치지 말자.

크레프
Crêpe

프랑스를 비롯한 가톨릭 국가들은 전통적으로 부활절 전 40일 사순절의 첫날인 '재의 수요일'을 시작으로 금식을 했다. 요즘은 거의 지키지 않지만 금식 전날인 '기름진 화요일(마흐디 그라Mardi Gras)'에 많이 먹고 즐기는 카니발Carnivale은 아직 많은 곳에서 지켜진다. 기름진 음식의 대표격이 크레프이며 달콤한 디저트와 치즈나 햄을 넣은 살레Salée 메뉴가 있다.

팔라펠
Falafel

곱게 간 병아리 콩을 양파와 각종 허브로 간을 하고 튀겨 피타 빵이나 플랫브레드에 담아 먹는 중동식 샌드위치. 채소와 소스를 푸짐하게 넣어 한 끼 식사로도 충분하다. 파리에서 가장 힙한 동네 마레를 비롯해 파리 곳곳에서 팔라펠을 파는 음식점을 볼 수 있으니 기회가 되면 시도해보자.

케밥
Kebab

여러 종류의 케밥 중 프랑스에는 세로 축에 고기 덩어리를 꽂아 천천히 돌려 익히는 도너Döner 케밥이 흔하다. 블랑쉬 소스(마늘과 허브를 넣은 요구르트 소스)를 뿌려 플랫브레드에 고기를 담아 먹는다. 보통 감자튀김과 함께 주는데, 빵 안에 감자튀김을 고기와 함께 넣은 것을 그리스 샌드위치Sandwich Grec라고 한다. 중동 이민자들이 모여 사는 19구와 관광객이 몰리는 18구에 유독 많다.

볶은 땅콩과 군밤

겨울의 파리를 걷다가 익숙한 냄새에 뒤돌아보게 된다. 설탕이나 꿀, 시나몬을 넣고 달콤하게 볶은 땅콩과 고소한 군밤이다. 특별히 허기지지 않아도 심심풀이로 입에 자꾸만 넣게 되는 아삭아삭한 겨울 주전부리는 크레프 가판처럼 자주 보이지는 않지만 느닷없이 나타나는데, 그래서 더 반갑다.

Paris Shopping

파리 쇼핑

해외 직구와 구매 대행의 편리한 시대에 살지만 파리 현지 쇼핑의 즐거움과는 비할 수 없다. 아무것도 사지 않고 넓고 긴 몽타뉴 명품 대로를 거니는 것도, 양손 가득 갤러리 라파예트와 세포라 쇼핑백을 무겁게 들고 호텔로 돌아가는 걸음도 모두 즐겁다. 파리를 떠나기 전 택스 프리 환급을 받으며 행복한 쇼핑의 마침표까지 확실하게 찍어보자.

백화점 Les Grand Magasins

독특하고 개성 넘치는 상점과 부티크 구경에 앞서 백화점을 먼저 돌아보자. 흔히 파리 3대 백화점이라 부르는 라파예트와 프랭탕, 봉 마르셰와 규모가 조금 더 작아 부담 없이 들르기 좋은 동네 백화점들까지, 파리의 최신 트렌드와 다양한 행사를 파악할 수 있다. 시즌마다 공들여 설치하는 디스플레이 구경만 해도 패션 공부가 톡톡히 된다.

HOT TIP

1년에 두 번, 세일을 놓치지 말자

1월과 7월은 파리의 대 세일(레 솔드Les Soldes) 기간이다. 50~70% 할인된 가격으로 손님을 끌어 모은다. 정말 많은 사람들이 이 기간에 백화점을 점령하기 때문에 파리지앵은 세일 기간 직전 백화점에 미리 가서 사고 싶은 물건을 입어본다고 한다. 세일이 시작하는 순간 이미 입어보고 고른 옷을 집어 빠르게 계산만 하고 나오는 것이다.

라파예트 백화점 Galeries La Fayette

1895년 오픈한 라파예트는 파리를 대표하는 백화점으로 매달 1000만 명이 방문한다. 개장 시간 전 벌써 많은 사람들이 문 앞에 대기하고 있을 정도로 언제나 복잡하고 붐빈다. 여성관, 남성관, 가정관, 식품관으로 이루어져 있고, 여성관(꾸뽈)의 화려한 네오 비잔틴 양식 돔 천장 아래의 디스플레이는 라파예트의 상징이다. 최근에는 하이패션, 주류 브랜드는 물론이고 프랑스 스트리트 패션 브랜드와 새로 뜨는 신진 브랜드에도 주목하고 있다. 2020년까지 고메와 남성관 새 단장을 목표로 매년 140억 원을 투자 중이다.

- Ⓜ 메트로 7, 9호선 Chaussée d'Antin La Fayette에서 도보 1분
- 🏠 40 Boulevard Haussmann, 75009
- 🕐 월~토요일 09:30-20:30, 일요일 11:00-19:00(고메는 월~토요일 08:30-21:30, 일요일 11:00-19:00)
- @ www.galerieslafayette.com

프랭탕 백화점 Printemps Haussmann

쥘 잘루조 Jules Jaluzot가 설계한 아름다운 건물 외관은 프랑스 문화유산으로 지정되었을 정도로 뛰어나다. 내부에는 아름다운 스테인드글라스 돔 천장이 있는데 중앙에 매달려 내려오는 큰 흰 볼 조명이 특징이다. 세계에서 가장 많은 브랜드가 입점해 있는 여성복 코너를 보유하고 있다. 프랭탕에서만 판매하는 브랜드가 300개 이상이고 라파예트처럼 3개 건물을 사용한다. 명품 전용 쇼케이스 프랭탕 드 럭스 Printemps du Luxe, 세계 최대 규모 뷰티 매장을 비롯해 7개 식당과 카페, 푸드 코트, 식료품점도 갖추고 있다.

Ⓜ 메트로 3, 9호선 Havre-Caumartin에서 도보 1분　🏠 64 Boulevard Haussmann, 75009
🕐 월~토요일 09:35-20:00(목요일 ~20:45), 일요일 11:00-19:00 @ departmentstoreparis.printemps.com

라파예트와 프랭탕의 크리스마스 윈도 디스플레이

해마다 크리스마스 시즌이 되면 이 두 백화점은 윈도 디스플레이에 사활을 건다. 내로라하는 인테리어, 패션 디자이너를 총동원해 파리에서 가장 예쁜 크리스마스 디스플레이를 선보이기 위해서다. 여러 매체에서도 두 곳의 크리스마스 데코 라이벌리를 대대적으로 보도하고, 영업시간이 끝나고 늦은 밤까지 사람들이 백화점 앞에 모여 디스플레이를 구경할 정도로 퀄리티가 대단하다.

번화한 두 백화점 일대

프랭탕과 라파예트 주변으로 크게 발달한 상권이 여러 사람의 발길을 끄니 꼭 백화점 쇼핑을 하고 싶지 않더라도 돌아볼 만하다. 날이 좋으면 백화점 건물 앞에 피아노를 가져다 놓고 연주하는 사람이 있기도 하고, 언제나 교통정리를 하는 경찰이 있을 정도로 신호등이 바뀔 때마다 수백 명의 사람들이 두 백화점 앞 사거리를 건넌다.

봉 마르셰
Le Bon Marché Rive Gauche

1852년 문을 연, 세계에서 가장 오래된 백화점이다. '좋은 시장'이라는 이름의 봉 마르셰는 1939년 포목점으로 시작해 지금은 파리에서 가장 고급스러운 백화점이 되었다. 에펠탑 설계자 구스타프 에펠 Gustave Eiffel의 화려한 인테리어와 정찰제, 반품제로 재래시장의 흥정에 지쳐 있던 파리 시민들의 마음을 사로잡았다. 관광버스를 대절해와 1층 명품 잡화 층을 잠식하는 중국인 여행객에게 치여 진이 빠졌다면, 느긋하게 아이쇼핑하고 좋은 서비스를 받고 싶다면 봉 마르셰가 답이다. 1층 패션관의 뷰티 공간Espace Beauté Inéditt에서는 봉 마르셰에서만 판매하는 60여 개 브랜드를 만나볼 수 있다.

- Ⓜ 메트로 10, 12호선 Sèvres-Babylone에서 도보 3분
- 🏠 24 Rue de Sèvres, 75007
- 🕐 월~수요일, 금~토요일 10:00-20:00, 목요일 10:00~20:45, 일요일 11:00-19:45
- @ www.24sevres.com/fr-fr/le-bon-marche

라 그랑 에피세리 드 파리 La Grande Épicerie de Paris

봉 마르셰에는 파리 최고의 식품점이 있다. 1923년부터 선물하기 좋은 마카롱이나 머랭 상자, 손가락 2개 크기만 한 귀여운 잼, 테이크 아웃이 가능한 신선하고 맛있는 요리를 팔았다. 현재는 3만 여 종류의 식료품을 취급한다. 가격대가 높지만 검증된 품질의 최고급 제품만 내놓는다. 여행객 사이에서는 이곳의 에코백, 쇼핑백도 인기 있는 기념품이라고.

- Ⓜ 메트로 10, 12호선 Sèvres-Babylone에서 도보 3분   🏠 38 Rue de Sèvres, 75007
- 🕐 월~토요일 08:30-21:00, 일요일 10:00-20:00
- @ www.lvmh.com/houses/selective-retailing/la-grande-epicerie

포럼 데 알 Forums des Halles

파리에서 가장 빠른 박자에 맞춰 돌아가는 젊고 신나는 레 알 동네를 상징하는 쇼핑몰이다. 한국의 COEX와 유사한 멀티 엔터테인먼트 공간으로 지하 4층~지상 1층으로 이루어져 있다. 이 넓은 공간에 영화관, 쇼핑몰, 카페, 레스토랑이 모여 있다. 메트로와 RER 허브 샤틀레역과 이어져 있어 접근성으로는 1등이다. 최근 대대적으로 리노베이션하고 거대한 물결 모양의 캐노피 아래 여러 브랜드가 새로 입점해 전에 없는 인기를 뽐내고 있다.

- Ⓜ 메트로 4호선 Les Halles 및 RER A, B, D선 Châtelet-Les Halles과 연결
- 🏠 101 Rue Berger, 75001
- 🕐 월~토요일 10:00-20:30, 일요일 11:00-19:00
- @ www.forumdeshalles.com

베 아슈 베
Bazar de l'Hôtel de Ville / B.H.V

'스타일은 라이프 스타일이다'라는 슬로건의 라파예트 그룹 백화점 베 아슈 베는 가장 실속 있는 쇼핑을 할 수 있는 곳이다. 1855년 백화점 주인 하비에르 후엘Xavier Ruel이 이곳을 지나다 쓰러진 나폴레옹의 황후 유제니를 구해 큰 상금을 받아 백화점을 현재 주소로 이전하고 더욱 아름답게 꾸몄다는 이야기가 전해진다. 900여 개 브랜드가 입점해 있으며 다양한 행사가 자주 열린다. Anthropologie나 H&M 등의 중가 유럽 브랜드가 많다. 폐관 후 여는 루프톱 바(p.065 참고)로도 유명하다.

- 메트로 1, 11호선 Hôtel de Ville에서 도보 3분
- 36 Rue de la Verrerie, 75004
- 월~토요일 09:30-20:00, 일요일 11:00-19:00
- www.bhv.fr

> **SHOPPING TIP**
>
> ### 인사를 나누자
> 조용히 들어갔다가 살짝 나오는 쇼퍼들에게는 낯선 파리 쇼핑 관습이 하나 있다. 상점에 들어가면 언제나 가장 먼저 '봉주르~' 하는 인사를 나누는 것이다. 꼭 환히 웃을 필요는 없지만 들어서며 인사를 하고서야 돌아보는 것이 습관화되어 있고 인사를 하지 않으면 불쾌해하니 기억해두자.
>
> ### 너무 큰 단위의 지폐는 좋지 않다
> €3짜리 사탕을 사며 €100 지폐를 내밀면 점원의 핀잔을 듣기 십상이다. 위조지폐에 대한 경계도 한국보다 큰 편이고 무엇보다 예의가 아니다. €50 이상의 지폐는 가급적이면 가격대가 있는 물건을 구입하거나 호텔비, 공항-시내 간 택시비를 결제하는 경우에만 사용하도록 한다. 환전할 때 이를 염두에 두고 작은 단위의 지폐를 준비하자.
>
> ### 신용카드 이중 결제를 조심하자
> 유럽의 신용카드 결제 기계는 조금 느린 편이다. 영수증이 출력되는 소리가 나더라도 점원이 이제 뽑아도 된다고 말하거나 직접 뽑아주기 전까지는 카드에 손대지 말 것. 정말 많은 한국 여행자들이 카드를 일찍 뽑는 바람에 다시 결제하는데, 이미 승인이 난 경우도 간혹 있어서 이중 결제가 되기도 한다. 해외 결제 취소는 복잡하고 오래 걸리니 10초 더 참고 한 두 달의 고생을 면하자.

명품 쇼핑 Shopping de Luxe

먼지 하나 없는 윈도 너머, 웃음기 없는 사이즈 0인 마네킹들이 걸친 수천 유로의 하이패션. 유려한 역사와 장인 정신, 브랜드 파워와 국제적인 마케팅으로 사그라들 줄 모르는 오트 쿠튀르 쇼핑은 파리를 가장 잘 이해하는 키워드 중 하나다.

몽타뉴 가 Avenue Montaigne

파리 명품 쇼핑의 심장부. 몽타뉴 가를 빼놓고는 파리에서의 명품 쇼핑을 논할 수 없다. 원래 몽타뉴 가의 이름은 많은 여성들이 쇼윈도 앞에 몰려 있는 모습에서 착안한 '창문 골목Allée des Veuves'이었다고 한다. 프랑스 르네상스 작가 미셸 드 몽타뉴Michel De Montaigne의 이름을 빌려 새로 명명된 이 거리는 끝에서 끝까지 양옆에 화려한 명품 부티크를 거느리고 있다. 프랑스를 비롯한 유럽 하이패션의 정수를 먼지 하나 없는 유리 너머로 구경할 수 있다. 독일 여배우 마를린느 디히트리Marlene Dietrich가 1992년까지 이 화려한 대로의 12번지에 살았다고 한다.

Ⓜ 메트로 9호선 Alma-Marceau / 메트로 1, 9호선 Franklin D. Roosevelt

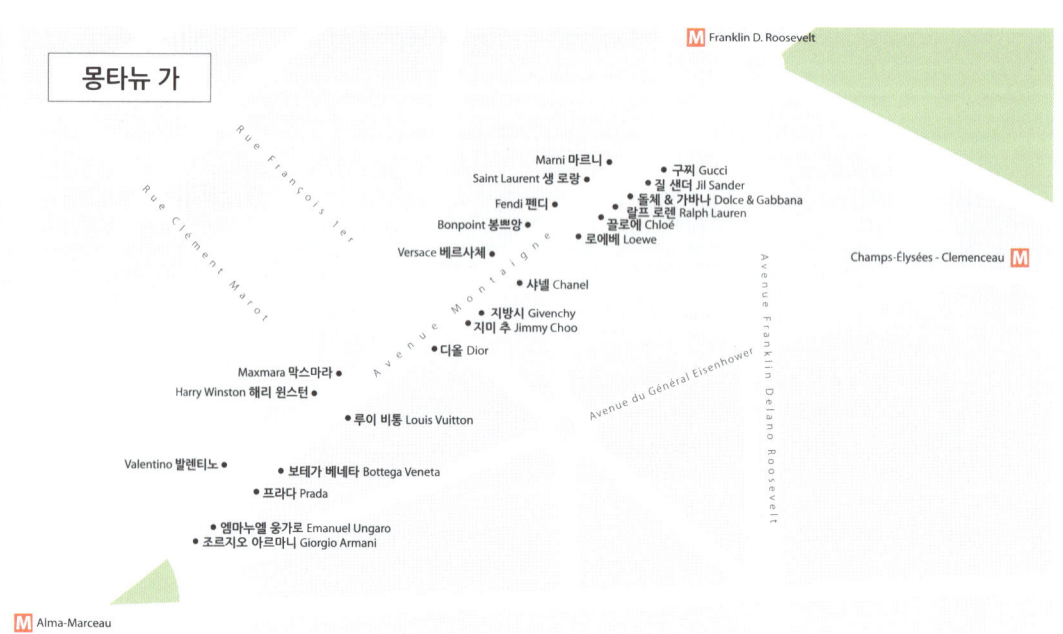

Paris Shopping
Shopping de Luxe

방돔 광장 Place Vendôme

파리 한가운데 왕의 권위를 상징하고자 루이 14세가 지시하여 조성한 팔각형 광장. 명품, 특히 보석 명품 브랜드들이 입점해 있다. 밤이 되면 조명과 함께 다이아몬드, 루비, 에메랄드가 빛난다.

Ⓜ 메트로 3, 7, 8호선 Opéra / 메트로 1호선 Tuileries / 메트로 7, 14호선 Pyramides

생토노레 가 & 포부르 생토노레 가
Rue St. Honoré & Rue du Faubourg Saint-Honoré

1구의 생토노레 가와 8구의 포부르 생토노레 가는 이어져 있는 꽤 긴 쇼핑 대로. 희귀하고 진귀한 재료를 사용하여 조향해 영국 왕실에도 납품하는 향수 브랜드 펜할리곤스 Penhaligon's, 최근 한국에도 지점을 낸 스파 브랜드 H&M의 업스케일 레디투웨어 브랜드 앤 아더 스토리즈 & Other Stories 등이 있어 몽타뉴와 방돔 광장보다 좀 더 폭넓고 대중적인 쇼핑 경험을 할 수 있다.

Ⓜ 메트로 1호선 Tuileries / 메트로 7, 14호선 Pyramides

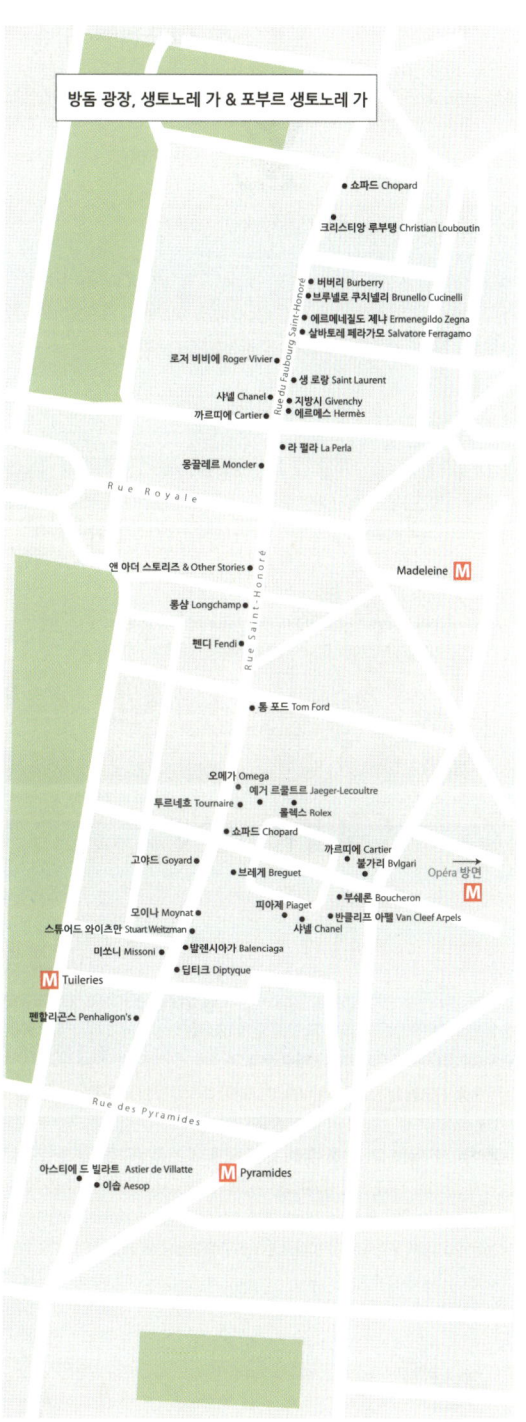

프랑스를 대표하는 명품 브랜드 Les Grandes Marques Françaises

루이 비통 Louis Vuitton

1854년 창립된 유서 깊은 프랑스 명품. 고유의 LV 로고로 어디에서든 눈에 띄는 가죽 전문 브랜드다. 샹젤리제의 플래그십 스토어는 파리의 주요 랜드마크로 자리 잡았을 정도로 파리 럭셔리 문화의 아이콘이라 할 수 있다.

샹젤리제 플래그십 스토어

샹젤리제 대로 한가운데에 자리한 지리적 조건은 말할 것도 없고 여러 층에 걸친 루이 비통의 전 제품을 모두 둘러볼 수 있어 쇼핑에 관심 있는 사람들은 꼭 찾는다. 손님 개개인에게 완벽한 서비스를 제공하기 위해 입장객 수를 제한하기 때문에 엄청난 규모의 이 플래그십 스토어 앞에는 언제나 줄이 길게 늘어서 있다.

- Ⓜ 메트로 1호선 George V에서 도보 1분
- 🏠 101 Avenue des Champs-Élysées, 75008
- 🕐 월~토요일 10:00-20:00, 일요일 11:00-19:00, 1/1 휴무
- @ www.louisvuitton.fr

겔랑 Guerlain

750개의 향수를 만들어낸 프랑스 향수의 명가. 1828년 겔랑 가문이 창시한 명품 향수 브랜드로, 1853년 나폴레옹 3세의 부인 유제니 Eugénie 황후의 두통을 진정시키기 위해 만들어낸 오 드 콜롱 임페리알 Eau de Cologne Impériale로 겔랑은 그녀의 전속 조향사가 되었다고 한다.

샹젤리제 겔랑

나폴레옹 시대부터 겔랑을 상징해온 공예품과도 같은 아름다운 유리병들이 끝없이 늘어서 있고 프랑스를 대표하는 여배우 카트린느 드뇌브가 가장 좋아하는 향수라는 뢰흐 블뢰 L'Heure Bleue도 찾아볼 수 있다. 20초에 하나씩 팔려나간다는 테라코타 파우더를 비롯한 화장품도 판매하며 노곤한 몸을 쉬어 갈 수 있는 편안한 스파도 준비되어 있다.

- Ⓜ 메트로 1호선 George V에서 도보 4분
- 🏠 68 Avenue des Champs-Elysées, 75008
- 🕐 월~토요일 10:00-19:30, 일요일 15:00-19:00
- @ www.guerlain.com

샤넬 Chanel

프랑스 명품 하면 가장 먼저 떠오르는 이름이다. '샤테크'라는 열풍을 불러일으킬 정도로 명품 가방 쇼핑의 중추적인 역할을 했다. 전 세계 가격 정찰제를 실행해 가격적인 이점은 예전보다 덜하나 한국보다 훨씬 다양한 품목과 많은 재고가 있어 여전히 파리 샤넬 쇼핑은 메리트가 있다. 깡봉 가(31 Rue Cambon, 75001) 샤넬에서 주는 쇼핑백은 다른 상점 것과 다르게 카멜리에 꽃이 붙어 있어, 이 매장이 가장 인기가 많다.

- @ www.chanel.com

Paris Shopping
Shopping de Luxe

크리스찬 디올 Christian Dior

1947년 패션계에 등장해 선풍적 인기를 끌고 있는 프랑스 명품 브랜드로 전 프랑스 영부인 카를라 브루니가 애용한 것으로 더욱 유명하다. 옷과 잡화뿐만 아니라 메이크업으로도 사람들의 발길을 끈다.

@ www.dior.com

에르메스 Hermès

프랑스인 티에리 에르메스가 1837년 설립한 고가의 브랜드로 실크 스카프와 승마복에서 영감을 받은 패션, 질 높은 가죽 제품, 오렌지색 쇼핑백으로 유명하다. 대표적인 켈리 백 Kelly Bag의 웨이팅 리스트는 몇 년이나 된다고.

@ www.hermes.com

크리스티앙 루부탱 Christian Louboutin

사무실 여직원이 바르고 있던 매니큐어에서 착안했다는 빨간 밑창으로 유명한 루부탱 신발의 창조자 크리스찬 루부탱은 1963년 파리 태생. 해마다 전 세계 여성의 마음을 사로잡는 보석 같은 구두를 만들어낸다. 현재 46개국 50여 개의 부티크와 여러 대형 백화점에 입점해 있다.

@ www.christianlouboutin.com

지방시 Givenchy

1927년 프랑스 보베Beauvais 귀족 가문 태생의 위베르 드 지방시Hubert de Givenchy의 고전적이고 세련된 브랜드. 전통적인 쿠튀르 패션을 고수해 그의 뮤즈 오드리 헵번의 '리틀 블랙 드레스(Little Black Dress, LBD)'와 같은 우아한 드레스로 유명하다. 아름다운 실루엣과 고급스러운 소재를 사용하는 것이 특징이며 1구의 포부르 생토노레 Faubourg St. Honore 가에 있는 지방시 하우스에서는 의류뿐 아니라 가방 등 잡화도 판매한다.

@ www.givenchy.com

생 로랑 Saint Laurent

21세 나이에 파리에서 가장 큰 오트 쿠튀르 하우스 크리스찬 디올의 수석 디자이너로 발탁되어 주목을 받았던 이브 앙리 도나 마티유 생 로랑(Yves Henri Donat Mathieu-Saint-Laurent, 1936~2008)의 브랜드. 2002년 65세 나이로 은퇴할 때까지 개성 있는 컬렉션으로 시대를 선도했다. 셀린에 입성한 크리에이티브 디렉터 에디 슬리먼 Hedi Slimane이 이브 생 로랑에서 생 로랑으로 브랜드명과 로고를 바꿨으며 지금은 안토니 바카렐로 Anthony Vaccarello가 생 로랑을 이끌고 있다.

@ www.ysl.com

셀린느 Celine

프렌치 시크를 가장 잘 나타내는 패션 하우스로 LVMH 그룹 소속이다. 2008~2017년 동안 셀린느를 이끈 피비 파일로Phoebe Philo가 떠나고 에디 슬리먼이 수장으로 왔다. 피비 파일로는 뉴트럴 톤과 우아한 라인으로 정체성이 뚜렷한 옷과 가방을 선보인 반면 에디 슬리먼은 첫 컬렉션에서 유니섹스 스타일의 젠더리스룩으로 자신만의 행보를 선보였다. 에디 슬리먼은 셀린느 남성복, 쿠튀르 그리고 향수라인을 더해 그만의 셀린느를 구축 중이다.

@ www.celine.com

프랑스 패션 브랜드 Marque

패션이라면 그 어디에도 뒤지지 않을 프랑스 예술적인 이 도시는 많은 디자이너들에게 영감을 준다. 시즌마다 아름답고 감각적인 컬렉션이 계속되는 것은 어쩌면 당연하다. 전통을 이어온 럭셔리 브랜드 말고도 트렌디함을 잃지 않으면서도 대중적인 중가 브랜드를 소개한다. 시크한 파리지앵의 패션은 명품으로 완성되는 것이 아니다. 명품 브랜드가 수없이 생겨나는 패션의 도시이지만 중가 브랜드에서도 얼마든지 트렌디한 아이템을 찾아볼 수 있다.

마쥬 Maje

모던한 도시인을 타깃으로 한 세련된 의류 브랜드로 가장 파리지앵다운 분위기를 풍긴다. 심플하면서도 재단이 잘 되어 있는 깔끔한 옷을 좋아하는 사람들에게 크게 어필한다.

@ www.maje.com

산드로 Sandro

미니스커트나 스키니 진 등 유행을 타는 아이템을 오래 입을 수 있는 디자인으로 재해석하여 보인다. 글래머러스하면서도 스포티한 옷이 많아 다양한 취향을 충족시키는 브랜드다.

@ www.sandro-paris.com

Paris Shopping
Marque

콩트와 데 코토니에 Comptoir des Cotonniers

가벼운 소재와 디자인으로 사랑받는다. 여성스러우면서도 프랑스적인 시크함을 고수한다. 모든 나잇대의 여성을 대상으로 한다는 점과 따뜻하고 사랑스러운 컬러의 사용이 장수 비결이다.

@ www.comptoirdescotonniers.com

바슈 ba&sh

하얀 레이스 원피스와 빨간 가죽 스키니 바지를 모두 찾아볼 수 있다. 사랑스러운 드레스와 고전적인 프렌치 시크가 공존한다. 핸드메이드 자수나 시퀸 장식 등 디테일이 돋보이는 의상들이 눈에 띈다.

@ www.ba-sh.com

아페쎄 A.P.C.

베이식한 프렌치 패션의 대명사. 프랑스 남녀 토털 캐주얼 브랜드로, '창조하는 아틀리에'라는 뜻의 Atelier Production Creation의 줄임말이다. 미니멀한 디자인의 아이템이 주를 이루며 현대적인 느낌이 강해 세련된 파리지앵의 감성에 부합한다.

@ www.apc.fr

카르벤 Carven

파리의 오트 쿠튀르 패션을 현대적으로 편안하게 해석했다. 일상생활에서 편안히 입을 수 있는 화려한 옷을 선보인다.

@ www.carven.fr

Paris Shopping
Marque

콤 데 가르송 Comme des Garçons

흔치 않은 독특함을 추구하는 패션과 향수로 유명하다. 콤 데 가르송의 향수는 산소, 금속, 바람에 말리는 빨래 향 등 들어본 적 없는 특이한 냄새를 모아 만들어진다.

@   www.comme-des-garcons.com

레페토 Repetto

발레 슈즈 디자이너였던 로즈 레페토 Rose Repetto가 발레리노였던 아들을 위해 1947년 처음 시작한 구두 브랜드로, 우아한 라인의 사랑스러운 플랫과 미들힐을 선보인다. 레페토 발레 슈즈는 여전히 만들어지고 있으며 파리 국립 오페라단 Opéra National de Paris 등에 납품된다.

@   www.repetto.com

아녜스 베 Agnès b

심플한 디자인의 편안한 의류와 액세서리로 많은 사람들에게 고루 사랑받는 브랜드. 가격대가 낮고 남성복, 여성복, 키즈 등 다양한 라인이 있다.

@   www.agnesb.fr

세순 Sessùn

무난한 가격대의 좋은 품질의 옷과 액세서리를 판매한다. 음악, 여행, 여러 예술가와의 교류에 영감을 받아 작업하는 디자이너들의 상품만 들여온다.

@   www.sessun.com

폴 앤 조 Paul & Joe

파리 출생인 디자이너 소피 알부 Sophie Albou가 그녀의 두 아이 이름을 따서 만든 브랜드로, 오래된 서적이나 가구 등에서 영감을 얻어 알록달록 밝은 옷을 만든다.

@   www.paulandjoe.com

편집 숍 Concept Store

메르시 Merci

프랑스 유명 아동복 봉쁘앙을 창립한 부부가 만든 콘셉트 숍으로, 최고의 콘셉트 숍으로 군림하던 콜레트Colette가 문을 닫은 후 메르시가 그 자리를 차지했다. 손익분기점을 넘긴 이익은 모두 기부하는 착한 상점이다. 좁은 골목으로 들어가 정문이 있는 안뜰에 도착하면 메르시의 심벌인 빨간 자동차가 보인다. 의류와 잡화 코너, 메종(인테리어), 꽃 가게, 북 카페와 시네 카페, 작은 식당이 있다. 유명 작가와 셀레브리티들에게 기부받은 책으로 가득한 북 카페가 인기가 좋다. 책은 저렴한 가격으로 재판매한다.

- Ⓜ 메트로 8호선 Saint-Sébastien-Froissart에서 도보 1분
- 🏠 111 Boulevard Beaumarchais, 75003
- 🕒 월~토요일 10:00-19:00, 일요일 휴무
- @ www.merci-merci.com

누 Nous

칼 라거펠트가 단골이었던 전설적인 편집 숍 콜레트에서 일하던 직원들이 콜레트가 문을 닫는 아쉬움에 새로 차린, 젊고 감각적인 편집 숍이다. 스트리트 문화와 예술, 디자인, 패션, 럭셔리와 창의성이 동시에 빛을 발하는 공간이기를 바라는 마음으로 '우리'라는 이름을 붙였다. 레디 투 웨어 패션과 라이카 카메라, 예술 잡지, 운동화, 스케이트보드 덱 등 센스 넘치는 안목으로 고른 다양한 품목을 판매한다.

- Ⓜ 메트로 8, 12, 14호선 Madeleine에서 도보 4분 / 메트로 3, 7, 8호선 Opéra에서 도보 5분
- 🏠 48 Rue Cambon, 75001
- 🕒 월~토요일 11:00-19:00, 일요일 휴무
- @ nous.paris

Paris Shopping
Concept Store

바벨 Babel

신상과 중고가 공존하는 편안하고 정겨운 분위기의 동네 편집 숍. 트렌디하고 독특한, 퀄리티 좋은 브랜드와 수공예 주얼리, €5 에코백들이 빈티지하게 꾸민 상점에 함께 놓여 있다. 파리의 다른 콘셉트 숍에 비해 가격대가 낮고 물건이 다양한 편이라 부담 없이 구경할 수 있다. 마르세유 비누, 신진 디자이너 브랜드와 아르 데코 식기, 가방 하나를 판매할 때 나무 한 그루를 심는 프랑스 브랜드 파구오 Faguo도 입점해 있다.

Ⓜ 메트로 5호선 Jacques Bonsergent에서 도보 6분
🏠 55 Quai de Valmy, 75010
🕐 월~토요일 11:30-19:30, 일요일 12:00-19:00
@ www.facebook.com/babelconceptstore

톰 그레이하운드 Tom Greyhound

2014년 마레 지구에 지점을 낸 한국 패션 브랜드 한섬의 콘셉트 숍. 갤러리가 있던 건물에 자리해 예술적 분위기가 물씬 풍긴다. 한섬의 덱케나 시스템 그리고 아더에러 에러 같은 한국 브랜드와 J.W. 앤더슨, 마르니, 필립 림 등 매 시즌 가장 핫한 전 세계 패션 브랜드을 아이템을 갤러리처럼 전시한다. 속옷, 향수, 액세서리도 물론 있다.

Ⓜ 메트로 8호선 Saint-Sébastien-Froissart 및 Filles du Calvaire에서 도보 6분
🏠 19 Rue de Saintonge, 75003
🕐 월~토요일 11:00-19:00, 일요일 휴무
@ www.tomgreyhound.com

성트흐 코메흐시알 Centre Commercial

공정 무역 브랜드 베야Veja의 두 창립자가 본인들의 취향을 적극 반영한 상점으로 남성복이 여성복보다 더 많다는 것이 특이하다. 프랑스, 영국, 덴마크 브랜드를 많이 볼 수 있고 보석, 홈 데코 소품, 잡지, 중고 자전거나 빈티지 가구, 예술품도 판매한다. 6구(9 Rue Madame, 75006)를 비롯, 파리에 여러 지점이 있다.

Ⓜ 메트로 5호선 Jacques Bonsergent에서 도보 3분
🏠 2 Rue de Marseille, 75010
🕐 월요일 13:00-19:30, 화~토요일 11:00-20:00, 일요일 14:00-19:00
@ www.centrecommercial.cc

라 무에트 히유즈 La Mouette Rieuse

자유로운 영혼과 예술을 사랑하는 사람들을 위한 콘셉트 숍으로 패션보다는 책과 그림에 중점을 두고 있다. 매달 다양한 주제로 전시나 행사가 열리고 포스터나 엽서, 필기구 등 단돈 €10로도 괜찮은 기념품을 골라볼 수 있다. 테라스 카페와 레스토랑도 마련되어 있다. 타셴Tashen 등 예술 서적 출판사들과 관계가 좋아 원가보다 저렴한 가격으로 책을 구입할 수도 있다.

Ⓜ 메트로 1호선 Saint-Paul에서 도보 3분
🏠 17 bis Rue Pavée, 75004
🕐 매일 11:00-20:00
@ www.lamouetterieuse.fr

라 발레 빌리지 La Vallée Village

파리에서 40분가량 이동하면 나타나는, 합리적인 브랜드 쇼퍼를 위한 아웃렛으로 110여 개의 프랑스 명품 브랜드와 대중적인 중가 브랜드를 30~60% 할인가에 판매한다. 이월 상품과 팔리지 않는 사이즈만 쌓아놓는 것이 아니라 시즌 상품, 모든 사이즈를 구비해두기 때문에 알찬 쇼핑을 즐길 수 있다. 작은 마을처럼 깔끔하게 꾸며놓아 쇼핑하는 재미가 있고 카페나 레스토랑도 갖추고 있다. 파리 디즈니랜드와 가까이 있어 쇼핑을 마치고 디즈니랜드에서 남은 하루를 보내도 좋다.

- RER A선 Val d'Europe에서 도보 10분
- 3 Cours de la Garonne, 77700 Serris
- 매일 10:00-20:00
- @ www.lavalleevillage.com

Paris Shopping
La Vallée Village

Shopping Express 버스를 타고 다녀오자

- Place des Pyramides, 75001 (파리 출발 09:30, 라 발레 빌리지 출발 16:00 / 파리 출발 13:00, 라 발레 빌리지 출발 18:45)
- 12시간 전까지 온라인 티켓 구매가 가능하며 오프라인으로는 PARISCityVISION 사무소(Place des Pyramides, 75001) 또는 라 발레 빌리지 웰컴 센터에서 구입할 수 있다. 예약 필수. 성인 왕복 €25, 3~11세 왕복 €13, 3세 미만 무료.

HOT TIP

더 알뜰하게 라 발레 빌리지 쇼핑 즐기기

1. 라 발레 빌리지에 도착하면 우선 웰컴 센터Welcome Center에 들러 책에 있는 바우처(p.143)를 보여주자. 10% VIP 쿠폰부터 라 뒤레의 달콤한 마카롱까지 다양한 혜택을 받을 수 있다.
2. 상점 1개당 €175 이상 구입 시 12% 정도 절약할 수 있는 택스 리펀Tax Refund 역시 가능하다.
3. 파리 대세일Les Soldes 기간인 1월과 7월에는 할인 폭이 더 크다.

라 발레 빌리지, 특별한 쇼핑 경험

최소 33%* 할인혜택을 제공하는 110개 이상의 패션 매장을 만나 보세요.
주 7일 오픈, 파리에서 40분 거리, 파리 디즈니랜드(Parcs Disney®)에서 5분 거리에 위치합니다.

파리에서부터 운행되는 Shopping Express® 셔틀버스 왕복 할인 혜택도 누려보세요.
사이트 LaValleeVillage.com/shoppingexpressko에서 프로모션 코드 'CHALET'를 입력하시면,
50% 할인 혜택이 가능합니다. 본 바우처를 라 발레 빌리지 안내 센터에 보여주시면, 여러분이 선택
하는 6개 상점에서 10% 추가 할인을 받을 수 있는 VIP 카드도 제공해 드립니다.

더불어, 라 뒤레(Ladurée)의 달콤한 마카롱(3개)도 선물로 제공 드립니다.**

Something Extraordinary Every Day™

A MEMBER OF THE BICESTER VILLAGE SHOPPING COLLECTION®

EUROPE　LONDON　DUBLIN　PARIS　FRANKFURT　MUNICH　BRUSSELS　MILAN　BARCELONA　MADRID　**CHINA**　SUZHOU　SHANGHAI

*권장소비가 가격입니다. **위의 모든 혜택은 2020년 12월 31일까지만 이용 가능합니다.　© La Vallée Village 2020　02/20

시장 놀이 Marché

시장 구경만큼 현지인들의 평범한 하루를 가장 직접적으로 느낄 수 있는 것이 없다. 고심해서 고르는 이번 주말의 특식이나 매일같이 준비하는 도시락거리, 일주일에 한 번씩 사는 물과 맥주 등 파리지앵에게는 특별할 것 하나 없는 장보기가 여행자들의 로망이기 때문이다. 식료품 시장, 벼룩시장, 꽃과 새 시장까지… 언젠가 파리 한 달 살기를 할 때 매일 아침 찾게 되는 우리 동네 시장이 어디가 될지, 장바구니 하나를 들고 도시 곳곳에 열리는 시장으로 달려가보자.

• 벼룩시장 •

생투앙 벼룩시장
Marché aux Puces de St. Ouen

1885년부터 열린 생투앙 벼룩시장은 규모가 가장 큰 파리의 벼룩시장으로 일주일에 18만 명이 다녀간다. 4호선 북쪽 방향 종점에 있어 역명을 따서 끌리냥꾸흐 벼룩시장이라고도 불린다. 2000개의 작은 가게들이 유리공예품, 도자기, 청동 장신구 등을 판매한다. 가구, 골동품, 의류, 오래된 레코드, 빈티지 가방과 구두, 그릇 등 언뜻 보면 고물, 잘 찾아보면 보물로 보이는 것들이 산더미처럼 쌓여 있다.

Ⓜ 메트로 4호선 Porte de Clignancourt에서 도보 9분
🏠 140 Rue des Rosiers, 93400 Saint-Ouen
☎ 토요일 09:00-18:00, 일요일 10:00-18:00, 월요일 10:00-17:00

Paris Shopping
Marché

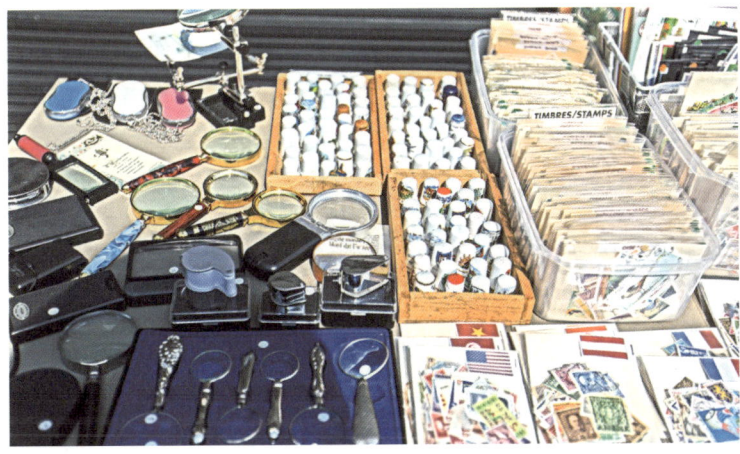

방브 벼룩시장 Marché aux Puces de la Porte de Vanves

여행객보다는 파리 사람들이 많이 찾는 벼룩시장으로, 고가구나 앤티크처럼 값이 많이 나가는 물건보다는 비교적 깨끗한 중고 의류나 액세서리를 저렴한 가격으로 구입하기 좋다. 생투앙에 비해 규모는 크지 않지만 물건이 깔끔하고 독특한 소품이 많아 골라 갈 것이 많다. 빈 향수병, 손때 묻은 아이들 장난감, 비닐 레코드, 프렌치 리넨 등 은근히 눈길을 끄는 물건이 곳곳에 숨어 있다.

- Ⓜ 메트로 13호선 Porte de Vanves에서 도보 6분
- 🏠 Avenue Marc Sangnier, Avenue Georges Lafenestre, 75014
- 🕒 토~일요일 07:00-14:00
- @ www.pucesdevanves.fr

SHOPPING TIP

벼룩시장 쇼핑

- Porte de St-Ouen이 아니라 Garibaldi역 쪽으로 들어가면 사람들이 덜 몰려있는 시장 끝 쪽부터 구경할 수 있다.
- 날씨가 좋지 않은 날, 주말을 피해 월요일에 가면 더 좋은 가격으로 흥정할 수 있다. 현금을 가져가면 더 많이 깎을 수 있다.
- '봉주르~'나 '메르시'와 같은 간단한 프랑스어라도 가격 흥정에 도움이 된다.

• 식료품 시장 •

바스티유 / 히샤 르느와르 시장
Marché de la Bastille, Marché Richard Lenoir

신선한 해산물과 €10에 한 아름씩 안겨주는 생화, 곳곳에서 굽고 볶고 쪄내는 시장 음식까지, 히샤 르느와르 대로를 따라 한참이나 뻗어 내려간다. 장이 서는 대로 양옆 길거리마다 카페와 식당, 바, 영화관 등 즐길 만한 여러 가지가 있다. 토요일에는 공예품과 그림 등을 판매하는 예술인들의 장 Marché de la Création Paris Bastille이 열린다. 무지개 색의 스카프와 단돈 €1에 득템할 수 있는 빈티지 반지가 쌓여 있고 막 그려낸 수채화 엽서를 파는 예술가들이 일주일에 한 번 이곳에 집결한다.

- Ⓜ 메트로 1, 5, 8호선 Bastille에서 도보 1분
- 🏠 Boulevard Richard Lenoir, 75011
- 🕒 목요일 07:00-14:00, 일요일 07:00-15:00 / 예술인들의 장, 토요일 10:00-19:00

그헤넬 시장 Marché Grenelle

여느 시장들과 마찬가지로 신선한 식재료와 즉석에서 만들어 판매하는 음식을 볼 수 있다. 중고 의류나 주방 용품 등 생활용품도 판매한다. 사람들은 많지만 시끌벅적하지 않고 차근차근 꼼꼼히 둘러볼 수 있다. 여행객이 많지 않아 동네 사람들의 일상을 엿보는 듯한 기분이 든다.

- Ⓜ 메트로 13호선 Varenne에서 도보 3분
- 🏠 128 Boulevard de Grenelle, 75007
- 🕐 수, 일요일 07:00-14:30
- @ en.parisinfo.com/shopping-paris/73878/Marche-Grenelle

데 장팡 후쥬 시장 Marché des Enfants-Rouges

지붕이 있는 '닫혀 있는 시장Marché Couvert' 중에서는 파리에서 가장 오래된 것으로, 16세기의 고아원 자리에 2000년 오픈했다. 이름은 기독교 단체에서 기부한 빨간 옷을 입었던 아이들에서 유래한다. 좁은 입구로 들어설 땐 열었나 닫혔나 긴가민가하지만 몇 걸음 더 들어가면 정신없는 시장통이 눈에 들어온다. 프랑스 음식은 물론 즉석에서 만드는 모로코, 레바논, 아프리카 음식까지 세계 각국의 요리를 구경할 수 있다.

- Ⓜ 메트로 8호선 Filles du Calvaire에서 도보 6분
- 🏠 39 Rue de Bretagne, 75003
- 🕐 화~수요일, 금~토요일 08:30-20:30, 목요일 08:30-21:30, 일요일 08:30-17:00
- @ equipement.paris.fr/marche-couvert-des-enfants-rouges-5461

생제르맹 시장 Marché Saint-Germain

데 장팡 후쥬처럼 지붕이 있는 아름다운 아케이드 구조의 실내 시장이다. 꽃, 유기농 과채, 육류, 생선, 베이커리, 도소매, 벼룩시장, 각종 행사와 이벤트가 열리는 다채로운 다목적 공간이다. 미셸 샌데르Michel Sanders의 치즈 가게가 특히 유명하다. 이베리아, 이탈리아, 그리스 음식도 맛볼 수 있고 영국의 막스 앤 스펜서도 입점해 있다.

- Ⓜ 메트로 10호선 Mabillon에서 도보 2분 / 메트로 4, 10호선 Odéon에서 도보 5분
- 🏠 4-6 Rue Lobineau, 75006
- 🕐 화~토요일 08:00-13:30, 16:00-19:30, 일요일 08:00-13:00
- @ marchesaintgermain.com

Paris Shopping
Marché

에드가-퀴네 시장 Marché Edgar-Quinet

몽파르나스 타워 맞은편의 길거리 시장. 동네 사람들이 손님의 99%라 관광객의 카메라 셔터 소리는 전혀 들리지 않는다. 여러 종류의 치즈와 빵을 비롯한 식재료와 크레프와 팔라펠 등의 간단한 먹거리도 있다. 모든 종류의 예술품을 전시, 판매하는 '몽파르나스 크레아시옹 시장Le Marché de la Création de Paris Montparnasse'은 매주 일요일 10:00-19:00에 열린다.

- Ⓜ 메트로 6호선 Edgar Quinet에서 도보 2분
- 🏠 31-33 Boulevard Edgar Quinet, 75015
- 🕐 수요일 07:00-14:30, 토요일 07:00-15:00
- @ equipement.paris.fr/marche-edgar-quinet-5497

부스 시장 Marché Bourse

일주일에 두 번 열리는 2구의 야외 시장으로 파리의 주식거래소 앞 광장에 있다. 식료품 시장으로는 흔치 않게 점심시간에 문을 열고 저녁에 문을 닫아 늦잠꾸러기도 느긋하게 나와 장을 볼 수 있다. 과채와 육류, 생선, 치즈, 빵 모두 판매하며 배꼽시계를 자극하는 시장 먹거리도 물론 있다.

- Ⓜ 메트로 3호선 Bourse에서 도보 1분
- 🏠 Place de la Bourse, 75002
- 🕐 화~금요일 12:30-20:30

슈퍼마켓 Supermarché

파리에서 가장 많이 보이는 로고는 아마도 프랑프리Franprix, 모노프리Monoprix, 까르푸Carrefour와 같은 슈퍼마켓일 것이다. 파리 한 달 살기를 하지 않더라도, 주방이 없는 숙소에 묵더라도 가볼 만하다. 한국과 달리 유럽 식당에서는 물을 공짜로 주지 않아(수돗물은 공짜) 생수를 가지고 다니는 것이 경제적이라 한 번쯤은 들어가보게 된다. 저렴한 가격으로 파리 슈퍼에서 사 올 만한 물건이 무엇이 있는지 알아보자.

르 프티 마르세이예 Le Petit Marseillais │ 목욕 용품

놀랄 정도로 착한 가격에 좋은 품질의 보디 제품을 판매하는 브랜드. 아몬드 밀크, 오렌지 꽃, 포도, 바질 등 천연 향이 진하게 나는 샴푸와 비누를 추천한다. 샴푸 €1.75~, 보디 워시 €2.49~

가르니에 Garnier │ 목욕, 뷰티 용품

슈퍼마켓에서 판매하는 대표적인 프랑스의 저가 화장품 브랜드로 포인트 메이크업 리무버나 스킨 로션 등 기초, 클렌징 라인이 순하다. 모발 관리 제품도 효과가 좋다. 클렌징 워터 400ml €3.65~

로레알 L'Oreal │ 뷰티, 목욕, 헤어 용품

국내에도 이미 유명한 프랑스 중저가 화장품 브랜드로 파리에서는 한국에 들어오지 않는 라인 제품을 저렴하게 구입할 수 있다. 로레알 샴푸 €3.29~

프렁스 Prince │ 과자

프랑스의 국민 과자라 불리며 한쪽 면에 초콜릿이 발린 버터리한 비스킷이 대표 제품이다. LU 브랜드에서 생산하는데, 프렁스 외에도 LU 마크가 붙은 과자는 모두 맛있다. 프티 에콜리에 €1.45, 핌스 €1.95

캔이나 병 식품

몽블랑이 맛있었다면 또는 베이킹을 좋아한다면 한국에서 비싸게 파는 밤 스프레드나 크래커에 올려 카나페 만들어 먹기 좋은 올리브, 토마토 페이스트 등을 사보자. 모노프리 페이스트 90g €2.4~

봉 마망 Bonne Maman │ 과자

프랑스에서 가장 흔한 과자 브랜드 중 하나로 비스킷 류와 잼이 특히 맛있다. 마들렌, 타틀렛 등 종류가 굉장히 많다. 초콜릿 무스 4개입 €1.9, 휘낭시에 €2.26, 타르트 €1.54, 마들렌 €3.29

식재료, 소스 등

세관 규정 때문에 한국으로 반입할 수 없지만 주방이 있는 숙소에 머무는 경우 노르망디산 버터와 치즈, 디종 머스터드, 베샤멜이나 홀란데즈 소스 등 요리하기에 좋은 식료품을 구입해보자. 달걀 6개입 €1.99, 새우 €15/1kg, 엘엔비르 버터 €2.7

신선한 오렌지 주스

많은 슈퍼마켓에는 직접 짜 마실 수 있는 오렌지 주스 기계가 비치되어 있다. 간단한 아침 식사를 하는 파리지앵을 위한 것이지만 언제든 비타민 충전이 필요할 때 이만한 것이 없다. 33cl(330ml) 1잔 €1.59

로르 L'Or 커피 캡슐

손쉽게 내려 마시는 커피 캡슐이 파리의 슈퍼마켓도 장악 중이다. 로르는 네덜란드 브랜드로 맛이 굉장히 다양하고 호환성이 좋아 어떤 머신이라도 쉽게 이용할 수 있다. 10개들이 박스 €3.19~

Paris Shopping
Supermarché

HOT TIP

- 퇴근하고 장을 보러 오는 파리지앵들을 피하자. 18:00-20:00에는 줄이 꽤 길어 쇼핑 시간이 오래 걸린다.
- 파리의 슈퍼는 일요일에 문을 열지 않는다. 주말을 껴서 여행하는 경우 토요일에 물건을 사두도록 한다.
- 한국처럼 쇼핑백은 유료다. 장을 여러 번 보거나 많이 보는 경우 장바구니를 가져가는 것을 추천한다.
- 현금으로 지불하는 경우 잔돈을 챙겨 내면 좋다. 우리나라만큼 계산이 빠른 캐셔는 세계 어디에도 없다. 일부러 그러는 것이 아니라 정말로 실수가 잦아 거스름돈을 잘못 주는 경우가 허다하다. 정확하게 맞추어 내지는 않더라도 계산이 어렵지 않도록 골라 내면 좋다.

고급 식료품 쇼핑
르 꼼트와 드 마틸드 Le Comptoir de Mathilde

프로방스에 있는 본사에서 건강하고 맛있는 식재료로 요리한 식품을 가져온다. 카카오 함유량 70% 이상인 다크 초콜릿, GMO 없는 헤이즐넛 페이스트, 럼 바바 Rum baba와 같은 자체 레시피 식품, 세계 각지에서 엄선해 가져오는 머스터드나 오일, 식초 등의 소스를 판매한다.

- Ⓜ 메트로 11호선 Rambuteau에서 도보 3분
- 🏠 42 Rue Rambuteau, 75003
- 🕐 매일 10:00-21:00
- @ www.lecomptoirdemathilde.com/fr/

유기농 식료품 쇼핑
마이 비오 델리시우스 My Bio Delicious

티끌 하나 없는 깨끗한 2층 매장에 유기농 과일, 채소, 주스, 샌드위치, 글루텐 프리 파스타 등이 칼같이 각을 잡고 진열되어 있다. 점심시간에는 수프나 샐러드, 뜨거운 요리 등을 판매한다. 영양 전문가들이 상주해 건강 상태에 맞는 식품을 추천받을 수도 있다.

- Ⓜ 메트로 1호선 Louvre-Rivoli에서 도보 1분
- 🏠 91 Rue de Rivoli, 75001
- 🕐 매일 08:00-22:00
- @ mybiodelicious.com

세포라 Séphora

LVMH 소유의 거대한 뷰티 체인 상점으로 다양한 브랜드의 화장품, 소품, 보디용품, 향수와 자체 브랜드 제품을 판매한다. 한국에서 구하기 어려운 유명 화장품이 많아 코덕(코스메틱 덕후)들의 성지로 불린다. 한번 들어서면 그냥 나갈 수 없을 정도로 상품 군이 다양하다. 파리에 여러 매장이 있는데, 샹젤리제 매장이 가장 규모가 크다. 요즘은 전 세계적으로 한국 화장품 붐이 일고 있어 유럽 세포라 매장에 한국 화장품 코너가 따로 마련되어 있다.

- 메트로 1호선 George V에서 도보 3분
- 70-72 Avenue des Champs-Elysées, 75008
- 매일 10:00~23:30
- @ www.sephora.fr

HOT TIP

- 웃지 않는 웨이터와 시크한 옷 가게 점원에게 서운했다면 세포라의 활기 넘치는 스태프를 만나러 가자. 머뭇거리고 있으면 어느새 다가와 무엇이 필요한지 물어보고, 두 제품을 두고 고민하고 있으면 테스트를 받아보자고 화장대 앞에 앉힌다. 정성들여 풀 메이크업을 해주며 피부 톤과 스타일, 얼굴형에 어울리는 제품을 성심성의껏 조언해준다. 모르는 것, 찾는 것이 있으면 주저하지 말고 질문하자.
- €125 이상을 결제하고 여권을 지참한 쇼퍼는 택스 리펀 혜택을 받을 수 있다. 앞으로 자주 올 것 같으면 회원 카드를 만들어도 좋다. 다양한 프로모션 소식을 받을 수 있으며 구입 내역을 적립할 수도 있다.

Paris Shopping
Séphora

베스트셀러

어반 디케이 픽서, 프라이머, 섀도 세트
마라톤을 뛰어도 화장이 지워지지 않는다는 픽서. 섀도 고정에 뛰어난 효과를 보이는 아이 프라이머. 발색 좋고 실용성 뛰어난 섀도 묶음 네이키드Naked.

투 페이스드Two Faced 블러셔와 파운데이션
미친 발색력으로 소문이 자자한 하트 모양 블러셔. 자연스러운 피부 표현을 내기로 유명한 본 디스웨이Born This Way 파운데이션.

캣 본디Kat Von D 아이라이너와 마스카라, 립
지속력과 밀착력 그리고 발색이 어마어마하기로 유명한 브랜드 캣 본디의 가장 잘나가는 아이템 셋.

마크 제이콥스, 버버리, 지방시, 톰 포드 색조
한국에 입점되어 있지 않거나 매장이 거의 없어 구하기 쉽지 않은 패션 브랜드의 화장품.

베카Becca 하이라이터
차르르한 고운 펄로 고급스러운 뛰어난 발색력을 자랑하는 하이라이터.

뷰티 블렌더Beauty Blender 퍼프
파운데이션과 비비 크림 등 기초화장을 촉촉하고 꼼꼼하게 펴 발라주는 일등 공신.

세포라 색조
한국의 로드숍 화장품 브랜드보다 저렴한 가격, 더 좋은 퀄리티의 아이라이너, 아이섀도, 립 제품, 스펀지 등 뷰티 도구로 유명.

향수
브랜드별로 마음껏 시향해볼 수 있는 향수.

미니어처 제품
깜빡하고 샴푸나 화장품을 두고 온 여행자에게 적합한 작은 사이즈의 기초, 색조, 목욕 용품.

베네피트 포어페셔널
모공 관리 화장품으로는 가장 인기 좋고 가격적인 메리트가 있어 세포라 머스트템으로 유명.

클라리소닉
가격대가 나가는 유명한 스테디셀러로 면세점에 품절인 경우가 많은 아이템.

드럭 스토어 Pharmacie

파리 약국에서 꼭 살 것
우리나라와 파리의 약국은 개념이 꽤 다르다. 파리의 약국은 약만 파는 곳이 아니다. 달팡Darphin 등의 고급 화장품 브랜드와 민감한 피부에도 자극이 없는 순한 화장품, 세노비스Cenovis 비타민과 같은 건강식품도 판매한다. 다양한 상품 군뿐만 아니라 한국과 가격 차이가 큰 제품이 많아 관광객의 필수 코스로 여겨진다.

선물할 때 유의 사항
피부나 두피 타입에 따라 잘 맞지 않는 화장품이 있을 수 있으니 받는 사람을 고려하여 사도록 한다. 누구나 쓸 수 있는 핸드크림, 립밤, 치약, 미스트 등이 기념품으로 가장 인기인 이유가 있다. 부피도 가격도 부담되지 않아 여러 명을 위한 기념품으로 가장 사랑받는 것은 유리아쥬 립밤이나 꼬달리 등의 핸드크림이다.

드럭 스토어 화장품
비쉬Vichy, 꼬달리Caudalie, 바이오더마Bioderma, 유리아쥬Uriage, 라로슈포제La Roche-Posay, 르네 휘테러 Renée Furterer, 아벤느Avène, 멜비타Melvita, 듀크레이Ducray, 피지오겔Physiogel 등 한국에도 입점해 있거나 구매 대행으로 구할 수 있는 브랜드들이 거의 절반 가격이다. 여행객이 날을 잡고 드럭 스토어에 가서 '쓸어 담아' 온다. 대부분의 브랜드가 식물성이라 순하고 부작용이 없어 누구에게나 잘 맞는다.

파리가 항상 싸다?
온라인 할인 행사 등 한국에서 구매하는 것이 오히려 더 저렴할 수도 있다. 유심 칩을 사는 이유 중 하나는 파리에서 쇼핑할 때 실시간으로 가격을 비교해볼 수 있기 때문이다. 무리해서 대량으로 구매해왔는데 한국에서 더 싸게 팔고 있어 허탈할 때가 종종 있으니, 대강이라도 쇼핑 리스트를 만들어 어느 정도의 가격을 알아가는 것이 좋다.

몽쥬 약국 Pharmacie Monge
파리 약국 중 가장 할인 폭이 크고 물품의 수와 양이 많아 인기 있는 곳이다. 프랑스 직원들이 능숙하게 한국어로 "계산하시겠어요? 봉투 필요하세요?" 하고 묻는 진기한 광경을 볼 수 있을 정도로 손님의 90%는 한국 사람이다. 베스트셀러에는 제품 설명을 한국어로도 써 붙여놓은 것을 볼 수 있다. 주의할 점은 워낙 손님이 많아 하루 종일 바쁘고 계산 줄도 길다는 것. 또 요즘에는 몽쥬에 대항하기 위해 파리의 많은 약국이 비슷한 가격으로 물건을 팔고 있어서 €200~300 이상 구입하지 않으면 가격 차이가 크게 나지 않는다.

Ⓜ 메트로 7호선 Place Monge에서 도보 1분
🏠 74 Rue Monge, 75005
🕐 월~금요일 8:00-23:00, 토요일 08:30-23:00, 일요일 08:30-20:00
@ www.pharmacie-monge.fr

Paris Shopping
Pharmacie

시티파마 Citypharma

몽쥬 약국 못지않은 할인과 프로모션, 북적거림을 자랑하는 시티파마. 영어나 한국어를 하는 직원이 있어 쇼핑하는 데 불편함이 없다.

- Ⓜ 메트로 10호선 Mabillon 및 메트로 4호선 Saint-Germain-des-Prés에서 도보 2분
- 🏠 26 Rue de Four, 75006
- ⏰ 월~금요일 08:30-20:00, 토요일 09:00-20:00, 일요일 휴무
- @ pharmacie-citypharma.fr

파마시 갤러리 Pharmacie Galeries

라파예트 백화점 뒤에 있어 강을 건너 몽쥬 약국까지 가지 못하는 바쁜 여행객을 위한 곳이다. 몽쥬보다 규모가 작지만 일반적으로 파리 약국에서 살 수 있는 대부분의 브랜드는 입점해 있다. 한국인 점원도 있다.

- Ⓜ 메트로 7, 9호선 Chaussée d'Antin La Fayette 및 메트로 3, 9호선 Havre-Caumartin에서 도보 2분
- 🏠 11 Rue de Mogador, 75009
- ⏰ 월~금요일 08:30-20:00, 토요일 09:30-20:00, 일요일 휴무
- @ www.pharmaciedesgaleries.com

• 베스트셀러 •

르봉Lebon **치약**
좋은 성분으로 만든 유기농 치약.

라로슈포제La Roche-Posay **시카 플라스트 밤**Baume **& 젤**Gel
라로슈포제의 재생 라인.

딸고Thalgo **미스트와 보디 제품**
100% 천연 알게와 해수를 이용한 딸고의 스테디셀러.

발몽Valmont **프라임 리뉴잉 팩**
한국보다 훨씬 저렴하게 살 수 있는 명품 수면 팩.

바이오더마Bioderma **클렌징 워터**
민감 및 모든 피부를 위한 저자극 클렌징 워터.

호메타Hormeta
스위스의 메디컬 화장품.

사포렐Saforelle
프랑스 판매 NO.1 여성 청결제.

이뮨킨Immunekin
피부 흡수가 좋은 마유로 만든 화장품.

달팡Darphin, **꼬달리**Caudalie, **시슬리**Sisley
한국에서도 스테디로 팔리는 화장품 브랜드.

빠이요Payot **빠트 그리즈**Pâte Grise
뾰루지에 좋은 되직한 크림.

눅스Nuxe **오일**
어느 제품에나 섞어 바를 수 있고 동절기에는 보습 기본 제품으로 이용가능.

엠브리올리스Embryolisse **크림**
보습력 좋고 어느 피부 타입에나 잘 맞는 크림.

필로가Filorga **아이 크림**
필러 효과가 있는 크림.

파리 여행의 필수 쇼핑 약국,
몽쥬약국 PARAPHARMACIE MONGE
샬레트래블북 파리 **할인 쿠폰**

할인혜택

176€ 이상 구매시   -   15% 면세 혜택

195€ 이상 구매시   -   15€ 할인(프로모션 제품 포함) + 15% 면세혜택

650€ 이상 구매시   -   50€ 할인(프로모션 제품 포함) + 15% 면세혜택

유의사항

- 쿠폰은 1인 1매 사용가능
- 의약품은 면세 혜택에서 제외
- 계산 전 미리 쿠폰을 제시하셔야 합니다.
- 쿠폰은 타 할인쿠폰과 중복 적용될 수 없습니다.
- 미사용시 환불되지 않습니다.
- 그룹 및 패키지 여행 시 쿠폰 사용 불가
- 본 쿠폰은 할인 정책에 따라 혜택 내용이 변경될 수 있습니다.

Monge PARAPHARMACIE

Ⓜ 찾아가기 : 파리 지하철 7호선 "Place Monge"역 하차, 1번 출구 도보 1분

🕒 월-금 08:00~23:00, 토 08:30~23:00, 일 08:30~20:00

Paris Shopping

기념품
Les Souvenirs

메르시 팔찌

최근 몇 년 동안 파리 기념품 중 1등을 달리고 있는 편집 숍 메르시(p. 137 참고)의 자체 디자인 팔찌. €3부터 시작하는 가격대와 어느 옷에도 잘 어울리는 디자인, 다양한 컬러와 모양으로 메르시의 효자 상품이다.

약국 화장품

질 좋고 부피 적은, 선물하는 사람과 받는 사람 모두 행복한 선물. 립밤이나 핸드크림처럼 여러 명을 위한 선물을 사기에 부담 없는 품목이 가장 인기가 많다.

봉 마르셰나 모노프리에서 판매하는 식품

과자도 좋고 진공포장된 치즈도 좋다. 파리의 맛을 조금이라도 더 오래 간직하고 싶다면 추천한다.

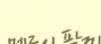

에펠탑 열쇠고리

10개 묶음에 €10, 20개에 €15정도로 흥정 실력에 따라 얼마든지 싸게 살 수 있는, 몽마르트르 언덕과 루브르 앞에서 가장 많이 볼 수 있는 싸구려 열쇠고리. 잘 벗겨지고 특출나게 예쁘지 않은데도 막상 열쇠를 걸어 달랑거리는 모습을 보면 파리가 떠오르는 귀여운 기념품이다.

셰익스피어 앤 컴퍼니 에코백 & 머그컵

낭만적인 영어 전문 서점의 로고가 찍힌 에코백과 머그컵은 구매 대행 수요가 엄청난 인기 아이템.

와인

저렴한 가격대, 대중적인 라벨을 많이 보유한 체인 와인 전문점 니콜라 Nicolas에서도, 라파예트 고메나 와인 전문점에서도, 공항 면세점에서도 추천하는 프랑스 와인. 주류 면세 한도 1인 1병을 초과하는 경우 잊지 말고 입국 시 세관에 신고하자.

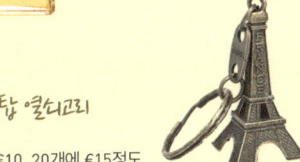

PSG 유니폼

샹젤리제 중간에 있는, 파리를 홈으로 하는 프랑스 축구 리그 중 리그 앙 Ligue 1을 선도하는 PSG 구단 유니폼. 카바니나 네이마르 이름을 새긴 시즌 유니폼이나 관련 물품이 인기가 많다.

프랑스 향수 Les Parfum Français

에디시옹 데 파펑 프레데릭 말
Editions de Parfums Frédéric Malle

시크한 파리지앵과 무척 잘 어울리는 도시적인 향수 브랜드. 13명의 전설적인 조향사들의 창의성을 100% 보장하는 형식으로 미래적이고 창의적인 향을 개발한다. '출판사'라는 뜻의 상호명처럼 향수를 책처럼 포장하여 판매한다. 프레데릭 말의 시그니처인 향수를 뿌린 시향용 기둥과 냉장 향수 캐비닛을 감상하러 매장을 방문하자. 매일같이 몸에 걸칠 나만의 향을 찾는 즐겁고 신비로운 경험이 될 것이다. 1구(21 Rue du Mont Thabor, 75001), 7구(37 Rue de Grenelle, 75007), 16구(140 Avenue Victor Hugo, 75016)에도 매장이 있다.

- Ⓜ 메트로 1호선 Saint-Paul에서 도보 5분 / 메트로 8호선 Chemin Vert에서 도보 7분
- 🏠 13 Rue des Francs Bourgeois, 75004
- 🕐 매일 11:00-13:30, 14:30-19:00
- @ www.fredericmalle.com

갈리마르
Galimard

남프랑스 그라스 지방 장갑 제조자 길드의 창시자였던 존 갈리마르가 1747년 런칭한 브랜드. 프랑스 왕가에 올리브 오일, 미용 용품과 향수를 납품했다. 가족 사업으로 운영하며 여전히 존 갈리마르가 고안한 향수 제조법을 따른다. 파리에는 스튜디오 데 파펑에서 구입할 수 있다.

- Ⓜ 메트로 1호선 Saint-Paul에서 도보 6분 / 메트로 1, 11호선 Hôtel de Ville에서 도보 7분
- 🏠 23 Rue Bourg Tibourg, 75004
- 🕐 월~토요일 11:00-20:00
- @ studiodesparfums-paris.fr

몰리나르
Molinard

1849년부터 다섯 세대에 걸쳐 프랑스와 그라스를 대표하는 향수를 제조해오고 있는 향수 브랜드로 '살아 있는 유산'의 회사 Entreprise du Patrimoine Vivant'라 불린다.

- Ⓜ 메트로 4호선 Saint-Sulpice에서 도보 2분
- 🏠 72 Rue Bonaparte, 75006
- 🕐 월~금요일 10:00-13:00, 14:00-19:00, 토요일 10:00-19:00, 일요일 휴무
- @ molinard.com

데따이유 1905
Detaille 1905

1905년 탄생했다. 한국에서는 볼 수 없지만 은은하고 우아한 향으로 마니아 층이 있다. 남성, 여성 라인이 따로 마련되어 있으며 조향하는 향으로 만드는 향초나 보디 제품도 판매한다. 여러 색의 구슬과 함께 장식해놓은 윈도는 지나가는 사람들의 발걸음을 언제나 멈추게 한다.

- Ⓜ 메트로 12호선 Notre-Dame-de-Lorette에서 도보 1분
- 🏠 10 Rue Saint Lazare, 75009
- 🕐 화~토요일 11:00-14:00, 15:00-19:00, 월요일, 일요일 휴무
- @ www.detaille.com

Paris Shopping
Les Parfum
Français

프라고나르 Fragonard

1782년부터 그라스에서 향수를 만들어왔으며 가족이 대를 이어 운영한다. 브랜드 이름은 유명 궁중 화가 프라고나르의 이름을 따왔다. '모멍 볼레Moment Vole(1929)' 등 초기 제품은 화가의 작품에서 영감을 받았으며 해마다 향수 재료 하나를 테마로 한 상품 라인을 홍보한다. 오페라 가르니에 근처에 있는 프라고나르 향수 박물관에서는 무료 가이드 투어를 받을 수 있다. 이뿐 아니라 토요일에는 시향 후 자기만의 향수를 만들 수 있는 유료 조향 클래스도 진행한다. 프라고나르는 파리의 여러 지점을 비롯해 그라스는 물론 에즈, 니스 등에서 만날 수 있다.

- Ⓜ 메트로 4호선 Saint-Germain-des-Prés에서 도보 4분
- 🏠 196 Boulevard Saint-Germain, 75007
- 🕐 월~토요일 10:00~20:00, 일요일 휴무
- @ fragonard.com

Paris City Travel

파리 여행

강과 언덕, 골목, 역사책에서 보던 수백 년 된 랜드마크와 온 도시를 비추는 에펠탑을 여행하자. 주소도 이름도 모르는 거리에서 파리 여행 중 가장 큰 감동을 받을 수도 있고, 미술관 어느 작품 앞에서 한참을 떠날 수 없을지도 모른다. 파리를 여행한다는 것은 기대 그 이상의 벅참과 기대하지 못한 설렘을 반복하는 것이다. 아주 오랫동안 지속될 강렬한 사랑에 빠지는 것이다.

달팽이 모양의 도시 - 파리의 20개 동네 Arrondissement

파리는 도시 한가운데를 1구로 두고 달팽이처럼 뱅글뱅글 돌아 바깥으로 나가며 20개 구(아홍디즈멍Arrondissement)를 구분한다. 동네마다 특징이 뚜렷한 편이라 여행자의 기호와 취향에 따라 가장 많은 시간을 보낼 것 같은 지역에 숙소 잡는 것을 추천한다. 20구까지는 파리 1~2존 범위에 포함되는데, 그리 넓지 않아 교통은 어디에서든 비슷하게 모두 편리하다.

우리 동네 Mon Quartier

어디 사느냐고 물었을 때 파리지앵이 '2구'라고 아홍디즈멍을 말하는 경우는 많지 않다. '가로수길'처럼 주거지보다 맛집이나 쇼핑이 밀집되어 뜨는 트렌디한 동네가 파리에도 몇 개 있는데, 이런 지역을 꺅티에(동네)라 부른다. 이 장에서도 파리의 가볼 만한 동네들을 따로 묶어 소개한다.

우편번호로 위치 파악하기

모든 파리 주소지의 우편번호는 숫자 750으로 시작한다. 마지막 두 자리는 구를 나타내는 것으로 75001은 1구, 75020은 20구다. 주소를 보면 대강의 위치를 한눈에 알 수 있어 편리하다. 지도를 볼 때 참고하자.

1~2구
루브르와 레 알

활기 넘치는 젊은이들이 모이는 파리의 심장부. 규모가 큰 쇼핑센터 포럼 데 알과 볼 것 많은 리볼리 가, 반짝반짝 빛나는 루브르의 유리 피라미드, 방돔 광장, 튈르리 정원 등 인기 명소가 모여 있다.

Travel Course 부지런히 루브르 박물관 전시를 보고 상점들이 즐비한 생토노레 가를 훑어 올라가며 아이쇼핑을 하자. 앙젤리나에서 쇼콜라 쇼를 마시고 정원과 상점, 맛집이 곳곳에 콕콕 박혀 있는 팔레 호얄과 레 알도 가보자. 오랑주리 미술관과 주드폼도 잊지 말자.

3~4구
마레

3, 4구로 이루어진 파리에서 가장 힙한 동네로 스타일리시한 패셔니스타들이 좋아한다. 트렌디한 호텔, 부티크, 레스토랑, 카페와 바로 가득해 지루할 틈이 없다. 부티크, 편집 숍이 많아 차별화된 쇼핑을 즐길 수 있다.

Travel Course 마레를 세로로 나누는 가장 큰 대로 보부르Beaubourg, 아쉬브Archives, 비에이으 텅플 가Vieille du Temple 세 거리를 복잡하게 잇는 골목들을 누비며 촘촘히 자리한 상점과 맛집을 마음껏 돌아본다.

5~6구
생제르맹과 생미셸

생제르맹과 생미셸이라는 넓은 대로 2개가 먹거리, 놀거리의 중추 역할을 한다. 대학가 라탱 지구도 있어 나이트 라이프도 활발하다. 유서 깊은 명소와 여유로운 푸름, 가성비 좋은 식당과 고급 레스토랑이 공존하는, 모두를 위한 지역이다.
Travel Course 갈림길로 벗어나지 않고 2개의 대로를 왕복하는 것은 어려우니, 가고 싶은 곳들을 표시해두고 효율적으로 골목으로 빠졌다가 다시 대로로 나오면서 이동하는 식으로 돌아보자. 성수기라면 팡테옹이나 박물관 등을 오전에 다녀오는 것이 좋다.

HOT TIP

생제르맹데프레 지역에는 고급 화랑이 많다. 천천히 거닐며 윈도의 진열을 구경하기만 해도 예술 공부를 할 수 있을 정도로 훌륭한 작품을 전시하니 걸음을 한 템포 늦추어보자.

7구
에펠탑과 앵발리드

나폴레옹의 기개가 느껴지는 군사 박물관과 앵발리드가 위치한 7구. 고급 레스토랑과 호텔이 있으며 높은 건물이 많지 않고 길이 넓어 다른 동네보다 한가롭고 평온하다.
Travel Course 늠름한 대포들이 늘어져 있는 앵발리드를 구경하기 전에 오르세 미술관에서 감성을 충전한다. 예약 시간에 맞추어 에펠탑을 오르고, 바크 가Rue du Bac와 그르넬 가Rue de Grenelle를 천천히 돌아보고 봉 마르셰에서 쇼핑을 즐기자. 샹 드 마스의 잔디에서, 로댕 미술관의 정원에서 오후를 보내도 좋다.

8, 17구
샹젤리제

시원하게 뻗은 샹젤리제 양옆은 상점, 식당, 관광 명소로 가득하다. 명품 거리 몽타뉴 가와 샹젤리제 끝의 개선문까지, 8구의 모든 골목에 볼거리가 있다고 해도 과언이 아니다. 8구 너머 주거지역인 17구까지 이동하는 경우는 거의 없다.
Travel Course 어지간한 국내외 쇼핑 브랜드들은 샹젤리제에 모두 모여 있고 낮이면 비스트로와 노천 카페가, 밤에는 공연장과 바가 있어 종일 머물러도 바쁘다. 그랑 팔레 전시라든지 마들렌 사원 앞 광장과 콩코드 광장에서 탁 트인 파리를 구경하는 것도 즐겁다. 샹젤리제 구경에 빠져 마들렌 성당과 엘리제 궁을 잊지 말자.

9, 18구
피갈과 몽마르트르

파리의 아이콘이나 마찬가지인 18구 몽마르트르는 특별한 수식어가 필요 없다. 몽마르트르 일대가 포화 상태가 되며 9구가 개발되어 부티크 호텔과 독특한 콘셉트의 식당, 카페들이 속도감 있게 들어서는 중이다. 맛있는 브런치를 하거나 밤늦게까지 음악과 술을 즐기기 좋다.

`Travel Course` 몽마르트르 언덕에 올라 파리 가장 높은 지형에서 내려다보는 전망을 마음껏 감상한다. 사크레쾨르 대성당과 테르트르 광장을 중심으로 아기자기한 골목을 구경하고는 9구로 내려와 점심 식사를 한다. 샹젤리제나 라파예트 백화점에 들렀다가 저녁에 다시 9구로 돌아와 음악과 술이 있는 바에서 밤을 보낸다.

10~11구
생마르탱 운하와 바스티유

금 조각La Goutte d'Or이라는 별명이 붙을 정도로 아름다운 10, 11구. 한적한 운하와 바스티유 광장이 있고, 그리 넓지 않지만 유명한 맛집이 많아 최소의 이동으로 최대한 즐길 수 있다. 바스티유 오페라에서는 거의 매일 좋은 공연을 상연한다. 오페라 뒤편 골목은 밤에 살아난다. 젊은이들이 즐겨 찾는 바로 가득하다.

`Travel Course` 박물관보다는 트렌디한 식당과 카페, 쇼핑, 사람 구경을 선호하는 여행자라면 10~11구·마레(3~4구)·레 알(1~2구)을 돌아보는 하루 일정을 추천한다. 도보 이동에 부담이 없어 잔뜩 쇼핑을 하더라도 숙소에 중간중간 들를 수 있다. 나이트 라이프도 활발해서 강을 건너거나 우안 서쪽으로 이동할 필요가 없다.

12구
베르시

넓고 푸른 베르시 공원과 대형 공연장, 석조 창고들을 개조해 조성한 식도락과 쇼핑을 위한 베르시 마을, 시네마테크가 모여 있는 푸르고 한적한 동네. 파리 1존인데도 근교 같은 기분이 들어 이유 없이 산책을 즐기러 가는 동네다.
`Travel Course` 라 빌레트에서 시작해 시테 드 라 뮤지크, 페르 라세즈 묘지를 돌아보고 베르시 공원과 마을, 시네마테크로 내려오는 하루는 어떨까? 필하모니 공연을 보고 싶다면 거꾸로 베르시에서 시작해 라 빌레트로 올라와 저녁 공연을 감상해도 좋다.

13~15구
차이나타운, 몽파르나스, 한인 타운

주로 주거지역인 동네로 관광 명소는 많지 않지만 14구의 몽파르나스 타워 부근에 볼거리, 먹거리가 있다. 파리의 중국인이 많이 사는 동네로 차이나타운이라고 불리기도 한다. 센강에 면한 13구는 미테랑 도서관과 대형 영화관, 강변 파티 장과 푸드 트럭 등 세련되고 현대적인 도시 분위기를 물씬 풍긴다. 15구는 한인 민박이 유독 많이 모여 있는 주거지역이다.
`Travel Course` 시내 중심만큼 메트로와 버스 정류장이 촘촘하지 않다. 구경하고 싶은 곳이 많다면 부지런히 움직이자. 아침에 몽파르나스 타워에 올라가 파리 전망을 감상하고 프랑수아 미테랑 도서관을 둘러본 후 점심 식사를 한다. 오후에는 이동하기 편한 동네로 옮겨가 관광을 한다.

16구
트로카데로

트로카데로 궁과 현대미술관, 팔레 드 도쿄 등 굵직한 전시관들이 모여 있는 부촌. 샤넬 투피스를 입은 할머니와 전시를 보러 가는 패셔니스타들이 자주 보이는 동네다. 에펠탑의 가장 예쁜 모습을 가까이에서 감상할 수 있는 곳이라 파리 스냅 촬영지 1순위로 꼽히기도 한다.
`Travel Course` 바토 무슈, 바토 파리지엔, 바토 부스 정류장이 모두 이 부근이라 16구 일정을 마치고 보트를 타고 파리 동쪽으로 이동하면 편리하다. 반대로 파리 동쪽에서 하루를 시작하고 저녁에 보트를 타도 좋다.

19구
라 빌레트

뷔트 쇼몽 공원과 시테 드 라 뮤지크가 있는 라 빌레트 일대. 19구에는 아랍계 이민자가 많이 살고 있어 할랄 음식점이 많다. 뷔트 쇼몽 공원이 예쁘지만 특별한 관광지는 없고 치안이 좋은 편은 아니다. 19구를 지나 좀 더 위로 올라가면 공연장, 전시장으로 구성된 라 빌레트가 나타난다. 맑은 날에 반나절쯤 보내기 좋은, 시내와 아주 가까운 곳이다.

20구
페르 라셰즈

걷는 재미를 느낄 수 있는, 숨통이 트이는 동네다. 19세기에 매우 활기찬 동네였으나 20세기 후반까지 크게 개발되지 않아 도태되었다가 최근 현대적인 신시가지들이 개발되고 있다. 트렌디한 10, 11구와 면해 있고 중심부에 비해 비교적 저렴한 숙박비의 혜택을 누리려고 젊은 여행자들이 선호한다.

시테 섬과 생 루이 섬

센강 중심에서 유유자적하는 시테 섬과 생 루이 섬은 작다고 무시할 수 없다. 노트르담 대성당이나 생트샤펠과 같이 파리를 대표하는 명소 여럿을 거느리고 있기 때문이다. 메트로보다도 강을 건너며 이동하는 편이 눈이 즐겁기 때문에 좌안·우안을 오고 가는 사람들로 항상 바쁘다.

`Travel Course` 안 그래도 작은 파리 지도 위에 더없이 작아 보이는 센강 위의 점 2개일 뿐이지만 각각의 섬에 놓인 여러 개의 다리를 건너며 파리의 여러 모습을 구경하는 것이 재미있다. 콩시에주리나 생트샤펠은 줄을 오래 서야 하는 명소이니 방문하고 싶다면 아침 일찍 찾아가자.

> **HOT TIP**
> 두 섬 모두 크기가 작기 때문에 정해진 루트 없이 지도를 접고 발 닿는 대로 돌아볼 수 있다.

파리의 일요일 Dimanches

2016년부터 관광 활성화를 목적으로, 또 주말을 끼고 파리로 여행 오는 많은 사람들의 편의를 위해 파리에서는 7개 구역을 지정해서 일요일에도 영업을 하도록 하고 있다. 이 지역을 제외하고도 일요일에 문을 여는 곳, 또는 벼룩시장처럼 주말에만 문을 여는 곳도 있지만 주말에 떠들썩한 한국에 비하면 파리의 일요일은 고요하게 느껴질 것이다. 여행객은 언제나 넘쳐나기 때문에 주말이면 위의 명소들이 더욱 붐빈다. 꼭 가고 싶은 곳이 있다면 일찍 일어나 이동하고, 인기 레스토랑은 미리 예약하는 편이 좋다.

히볼리 가의 쇼핑 구역 Rue de Rivoli

보쥬 광장 Place des Vosges **의 상점과 식당**

샹젤리제 Champs-Elysées

몽마르트르 Montmartre

생제르맹 대로 Boulevard St.-Germain

시테 섬의 아르콜 가 Rue d'Arcole, Ile de la Cité

노트르담 대성당 Notre Dame de Paris

리옹역 부근의 비아뒥 데 자르 구역 Viaduc des Arts, Gare de Lyon

HOT TIP

파리 시에서는 요일별로 휴관하는 명소들을 정리해 안내하고 있다.
en.parisinfo.com/what-to-see-in-paris/info/guides/weekly-closing-days-of-cultural-sites-in-Paris

라 센 La Seine

센강의 어제와 오늘

프랑스 디종Dijon 지역 근처 랑그레 고지Langres Plateau에서 발원하는 파리의 젖줄, 프랑스 중북부를 흐르는 길이 776km의 강. 1991년 유네스코 세계 문화유산으로 지정되어 파리 관광의 큰 역할을 한다. 센강에 잔다르크의 유해가 뿌려졌다는 이야기가 전해오고, 나폴레옹도 센강변에 묻히길 원했다. 오늘날에는 여름마다 파리 플라쥬(p.060 참고)로 1년에 한 번씩 변신한다.

좌안과 우안

생제르맹, 생미셸이 있는 센강 아래쪽을 좌안, 몽마르트르와 루브르가 있는 센강 위쪽을 우안이라고 한다. 좌안, 우안 안에서도 동네마다 분위기가 다르지만 파리를 일주일 정도 여행하며 두 곳을 여러 번 오가면 선호하는 지역이 자연스레 생긴다. 보통 좌안은 전통적이고 고급스러운 생제르맹과 젊고 건강한 기운이 느껴지는 라탱 지구의 분위기로 대표되며, 우안은 트렌디한 마레와 생마르탱 운하 부근, 관광객의 메카인 샹젤리제와 몽마르트르, 루브르의 이미지다.

• 보트를 타고 센강을 건너보자 •

두둥실 물살과 선선한 바람이 머리카락을 간질임을 느끼며 천천히 배 위에서 강 한가운데를 가로질러 이동하는 것만큼 센강을 최대한으로 느낄 수 있는 방법은 없다.

바토 무슈 Bateaux Mouches

오랜 역사로 잘 알려진 센강 크루즈로, 기본 크루즈(70분)를 비롯해 점심 식사, 저녁 식사, 샴페인 크루즈, 공연 크루즈 등 다양한 루트를 운영한다. 60년 동안 운영해온 노하우로 한국인 여행자들이 가장 많이 타는 보트로 운행 간격은 30~40분이다.

- Ⓜ 메트로 9호선 Alma-Marceau에서 도보 6분
- 🏠 Port de la Conférence, 75008
- 🕐 4~9월 10:00-22:30, 10~3월 11:00-21:20 (주말 첫 출발 10:15)
- € €14, 12세 미만 €6, 4세 미만 무료
- @ www.bateaux-mouches.fr (한국어 지원)

바토 파리지엔 Bateaux Parisienne

해마다 350만 명을 태우는 바토 파리지엔은 12개의 파노라마 보트를 운영한다. 보트들은 카트린느 드뇌브Catherine Deneuve, 브리짓 바르도Brigitte Bardot 등 유명 프랑스 배우의 이름을 달고 있다. 일반, 점심, 저녁 식사 크루즈, 에펠탑/노트르담 출발을 선택할 수 있다. 2명의 연기자가 요정으로 분장해 파리의 역사를 설명하는 마법 크루즈는 가족들에게 인기가 많다.

- Ⓜ RER C선 Champ de Mars-Tour Eiffel에서 도보 10분 / 메트로 6호선 Bir-Hakeim에서 도보 11분 / 메트로 9호선 Alma-Marceau에서 도보 12분
- 🏠 Port de la Bourdonnais, 75007
- 🕒 4~5월, 9월 10:00-22:30, 6~8월 10:00-23:00, 10~3월 10:30-22:00, 7/14 10:00-14:00, 12/24 10:30-17:00, 12/31 10:30-21:30
- € €15, 12세 미만 €7, 4세 미만 무료
- @ www.bateauxparisiens.com

바토 부스 Batobus

파리지앵이 가장 선호하는 보트로 진짜 버스처럼 내리고 탈 수 있어 부스(버스)라고 부른다. 8개의 정류장 (에펠탑, 샹젤리제, 오르세, 루브르, 생제르맹데프레, 노트르담, 파리 식물원, 시청)에서 자유롭게 타고 내릴 수 있으며, 내리지 않고 한 바퀴 돌면 1시간 40분 정도 소요된다. 티켓은 1일권, 2일권, 연간 회원권이 있고 탑승 횟수에는 제한이 없다.

- Ⓜ 메트로 9호선 Alma-Marceau에서 도보 12분
- 🏠 Port de la Bourdonnais, 75007
- 🕒 4월 말~9월 초 10:00-21:30, 겨울 시즌 월~목요일 10:00-17:00, 금~일요일 10:00-19:00, 그 외 기간 10:00-19:00
- € 1일권 €17, 3~15세 €8, 3세 미만 무료, 현장 구매하는 학생증 소지자, Imagine R, 나비고 소지자 €11
  2일권 €19, 3~15세 €10, 현장 구매하는 학생증 소지자, Imagine R, 나비고 소지자 €13
- @ www.batobus.com

베데트 뒤 퐁뇌프 Vedettes du Pont-Neuf

식사 크루즈를 꼭 타야 하는 것이 아니라면, 그리고 에펠탑 아래에 있는 선착장까지 가기 귀찮다면 파리 시내 한가운데에 있는 베데트 뒤 퐁뇌프를 추천한다. 운행 시간이 1시간으로, 다른 보트에 비해 코스가 더 짧고 가격도 저렴하다. 홈페이지에서 표를 사면 추가 할인가로 구입할 수 있다.

- Ⓜ 메트로 7호선 Pont Neuf에서 도보 4분
- 🏠 1 Square du Vert Galant, 75001   🕒 매일 10:30-22:30
- € €14(온라인가 €12), 4~12세 €7(온라인가 €5), 4세 미만 무료
- @ www.vedettesdupontneuf.com

HOT TIP

센강에 더욱 낭만을 더하는 부키니스트 Les Bouquinistes

비가 오나 눈이 오나 센강변에 아침 일찍 출근해 녹슨 녹색 철제 매대의 자물쇠를 풀고 책을 진열하는 책 파는 사람들. 유네스코 세계 문화유산으로 지정되었을 정도로 파리의 명물이다. 220명의 부키니스트들이 허가를 받고 19세기부터 지정된 자리에서 활동 중이다. 보통 색이 누렇게 바랜 중고 서적과 그림, 엽서 등을 파는데 잘 찾아보면 괜찮은 책들이 있다. 탱탱TinTin 만화책이나 빈티지 보그 등 소장 욕구를 자극하는 책, 잡지도 자주 눈에 띈다.

센강의 다리

파리에는 센강을 건너는 다리가 37개나 있다. 다리 위에서 바라보는 도시와 강의 모습이 제각각이라 하루에도 몇 번씩 일부러 메트로를 타지 않고 걸어서 강을 건너게 된다. 이른 아침과 늦은 밤의 센강은 숨 막히게 아름답다. 아무도 마시지 않은 아침 공기와 칠흑 같은 밤의 시원한 바람을 실컷 들이마시면 이보다 더 좋은 하루의 시작과 끝이 없을 것이다. 찾아보면 모든 다리와 관련한 역사와 이야기들이 있어, 그 어떤 길로 센강을 건너더라도 허투루 지나칠 수 없다. 돌 하나, 작은 금과 틈새에도 역사의 흔적이 묻어 있다.

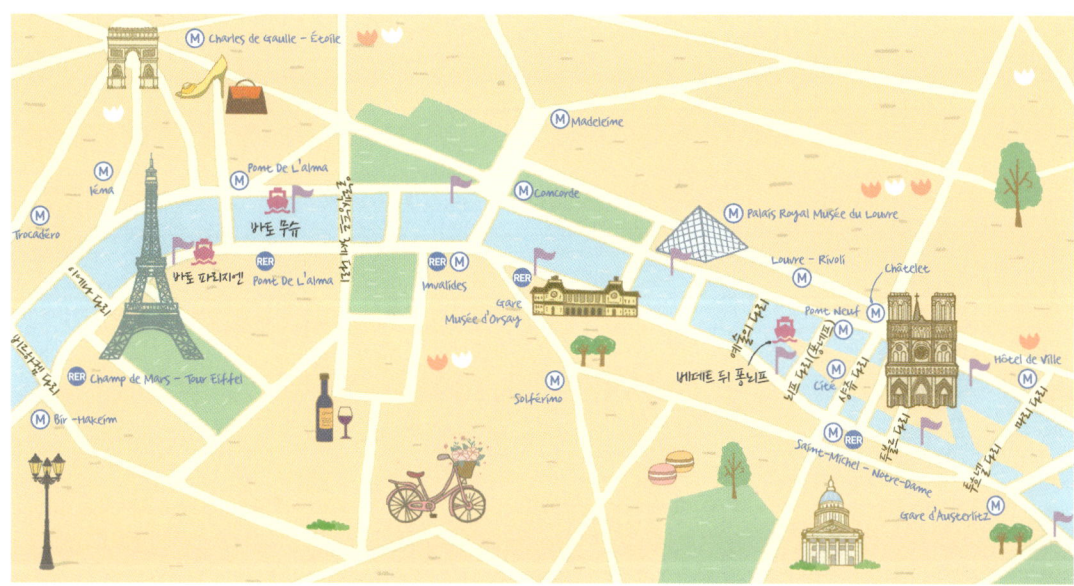

예술의 다리 Pont des Arts

센강의 37개 다리 중 여행자에게 가장 많이 사랑받는 낭만적인 다리. 거리의 예술가들이 그림을 그리거나 악기를 연주하는 모습을 자주 볼 수 있다. 나폴레옹 1세 때 당시에는 파격적인 철골 디자인으로 증축되었다. 연인들의 사랑의 증표인 자물쇠가 가득했는데 현재는 시 정부에서 막아놓았다.

비르하켐 다리 Pont de Bir-Hakiem

20세기 초 건축된 철골 다리. 비르하켐 위를 지나는 메트로 6호선이 지상으로 이동해 이 동네 파리지앵들은 멋진 풍경과 함께 출퇴근한다. '인셉션'과 '파리에서의 마지막 탱고'와 같은 영화에 비중 있는 배경으로 등장했다.

뇌프 다리(퐁뇌프) Pont Neuf

새로 생긴 다리 New Bridge라는 이름의, 1607년 완공되어 파리에서 가장 나이가 많은 다리. '퐁뇌프의 연인들 Les Amants du Pont-Neuf'(1991)로 더욱 유명해졌다. 완성 당시 센강을 한 번에 건널 수 있는 포장된 유일한 다리였다.

알렉상드르 3세 다리 Pont Alexandre III

프랑스와 러시아 양국 간의 우정을 기념하기 위해 러시아 차르의 이름을 딴, 센강에서 가장 화려하고 반짝이는 다리. 1900년 만국박람회를 위해 만들어졌다. 앵발리드와 그랑 팔레, 프티 팔레를 잇는다.

더 알아두면 좋은 다리

주철로 된 아치 다리인 **두블르 다리** Pont au Double / 좌안과 생 루이 섬을 잇는, 1670년 증축된 **마리 다리** Pont Marie

나폴레옹 3세의 이니셜을 새긴, 시테 섬과 좌안을 잇는 **샹쥬 다리** Pont au Change / 트로카데로와 에펠탑, 샹 드 마스를 잇는 **이에나 다리** Pont d'Iéna

파리의 수호성인 생 쥬느비에브 상이 세워진, 좌안과 생 루이 섬을 잇는 **투흐넬 다리** Pont de la Tournelle

우안
Rive Droite

샹젤리제
Avenue des Champs-Élysées

'오~ 샹젤리제~' 누구나 한 번쯤 들어본 피에르 드라노에Pierre Delanoe의 오 샹젤리제(Aux-Champs-Élysées, '샹젤리제에서')라는 친숙한 노래의 주인공. 고대 그리스에서 천국과 같이 여겨졌던, 죽은 사람들 중에서도 축복받은 사람만 갈 수 있다는 '엘리시온 들판'이라는 뜻이다. 콩코드 광장에서 파리 북서쪽으로 뻗어 있는 파리의 동맥과도 같은 약 2km 길이의 직선 대로다.

Ⓜ 메트로 1, 13호선 Champs-Élysées-Clemenceau / 메트로 1, 9호선 Franklin D. Roosevelt / 메트로 1호선 1 George V / 메트로 1, 2, 6호선 및 RER A선 Charles de Gaulle-Étoile

• 샹젤리제의 주요 명소 •

아베크롬비 & 피치 Abercrombie & Fitch

미국의 캐주얼하고 젊은 의류 브랜드로, 언뜻 보면 궁전 같은 으리으리한 건물에 있다. 높은 철문을 지나 정원을 가로질러 들어가면 발랄한 A&F 특유의 모습이 나타난다.

Ⓜ 메트로 1, 9호선 Franklin D. Roosevelt에서 도보 2분
🏠 23 Avenue des Champs Élysées, 75008
🕐 월~토요일 10:00-20:00, 일요일 11:00-19:00
@ www.abercrombie.com

디즈니 스토어 Disney Store

샹젤리제 중심에 있는 꿈과 희망의 나라! 동심을 자극하는 큰 상점 안에는 남녀노소에게 사랑받아온 디즈니 캐릭터와 관련한 장난감, 의류, 문구용품 등 다양한 상품들로 가득하다. 파리를 테마로 한 특별 상품도 판매한다.

Ⓜ 메트로 1, 9호선 Franklin D. Roosevelt에서 도보 4분
🏠 44 Avenue des Champs-Élysées, 75008
🕐 매일 10:00-23:00   @ www.disneystore.fr

레옹 드 브뤼셀 Léon de Bruxelles

본토만큼이나 잘 팔리는 벨기에 홍합 요리 전문점이다. 특이하게도 파리에서 가장 인기 있는 관광객을 위한 레스토랑 중 하나가 벨기에 홍합 요리 전문점 레옹 드 브뤼셀이다. 얇고 바삭한 감자튀김과 함께 다양한 종류의 따뜻한 홍합 요리의 궁합이 꽤 좋다.

Ⓜ 메트로 1호선 George V에서 도보 4분
🏠 63 Avenue des Champs-Élysées, 75008   ☎ +33 1 42 25 96 11
🕐 일~목요일 12:00-24:00, 금~토요일, 공휴일 12:00-01:00
@ www.leon-de-bruxelles.fr

라 누벨 프랑스 정원 Jardin de la Nouvelle France

1900년 만국박람회를 위해 조성된 작은 정원으로, 샹젤리제의 번화함에 등을 돌리고 싶은 사람들이 숨어 들어오는 평화롭고 푸르디푸른 에덴동산 같은 곳이다. 당시 유행하던 오리엔탈리즘을 반영해 비대칭 구조로 되어 있으며 석조 공원과 다리, 인공 호수도 있다.

Ⓜ 메트로 1, 13호선 Champs-Élysées-Clemenceau에서 도보 3분
🏠 Avenue Franklin Delano Roosevelt, 75008

에투알 개선문
L'Arc de Triomphe de l'Etoile

1806년 나폴레옹의 승리를 기념하여 축조했다. 고대 로마 티투스 황제의 개선문 디자인을 그대로 가져왔다. 꼭대기까지 올라가보는 뷰가 무척 멋있고, 문 둘레에는 나폴레옹 1세의 공적을 기린 부조가 새겨져 있다. 문 아래에는 제1, 2차 세계대전의 무명 용사를 위한 묘비가 있고, 이들을 위해 영원히 꺼지지 않는 불이 타고 있다.

Ⓜ 메트로 1, 2, 6호선 및 RER A선 Charles de Gaulle-Étoile에서 도보 2분

콩코드 광장
Place de la Concorde

프랑스혁명 후 '화합'을 뜻하는 이름을 붙인, 파리 최대 규모의 광장으로 튈르리 공원과 샹젤리제를 잇는다. 18세기에 루이 15세의 명으로 조성되었으며 광장 가운데에는 이집트가 기증한, 높이 약 24m의 룩소르의 오벨리스크가 있다. 원래 루이 15세의 상이 있었으나 프랑스혁명 때 파괴되었다. 혁명 당시 루이 16세와 마리 앙투아네트를 포함한 1000여 명이 처형된 곳도 바로 이곳이다.

Ⓜ 메트로 1, 8, 12호선 Concorde

HOT **TIP**

더 이상 볼 수 없어 아쉬운 라 그랑 루 관람차 La Grande Roue

1900년 파리 만국박람회 때 샹 드 마스에 처음 생겼으나 1937년 철거되었다. 높은 곳에서 파리 시내를 내려다볼 수 있는 관람차를 그리워하는 사람들의 요청으로 2002년에 세워졌다. 원래는 1년만 운영하고 철거할 예정이었으나 2007년 다시 컴백하는 우여곡절을 겪었다. 결국 파리 시에서 관람차 허가를 연장하지 않기로 해서 2018년 5월 18일에 철거되었지만 언젠가는 또 돌아오지 않을까 하고 기대해본다.

헤푸블리크 광장 Place de la République

드골 장군이 1958년 제5공화국 헌법을 공포한 역사적인 광장으로 3, 10, 11구가 이곳에서 만난다. 하우스만 남작의 도시 개조 계획의 일환으로 조성되었다. 환경 친화적인 가로등 설치를 포함해 2013년까지 대대적인 공사를 감행했고 메트로 3, 5, 8, 9, 11호선이 있어 교통이 편리하다. 큰 행사나 시위, 축제 등이 자주 열린다. 광장 한가운데는 프랑스를 의인화한 마리안느Marianne 상이 서 있다.

- Ⓜ 메트로 3, 5, 8, 9, 11호선 République

2015 파리 테러

2015년 1월에는 샤를리 앱도Charlie Hepdo 신문사가, 11월에는 생 드니의 스타드 드 프랑스 축구 스타디움과 바타클란 극장을 비롯한 생마르탱 운하 일대가 테러를 당했다. 온 유럽을 테러의 위험에 떨게 한 IS의 소행이었는데, 테러 직후 에펠탑은 처음으로 불을 끄고 피해자들을 추모했다. 또한 사람들은 헤푸블리크 광장에 모여 피해자를 추모하며 파리를 지키고 테러에 굴하지 않겠다는 의지를 대대적으로 드러냈다. 이후 파리와 프랑스 전역의 경비가 삼엄해졌다. 공공장소와 기차역 등 교통 허브, 박물관, 백화점 등 관광 명소의 출입이 엄격하게 규제되어 가방, 소지품 검사를 철저히 진행한다.

르 바타클란 Le Bataclan

빈티지스러운 느낌이 멋진 바타클란은 재즈에 국한되지 않고 다양한 공연을 시연한다. 주로 밴드의 라이브 음악 공연을 볼 수 있다. 프랑스를 대표하는 샹송 가수 에디트 피아프 Edith Piaf가 무명 시절 공연을 하기도 했다. 다양하고 수준 높은 프로그램으로 정평이 나 있다.

- Ⓜ 메트로 5, 9호선 Oberkampf에서 도보 3분
- 🏠 50 Boulevard Voltaire, 75011
- @ www.bataclan.fr

바스티유 광장 Place de Bastille

1789년 7월 14일, 프랑스혁명이 발발한 역사적인 장소다. 바스티유 감옥이 있던 위치이지만 혁명 때 완전히 철거되었다. 광장 한가운데에는 1830년 7월 혁명을 기리는 52m 높이의 기념탑Colonne de Juillet이 서 있다. 꼭대기에는 자유 정신을 상징하는 천사 상이 있고, 탑 아래에는 7월 혁명과 1948년 2월 혁명의 희생자들이 안치되어 있다.

- Ⓜ 메트로 1, 5, 8호선 Bastille

방돔 광장 Place Vendôme

루이 14세의 지시로 프랑스 건축가 쥘 아르두앙 망사르Jules Hardouin Mansart가 설계한 팔각형 모양의 광장. 이름은 당시 여기 살던 방돔 영주의 이름을 땄다. 럭셔리 브랜드로 둘러싸여 파리에서 가장 값비싼 광장이라 부르기도 한다. 광장 한가운데 우뚝 선 날씬한 원기둥은 나폴레옹 1세가 1805년 오스테를리츠에서 승리한 것을 기리기 위해 세워진 44m의 기념비다.

Ⓜ 메트로 1호선 Tuileries에서 도보 5분

샤틀레 극장 Théâtre du Châtelet

2500명을 수용하는 극장, 오페라 하우스로 파리 시가 관리하는 세계적인 공연장. 에릭 사티와 장 콕토의 퍼레이드가 1917년 이곳에서 열렸으며 차이코프스키와 말러도 공연한 바 있다. 샤틀레 극장에서 역대 최장 기간 상연된 작품은 쥘 베른의 '80일간의 세계 일주' 연극으로, 1876년부터 제2차 세계대전 때 나치 침공으로 1940년에 중단되기 전까지 64년간 상연되었다.

Ⓜ 메트로 1, 4, 7, 11, 14호선 Châtelet에서 도보 2분
🏠 1 Place du Châtelet, 75001

팔레 호얄 Palais-Royal

태양왕 루이 14세가 유년기를 보낸 곳이다. 동명 광장과 작은 앞뜰, 뜰을 두르는 주옥, 열주랑, 회랑으로 구성되었다. 건물 내부는 개방되지 않아 구경할 수 없지만 정원에는 자유로이 드나들 수 있다. 날씨가 좋으면 산책을 즐기러 찾는 사람이 많다.

Ⓜ 메트로 1, 7호선 Palais Royal Musée du Louvre에서 도보 1분
🏠 Place du Palais Royal, 75001

카페 키츠네 Café Kitsune

맛차 라테로 유명한 작은 카페. 실내에는 바 자리 몇 개가 전부이지만 테라스로 잔을 가지고 나갈 수 있다. 촉촉한 쿠키 등 입이 심심할 때 커피나 차와 함께 하기 좋은 스낵과 대접만 한 사기잔에 내오는 뜨거운 음료가 맛있다. 우유가 들어간 고소한 메뉴들이 특히 인기가 좋다.

Ⓜ 메트로 7, 14호선 Pyramides에서 도보 6분
🏠 Jardin du Palais Royal, 51 Galerie de Montpensier, 75001
🕐 월~금요일 10:00-18:00, 토~일요일 10:00-18:30
@ maisonkitsune.com/mk/cafe-kitsune

마들렌 사원 Église de la Madeleine

콩코드 광장과 마주 보고 있는 도리스 양식의 사원. 루이 15세 때인 1764년에 착공했으나 프랑스혁명 때 중단되고 나폴레옹 1세 때 그가 그리스 로마 시대 신전 느낌의 사원을 짓기 원해서 기존 것을 모두 허물고 1842년 완공시켰다. 52개의 원기둥이 그리스 파르테논 신전을 연상케 한다.

- Ⓜ 메트로 8, 12, 14호선 Madeleine에서 도보 1분
- 🏠 Place de la Madeleine, 75008
- 🕐 매일 09:30-19:00
- @ www.eglise-lamadeleine.com

부티크 마이유 Boutique Maille

푸아 그라, 송로버섯, 캐비어와 함께 프랑스 디종 지방에서 난 겨자로 만든 머스터드소스는 프랑스의 유명 식료품으로, 마이유는 디종 머스터드를 가장 잘 만드는 식료품점이다. 30개가 넘는 다양한 종류의 톡 쏘는 머스터드가 있다. 작은 유리병에 고급스럽게 담은 겨자와 함께 오일, 식초 등도 판매한다.

- Ⓜ 메트로 8, 12, 14호선 Madeleine에서 도보 2분
- 🏠 6 Place de la Madeleine, 75008
- 🕐 월~토요일 10:00-19:00, 일요일 휴무
- @ www.maille.com

샤이요 궁 Palais de Chaillot

건물 좌우가 조화롭게 대칭을 이루는 반원형 날개 모양의 궁으로, 이곳에서 에펠탑과 센강의 조망이 아름답다. 동쪽 날개는 프랑스 기념 박물관, 서쪽 날개는 인류 박물관으로 사용한다. 프랑스 국내외의 다양한 작품을 상연하고 국제회의장과 각종 기념행사 장소로 사용되는 샤이요 국립극장Theatre National de Chaillot도 있다(theatre-chaillot.fr).

- Ⓜ 메트로 6, 9호선 Trocadéro에서 도보 5분
- 🏠 1 Place du Trocadéro, Place du 11 Novembre, 75016
- @ www.citedelarchitecture.fr

트로카데로 정원 Jardin du Trocadéro

반원형 광장 안의 정원. 프랑스는 1823년 에스파냐의 카디스Cádiz에 있는 트로카데로 요새의 점령을 기리기 위해 1827년 점령 상황을 재현하는 행사를 열었는데, 당시 이 광장이 있었던 샤이요Chaillot 언덕을 트로카데로 요새처럼 꾸미며 '트로카데로'라는 이름을 갖게 되었다. 중앙에는 바르샤바 분수Fontaine de Varsovie와 제1차 세계대전 프랑스 총사령관 포슈Ferdinand Foch의 기마상이 있다.

- Ⓜ 메트로 6, 9호선 Trocadéro에서 도보 5분
- 🏠 Place du Trocadéro, 75016
- @ www.parisinfo.com/paris-museum-monument/71144/Jardins-du-Trocadero

엘리제 궁 Le Palais de L'Élysée

아름다운 18세기 고전 양식의 엘리제 궁은 역사가 길다. 루이 15세, 루이 16세, 부르봉 공작부인, 나폴레옹 1세, 웰링턴 공작, 루이 18세까지 수많은 주인을 거치며 그때마다 이름도 바뀌었다. 1848년 12월 12일 프랑스 국회가 공포한 법령에 따라 프랑스공화국 대통령 관저가 되었다. 1년에 한 번 개방하며 이때 대통령 업무실인 황금 살롱 등 웅장한 건물 내부를 볼 수 있다.

- Ⓜ 메트로 1, 8, 12호선 Concorde에서 도보 6분 / 메트로 1, 13호선 Champs-Élysées-Clemenceau에서 도보 10분
- 🏠 55 Rue du Faubourg Saint-Honoré, 75008

HOT TIP

9월 셋째 주 주말, 유럽 문화유산의 날에만 대중에게 개방된다. 이 기간 동안에는 하루 2만 명이 넘는 사람들이 몰려서 줄을 오래 서야 하므로 아침 일찍 오는 것을 추천한다. 입장도 정문이 아니라 가브리엘 가Avenue Gabriel로 들어가는 경우가 많다.

- @ www.elysee.fr

유럽 문화유산의 날 European Heritage Days

유럽연합에 가입되어 있는 50여 개 국가들의 문화유산을 홍보하고 보호하자는 취지로 프랑스에서 시작되었다. 이 기간 동안에는 보통 대중에게 개방되어 있지 않은 명소들의 무료 출입을 허용하며 무형문화재 관련한 다양한 행사도 열린다. 루이 비통 재단을 포함해 몇몇 곳은 평소에도 유료로 입장할 수 있으나 엘리제 궁처럼 이때가 아니면 들어갈 수 없는 곳이 많으니 9월 여행자라면 유럽 문화유산의 날 기간을 확인해보자.

- 루이 비통 재단(토~일요일 11:00-20:00)   - 소르본 대학교(토~일요일 10:00-18:00)
- 생 자크 타워(토~일요일 10:30-18:00)   - 뤽상부르 공원 유리 식물관(토~일요일 10:30-18:00)
- @ www.europeanheritagedays.com, www.journeesdupatrimoine.culture.fr

클로버 그릴 Clover Grill 🍴

고급스럽고도 아늑한 느낌의 스테이크 전문 레스토랑. 드라이 에이징 스테이크의 깊은 맛을 자랑한다. 저녁 피크 시간에는 예약이 필수이고, 문을 열자마자 찾아오면 거의 항상 앉을 수 있다.

- Ⓜ 메트로 1호선 Louvre-Rivoli에서 도보 2분
- 🏠 6 Rue Bailleul, 75001
- ☎ +33 1 40 41 59 59
- 🕐 일~목요일 12:00-14:15, 19:00-22:30, 금~토요일 12:00-14:15, 19:00-23:00
- @ www.clover-grill.com

피에르 상 Pierre Sang 🍴

합리적인 가격의 프랑스-한국 퓨전 요리를 맛보자. 프랑스 리얼리티 쇼, 톱 셰프 Top Chef의 2011년 결선 진출자인 한국계 셰프 피에르 상이 된장 소스, 숙주나물 등 한국적인 식재료와 소스로 파리지앵의 입맛을 사로잡았다. 식재료는 모두 지역에서 나는 제철 재료를 사용한다.

- Ⓜ 메트로 3호선 Parmentier에서 도보 4분 / 메트로 5, 9호선 Oberkampf에서 도보 5분
- 🏠 55 Rue Oberkampf, 75011
- ☎ +33 9 67 31 96 80
- 🕐 월~목요일 12:00-15:00, 19:00-23:00, 금~일요일 12:00-15:00, 19:00-21:30
- @ www.pierresang.com

르 퓨어 카페 Le Pure Café

영화 '비포 선셋'에서 제시와 셀린느가 재회하는 카페로 등장한 낭만 넘치는 11구의 맛집. 식사도 커피도 모두 맛있다. 일찍 열고 늦게 닫아 영화 주인공들처럼 파리에 취해 쉴 틈 없이 수다를 떨다 갈 수 있다. 일요일 12:00-17:00에는 브런치 세트(€19)를 판매한다.

- Ⓜ 메트로 9호선 Charonne에서 도보 5분
- 🏠 14 Rue Jean-Macé, 75011
- ☎ +33 1 43 71 47 22
- 🕐 월~금요일 07:00-01:00, 토요일 08:00-01:00, 일요일 09:00-24:00
- @ www.lepurecafe.fr

🍴 아시에트 미슐랭 L'Assiette Michelin P.074 참고

르 비스트로 폴 베르 Le Bistrot Paul Bert

육류에 힘을 준 따뜻한 느낌의 프랑스 정통 비스트로. 최상급 트러플 버섯이나 스테이크 등 전채, 메인 메뉴도 훌륭하고 배와 함께 서빙하는 오리고기, 레드 와인 소스를 곁들인 소 볼살 등 독특한 메뉴도 눈길을 끌고, 디저트가 특히 맛있다.

- Ⓜ 메트로 8호선 Faidherbe-Chaligny에서 도보 3분
- 🏠 18 Rue Paul Bert, 75011
- ☎ +33 1 43 72 24 01
- 🕐 화~토요일 점심, 저녁, 월요일, 일요일 휴무

베티노스 레코드 숍 Betino's Record Shop

친절한 주인아저씨 때문에 한 장이라도 더 사게 되는, 파리에서 가장 다정한 레코드 가게로 정평이 나 있다. 사 모으고 싶은 빈티지한 커버 아트에 손이 간다. 펑크, 소울, 디스코, 하우스, 라틴 등 다양한 장르의 LP 음반을 좋은 가격에 구할 수 있다. 원하는 만큼 머무르며 상점에서 감상할 수 있다.

- Ⓜ 메트로 5호선 Richard Lenoir에서 도보 4분
- 🏠 32 Rue Saint-Sébastien, 75011
- 🕐 월~토요일 13:00-20:00, 일요일 휴무
- @ www.facebook.com/BetinosRecordShop/

아스티에 드 빌라트 Astier de Villatte

인테리어 마니아에게는 에펠탑이나 샹젤리제보다 파리에서 더 중요한 랜드마크. 고급 도자기 식기의 명가로, 아무 무늬도 없는 미색이 시그니처이지만 다양한 무늬와 모양의 그릇을 판매한다. 집에서 여행을 떠나는 콘셉트로 개발해 도시 이름을 붙인 향초 시리즈와 가구도 있다.

- Ⓜ 메트로 1, 7호선 Palais Royal-Musée du Louvre에서 도보 3분 / 메트로 1호선 Tuileries에서 도보 4분
- 🏠 173 Rue Saint Honoré, 75001
- 🕐 월~토요일 11:00-19:30, 일요일 휴무
- @ www.astierdevillatte.com

• 우안 Rive Droite •

Quartier 몽마르트르 Montmartre

파리를 상징하는 붉은 풍차가 빙그르르 돌아가는 언덕 위의 작은 마을, 영원히 변하지 않았으면 하는, 가장 파리스러운 낭만이 둥실 떠다니는 예쁜 동네. 고흐와 달리가 사랑해 마지않은 영화 '파리의 미국인'에서 진 켈리가 가벼이 발걸음을 놀리던 곳 모두 여기 몽마르트르다. 위엄 넘치는 사크레쾨르 대성당과 크고 작은 이젤이 빼곡히 들어선 테르트르 광장 앞에, 베레모를 눌러쓰고 크레페를 베어 물며 오랫동안 꿈꿔온 파리 여행의 낭만을 부려놓자.

사크레쾨르 대성당
Basilique du Sacré-Coeur

보불전쟁, 파리 코뮌 등 계속되는 사회적 혼란을 이겨내고자 1910년 새하얀 트래버틴 대리석으로 건조한 '성스러운 심장' 성당. 대형 오르간이 유명한데, 12월 24일 크리스마스 미사에 오르간 콘서트가 열리고 일요일 미사와 저녁 기도 시간에도 연주된다. 300여 개의 계단을 올라야 하는 돔의 뷰가 예뻐서 언제나 줄이 길다. 성당 앞 계단에 앉아 내려다보는 시내 경관은 몽마르트르 관광의 백미다.

- Ⓜ 메트로 2호선 Anvers에서 도보 7분 / 메트로 12호선 Abbesses에서 도보 8분
- 🏠 35 Rue du Chevalier de la Barre, 75018
- 🕐 매일 06:00-20:30 돔 5~9월 매일 08:30-20:00, 10~3월 매일 09:00-17:00(날씨에 따라 변경 가능)
- @ https://www.sacre-coeur-montmartre.com

테르트르 광장 Place du Tertre

테르트르는 '언덕의 꼭대기'라는 뜻으로, 그리 넓지 않지만 빽빽하게 이젤이 들어서 초상화나 파리의 모습을 그린 크고 작은 캔버스 수백 개를 볼 수 있는 광장이다. 상기된 얼굴로 캐리커처나 초상화가 완성되기를 기다리며 앉아 있는 사람과 능숙한 솜씨로 빠르게 손을 놀리는 아마추어 화가로 가득하다.

- Ⓜ 메트로 12호선 Abbesses에서 도보 6분 메트로 2호선 Anvers에서 도보 8분

사랑해 벽 Le Mur des Je t'aime

평화와 사랑을 불러일으키고자 세워진, 짙은 파란색 바탕의 40㎡ 벽이다. 전 세계 300여 개 언어로 사랑한다는 메시지를 1000번 적은 타일로 이루어져 있다. 잘 살펴보면 한국어로도 찾을 수 있다. 연인들이 좋아하는 포토 스폿이다.

- Ⓜ 메트로 12호선 Abbesses에서 도보 1분
- 🏠 Place des Abbesses, Square Jehan Rictus, 75018
- 🕐 월~금요일 08:00, 토~일요일, 공휴일 09:00 연중 동일 / 폐장 시간은 월별로 다름 1월 17:30, 2월 18:00, 3~4월 15일 19:00, 4월 16일~5월 15일 21:00, 5월 16일~8월 31일 21:30, 9월 20:00, 10월~가을(해마다 변경) 18:30, ~12월 31일 17:30
- @ www.lesjetaime.com

HOT TIP

기차 타고 몽마르트르 한 바퀴 - 르 프티 트랑 드 몽마르트르
Le Petit Train de Montmartre

55명이 탈 수 있는 이 작은 기차는 매일 바쁘게 몽마르트르 주변을 돌아다닌다. 명소 20여 곳에서 정차하는 알찬 루트로 몽마르트르를 편하게 구경할 수 있다. 35분간의 영어/프랑스어 오디오 설명이 있으며 30분~1시간 간격으로 운행한다.

- Ⓜ 메트로 2호선 Blanche 및 메트로 12호선 Abbesses
- 🏠 Place Blanche 또는 Place Tertre, 75018
- 🕐 1~2월 수~금요일 10:30-17:00, 토~일요일 10:30-17:30 / 3월, 10~12월 매일 10:30-17:00 / 4~6월 10:00-19:00 / 7~8월 10:00-23:00
- € €6.5, 4~12세 €4.5   @ www.promotrain.fr

몽마르트르 박물관 Musée de Montmartre

몽마르트르에서 활동하던 옛 예술가들의 모임터가 그들의 유품, 작품을 전시하는 박물관으로 탈바꿈했다. 한때 르누아르와 고흐 등이 머물기도 했던 건물을 사용하며, 곱게 가꾼 3개의 정원을 르누아르에게 헌정해 그의 이름을 붙였다. 영구 전시와 주기적으로 바뀌는 특별전을 선보인다. 혁명적이고 자유분방했던 당시 비주류 예술가들의 작품이 많다.

- Ⓜ 메트로 12호선 Lamarck-Caulaincourt에서 도보 4분
- 🏠 12 Rue Cortot, 75018
- 🕐 **박물관과 정원** 10~3월 매일 10:00-18:00(마지막 입장 17:15), 4~9월 매일 10:00-19:00(마지막 입장 18:15) **정원의 카페 르누아르** 수~일요일 12:15-17:00(성수기 ~19:00)
- € €12, 18~25세 학생 €9, 10~17세 €6, 10세 이하 무료 / 정원만 €5
- @ www.museedemontmartre.fr

달리 미술관 Espace Dali

파리에서 활발히 활동했던 초현실주의 예술가 살바도르 달리Salvador Dali의 작품 300여 점을 전시하고 있다. 1960~1970년대 스케치와 일러스트, 조각품, 사진 등이 있으며 대표 작품으로는 '입술'이라 부르는 입술 모양의 소파와 기이한 모양의 조각들이 있다. 기념품점에서는 포스터 등 전시 관련 아이템을 구입할 수 있다.

- 메트로 12호선 Abbesses에서 도보 6분
- 11 Rue Poulbot, 75018
- 매일 10:00-18:30(마지막 입장 18:00, 7~8월 ~20:30, 마지막 입장 20:00)
- €12, 학생, 8~26세 €9, 어른 동반 8세 미만 무료
- www.daliparis.com

라팽 아질 Lapin Agile

'재빠른 토끼'라는 익살스러운 이름으로 1860년 문을 연 카바레로 프랑스의 샹송Chanson 문화를 보전하고자 만들어졌다. 피카소와 모딜리아니가 하루 일과를 마무리하던 곳이었다고. 현재는 유명한 샹송 가수 이브 마티우Yves Mathieu와 그의 아들들이 운영한다. 실력 있는 샹송 가수와 뮤지션을 구경하러 가자. 식사는 제공하지 않으니 근처에서 저녁을 먹고 가자.

- 메트로 12호선 Lamarck-Caulaincourt에서 도보 2분
- 22 Rue des Saules, 75018 +33 1 46 06 85 87
- 화~일요일 21:00-01:00, 월요일 휴무
- 공연+음료 1잔 €28, 학생증 소지자 €20(토요일과 공휴일 제외) / 두 번째 음료는 €5(학생증 소지자 €3)
- www.au-lapin-agile.com

몽마르트르 포도밭 Vignes du Clos Montmartre

몽마르트르 언덕 뒤편에는 파리 시내에 남은 유일한 포도밭이 있다. 동네 사람들이 온 정성을 다해 밭을 일구어 탱글한 포도가 실하게 열린다. 해마다 1500여 병의 가메와 피노 누아 하프 보틀 와인을 생산한다. 매년 추수 시즌(10월)이 되면 포도 추수 와인 축제를 연다(www.fetedesvendangesdemontmartre.com). 100여 개의 가판에 신선한 굴과 핑거 푸드를 차려놓고 착한 가격에 막 빚은 로컬 와인을 마셔볼 수 있다. 보통 때에는 개방되지 않는 포도밭도 들어가볼 수 있다.

- 메트로 12호선 Lamarck-Caulaincourt에서 도보 1분
- Rue des Saules, 75018
- www.comitedesfetesdemontmartre.com

카페 데 뒤 물랭 Café des Deux Moulins

물랑 루즈와 물랑 드 라 갈레트Moulin de la Galette가 부근에 있어 '2개의 풍차'라고 부른다. 빨간 차양의 이 카페는 오드리 토투Audrey Tatou 주연의 영화 '아멜리에Amélie'의 개봉 후 발 디딜 틈 없이 바빠졌다. 영화 소품으로 등장했던 정원 난쟁이부터 아멜리에가 그려진 테이블보, 영화 포스터로 예쁘게 꾸며놓았다. 커피와 식사, 디저트 메뉴도 맛있다.

- 메트로 2호선 Blanche에서 도보 3분
- 15 Rue Lepic, 75018
- +33 1 42 54 90 50
- 매일 07:00-20:00

• 우안 Rive Droite •

Quartier 마레 Le Marais

파리에서 큰 이동 없이 최신 트렌드의 맛집과 쇼핑을 즐기고 싶다면 주저 없이 마레를 추천하겠다. 이 동네에서는 에펠탑 꼭대기도, 센강도 볼 수 없지만 파리지앵의 도도함과 빠르게 변하는 맛과 멋, 예술의 변화를 예민하게 감지할 수 있다. 새로운 것이 들어올 때마다 신선하지만 트렌디하고 세련된 전체적인 분위기는 변함이 없어 언제나 좋은 마레.

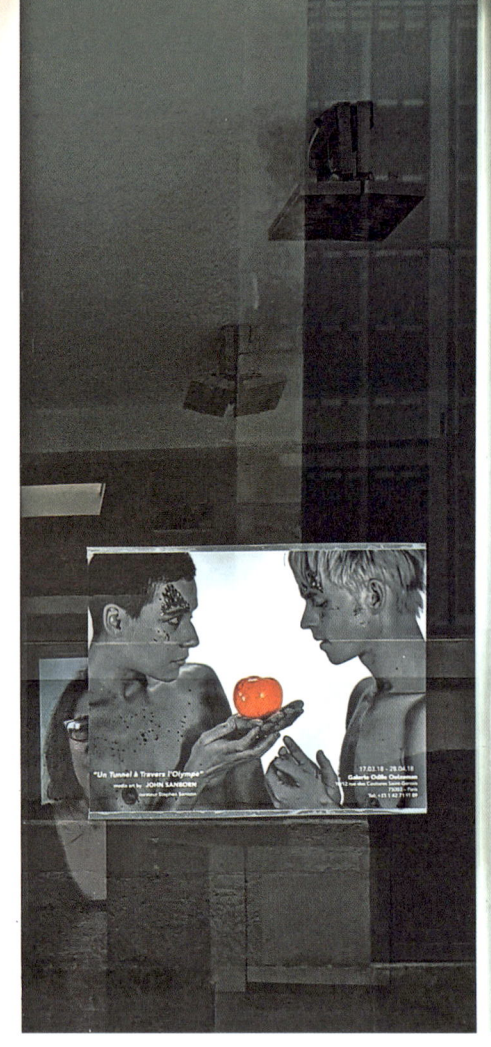

시청사 Hôtel de Ville

파리 시청과 센 현청이 행정 업무를 보는 곳이다. 원래 파리의 시청사는 샤틀레 광장에 있었으나 1357년 지금 위치로 이전했다. 건물 중앙에 걸려 있는 시계 아래에는 프랑스혁명의 3대 정신인 '자유, 평등, 박애'가 새겨져 있다. 정기적으로 무료 전람회를 열고 겨울에는 시청사 앞 광장에 스케이트 링크를 설치하는, 시민들에게 가깝고 친근한 곳이다.

- Ⓜ 메트로 1, 11호선 Hôtel de Ville에서 도보 1분
- 🏠 4 Place de l'Hôtel-de-Ville, 75004
- @ www.paris.fr

보쥬 광장 Place des Vosges

파리에서 가장 오래된 광장으로 정원과 분수대가 있어 시민들의 애정을 듬뿍 받는 아름다운 르네상스풍 휴식처다. 완벽한 대칭성을 이루고 있으며 광장 주변에는 붉은 벽돌로 지은 39개 주택이 있다. 중앙에 세워진 것은 루이 13세 동상이다. 피크닉 도시락을 준비하여 나오기 좋은 여유로운 곳이다.

Ⓜ 메트로 8호선 Chemin Vert에서 도보 5분

카레트 Carette

1927년 문을 연, 우아한 아르 데코풍 인테리어로 사랑받고 있는 레스토랑 겸 티 살롱이다. 색이 바랜 바닥의 모자이크 장식에서 오랜 역사를 느낄 수 있다. 디저트가 맛있어 티타임이나 푸짐한 브런치를 추천한다. 2007년에는 파리 최고의 초콜릿 에클레르를 파는 곳으로 선정되었다.

Ⓜ 메트로 8호선 Chemin Vert에서 도보 4분
🏠 25 Place des Vosges, 75003
☎ +33 1 47 27 98 85
🕐 매일 07:30-00:00

마레의 유대 지구 Pletzl

파리의 유대인 인구는 19세기 후반 급격하게 늘어나 바르샤바와 뉴욕 다음으로 세계에서 세 번째로 유대인 인구가 많은 도시가 되었다. 본래 5구에 거주했으나 오늘날 파리의 유대인이 가장 많이 모여 사는 곳은 마레의 플레츨 Pletzl 구역이다. 유대교 율법에 따라 조리하는 코셔 Kosher 식당이 많은 호지에 가 Rue des Rosiers 주변을 말한다.

라 갤러리 드 렁스텅 La Galerie de l'Instant

마릴린 먼로, 세르쥬 갱스부르 등 문화의 아이콘을 주제로 한 사진전 등 흥미로운 테마 전시를 갖는 작은 갤러리. 액자에 담긴 작품은 물론 €1~2 엽서나 포스터도 판매하니 마레 구경 중 잠깐 들러 짧지만 강렬한 문화생활을 하기 좋은 곳이다.

Ⓜ 메트로 8호선 Saint-Sébastien-Froissart에서 도보 6분
🏠 46 Rue de Poitou, 75003
🕐 화-토요일 11:00-19:00, 일요일 14:30-18:30, 월요일 14:00-19:00
@ lagaleriedelinstant.com

비에이으 텅플 가
Rue Vieille du Temple

마레 지구에서 가장 북적대는 거리로, 시간이 없으나 다른 곳은 생략하고 비에이으 텅플만 한 번 훑어도 3, 4구에서 제일가는 맛집과 상점이 위치한 이 거리에서 마레의 분위기를 느낄 수 있을 것이다.

호베르 에 루이즈 Robert et Louise

두툼하게 썰어 먹음직스럽게 구워져 나오는 착한 가격의 다양한 스테이크 요리가 있다. 매일 바뀌는 오늘의 요리는 저녁 시간이 조금만 지나도 모두 팔린다.

- 메트로 8호선 Chemin Vert에서 도보 9분
- 64 Rue Veille du Temple, 75003 ☏ +33 1 42 78 55 89
- 화~수요일 19:00-23:00, 목~일요일 12:00-15:30, 19:00-23:00, 월요일 휴무
- € 랑트레코트 300g €21 @ robertetlouise.com

수프림 Supreme

요즘 힙스터의 필수템인 수프림의 의류와 액세서리. 미국 뉴욕에서 탄생한 스케이트보드와 의류 브랜드로 파리에 지점을 낸 후 매일 줄을 서서 들어가는 패피들의 성지다.

- 메트로 8호선 Chemin Vert에서 도보 9분
- 20 Rue Barbette, 75003
- 월~토요일 11:00-19:00, 일요일 12:00-18:00
- @ www.supremenewyork.com

생 제임스 Saint James

스트라이프 티셔츠 열풍을 불러온 브랜드. 한국보다 종류가 더 다양하고 가격도 착하다.

- 메트로 8호선 Chemin Vert에서 도보 9분
- 116 Rue Vieille du Temple, 75003
- 월~토요일 11:00-20:00, 일요일 14:00-19:00
- @ saint-james.com

브레이즈 카페 Breizh Café

파리에서 가장 맛있는 갈레트(달콤한 디저트 크레프가 아닌 짭짤한 속을 넣은 메밀 반죽 크레프)를 만드는 것으로 유명하다.

- 메트로 8호선 Chemin Vert에서 도보 9분
- 109 Rue Vieille du Temple, 75003
- ☏ +33 1 42 72 13 77
- @ breizhcafe.com

르 돔 뒤 마레 Le Dôme du Marais

전통 프랑스 요리에서 영감을 받은 현대적인 메뉴를 선보이는 레스토랑과 안뜰에 시크하게 꾸며놓은 정원의 카페, 두 공간으로 나뉜다. 낮에도 차분하고 조용한 분위기를 유지하며 패셔너블한 마레 사람들이 가장 좋아하는 카페 중 하나.

- Ⓜ 메트로 1호선 Saint-Paul에서 도보 8분 / 메트로 1, 11호선 Hôtel de Ville에서 도보 9분
- 🏠 53bis Rue des Francs Bourgeois, 75004　☎ +33 1 42 74 54 17
- ⏰ 수~목요일 19:45-23:00, 금요일 19:45-23:30, 토요일 12:00-14:30, 19:45-23:30, 일요일 12:00-14:30, 19:45-22:30, 월~화요일 휴무
- @ ledomedumarais.fr

카페 샬롯 Café Charlot

1950년대 분위기가 매력적인 카페 겸 식당. 일요일의 브런치가 맛있어 주말엔 특히 바쁘다. 1950년대의 흑백 타일 데코가 멋지다. 와인 메뉴도 훌륭하며 여느 파리 카페들과 마찬가지로 지나가는 사람을 구경하기에 좋은 테라스 자리도 넉넉히 마련되어 있다.

- Ⓜ 메트로 8호선 Filles du Calvaire에서 도보 5분
- 🏠 38 Rue de Bretagne, 75003
- ⏰ 매일 07:00-20:00
- ☎ +33 1 44 54 03 30
- @ www.lecharlot-paris.com

세헤알리스트 Céréaliste

'시리얼을 하는 사람'이라는 심플한 이름으로 이 시리얼 전문 카페를 정의한다. 원하는 시리얼과 토핑, 우유를 골라 주문한다. 한국에서 볼 수 없는 수입 시리얼 종류가 여럿 있고, 시리얼로 만든 스낵바나 사탕, 초콜릿 등 군것질거리도 있다. 음악도 좋고, 공간 구성도 느낌 있는 트렌디한 공간.

- Ⓜ 메트로 8호선 Chemin Vert에서 도보 7분
- 🏠 10-12 Rue des Coutures Saint-Gervais, 75003
- ☎ +33 1 72 60 90 35
- ⏰ 화~토요일 10:30-20:00, 일요일 14:00-20:00, 월요일 15:00-20:00
- @ www.facebook.com/cerealiste

Paris City Travel
Rive Droite

꼼 아 리스본 타스카 Comme à Lisbonne Tasca

프랑스에 마카롱이 있다면 포르투갈에는 파스테이스 드 나따Pastéis de Nata(에그 타르트)가 있다. 포르투갈 커피 비카Bica의 단짝이며 포르투갈에서는 하루에 한 번 이상 먹는, 디저트 이상의 소울 푸드다. 어머니의 비밀 레시피를 사용해 만든다는 포르투갈 주인의 달콤 바삭한 에그 타르트는 현지 맛을 그대로 재현했다.

- Ⓜ 메트로 1호선 Saint-Paul에서 도보 5분
- 🏠 37 Rue du Roi de Sicile, 75004
- ☎ +33 7 61 23 42 30
- 🕐 화~일요일 11:00-19:00, 월요일 휴무
- @ www.commealisbonne.com

오에프에르. Ofr.

윈도에 적힌 대로 '아름다운 책과 아이디어'를 판매하는 갤러리 겸 서점. 건축, 사진, 패션, 음악에 대한 책과 잡지를 판매한다. 작가와 디자이너 단골이 많다. 넓지 않지만 엄선해 가져다놓은 책이 모두 훌륭해 오래 머물게 되는 곳이다. 뒤편의 공간에서는 종종 전시나 공연 등의 행사를 연다.

- Ⓜ 메트로 3호선 Temple에서 도보 2분
- 🏠 20 Rue Dupetit-Thouars, 75003
- 🕐 월~토요일 10:00-20:00, 일요일 14:00-19:00
- @ www.instagram.com/ofrparis

그헨드 파스텔 Graine de Pastel

고대부터 염료와 의료 목적으로 사용되어온 파스텔이라는 식물은 툴루즈 일대에서 널리 재배된다. 툴루즈에 본점을 둔, 파스텔 성분을 이용해 개발한 화장품 브랜드의 파리 지점이다. 의약계에 종사했던 경험을 살린 두 주인이 천연 파스텔 오일에서 단백질과 콜라겐 등을 추출해 친환경 화장품과 보디 용품을 선보인다.

- Ⓜ 메트로 1호선 Saint-Paul에서 도보 2분
- 🏠 18 Rue Pavée, 75004
- 🕐 매일 11:00-13:30, 14:00-19:00
- @ www.grainedepastel.com

우안 Rive Droite

Quartier 소피 SoPi (South Pigalle)

관광객으로 붐비는 몽마르트르와 파리지앵의 일상생활이 이루어지는 상권과 주택가 사이, 피갈 Pigalle 남쪽을 '소피'라고 한다. South Pigalle을 줄인 말이다. 이름을 따로 붙여가며 한 구역이 이렇게나 빠른 시간에 '뜬다'는 것은 누구보다 트렌디하면서도 사실 유행에 연연하지 않는 편인 파리지앵에게는 무척 놀랍고 낯선 일이다. 패션 하면 떠오르는 마레를 잇는 지역으로 '뉴 마레라고 하기엔 파리의 유행은 이곳에서 저곳으로 옮겨가지 않는다. 마레는 마레고 소피는 소피다. 보보Bourgeois Bohemians적인 느낌이 더욱 강한, 파리 식도락과 나이트 라이프 집결지다.

낭만주의 박물관 Musée de la Vie Romantique

발자크의 집, 빅토르 위고의 집과 함께 파리의 3대 문인 박물관으로 꼽힌다. 19세기 낭만주의 소설가 조르주 상드와 화가 아리 셰퍼의 유품을 전시한다. 들라크루아, 상드, 쇼팽 등과 어울렸던 셰퍼와 그의 조카의 작업실이었던 곳을 박물관 건물로 사용한다. 카페가 있는 정원이 아름답다.

Ⓜ 메트로 2, 12호선 Pigalle 및 메트로 2호선 Blanche에서 도보 7분
🏠 16 Rue Chaptal 75009
🕐 화~일요일 10:00-18:00, 월요일 휴무
€ 영구 전시 무료
@ www.vie-romantique.paris.fr/fr

호텔 아무르 Hôtel Amour

사랑하는 사람을 위한 호텔. 머무는 동안 도시와 연인에게 집중하라는 의미로 객실에 TV도, 전화도 없다. 나무가 무성한 정원에서의 조식과 브런치가 유명해 호텔 투숙객이 아니더라도 브런치를 하러 오는 사람이 많다. 아무르의 큰 성공에 힘입어 10구에 호텔 그랑 아무르 Hôtel Grand Amour(18 Rue de la Fidélité, 75010)도 생겼다. 이곳 역시 브런치가 인기다.

Ⓜ 메트로 12호선 Saint-Georges에서 도보 4분
🏠 8 Rue de Navarin, 75009
@ www.hotelamourparis.fr

부베트 Buvette

뉴욕 웨스트 빌리지의 명품 브런치 가게 부베트의 파리 지점. 가장 인기 있는 요리는 언제나 '오늘의 메뉴' 3가지. 웨이터가 적극 추천하는 것은 프랑스 소시지다. 유명 베이커리 델몽텔의 빵으로 만드는 크로크 무슈와 시나몬 스콘, 코냑을 넣은 프렌치 토스트도 맛있다. 부베트의 짙은 녹색 문은 봄바람에 나부끼는 꽃잎처럼 하루 종일 펄럭인다.

- Ⓜ 메트로 2, 12호선 Pigalle에서 도보 3분
- 🏠 28 Rue Henry Monnier, 75009
- ☎ +33 1 44 63 41 71
- @ ilovebuvette.com

로즈 베이커리 Rose Bakery

소피의 중추 역할을 하는 마흐티흐Martyr 거리에 자리한 로즈 베이커리는 유기농 제철 재료를 사용해 건강하고 맛있는 케이크와 쿠키, 샐러드 등 웰빙족을 위한 브런치와 티타임을 선보인다. 파리에 여러 지점이 있으며 최근에는 낭만주의 박물관에도 입점했다.

- Ⓜ 메트로 12호선 Saint-Georges에서 도보 5분 / 메트로 2, 12호선 Pigalle에서 도보 6분
- 🏠 46 Rue des Martyrs, 75009
- 🕐 월~금요일 08:00-18:00, 토~일요일 08:30-18:00   @ www.rosebakery.fr

우안 Rive Droite

Quartier 생마르탱 운하 Canal Saint-Martin

유럽 많은 도시들의 운하는 대부분 편의성을 위해 만들어져 오늘날에는 그 도시에서 가장 아름다운 관광 명소 역할을 한다. 생마르탱도 예외가 아니다. 수많은 영화의 배경으로 등장하고 파리 식도락 트렌드를 발 빠르게 반영하는 인기 있는 동네로 볼 것, 할 것, 먹을 것이 한 걸음 뗄 때마다 눈에 들어온다. 졸졸 흐르는 그리 길지 않은 물길을 따라 산책하는 데 시간이 한참 걸린다.

생마르탱 운하 Canal Saint-Martin

센강과 북쪽으로 뻗는 우르크 운하Canal de l'Ourcq를 잇는, 길이 4.5km의 운하. 19세기 초 식수를 공급하기 위해 만들어졌고 현재는 관광 유람선을 운행한다. 9개의 수문과 작은 다리들로 파리에서 가장 로맨틱한 장소 중 하나로 꼽는다. 젊은이들에게 인기가 많고 아침 일찍 오면 잔잔한 고요함을 오롯이 느낄 수 있다.

Ⓜ 메트로 3, 5, 8, 9, 11호선 République에서 도보 4분

코노라마 Canauxrama

운하를 오르락내리락하는 작은 보트. 파리 도심과 라 빌레트를 잇는다. 바스티유 광장 쪽의 아세날 Port de l'Arsenal 선착장에서 출발하거나 라 빌레트 선착장 Bassin de la Villette에서 출발한다. 총 운행 시간은 2시간 30분. 홈페이지에 크루즈별 시간표가 나와 있으며 인터넷 예매가 더 저렴하다.

€ €18, 4~12세 €9, 4세 미만 무료
@ www.canauxrama.com

오텔 뒤 노르 Hôtel Du Nord

1930년대 동명 영화의 배경으로 유명한 이곳은 호텔이 아니라 식당 겸 바다. 영화 속 흑백의 모습과 흡사한 지금의 외관은 운하 건너편에서 바라보면 잘 보이지 않을 정도로 소박하다. 하지만 안으로 들어서면, 특히 밤에 찾으면 양초로 밝힌 멋들어진 분위기에 반하게 될 것이다.

- Ⓜ 메트로 5호선 Jacques Bonsergent에서 도보 6분
- 🏠 102 Quai de Jemmapes, 75010
- ☎ +33 1 40 40 78 78 🕘 매일 09:00-22:00 @ hoteldunord.org

HOT TIP

영화 속 생마르탱 운하

오텔 뒤 노르 외에도 운하가 등장한 영화는 여럿 있다. 앙리 베르뇌유Henri Verneuil의 '시실리안The Sicilian Clan'(1969), 피에르 히샤르Pierre Richard의 '밀하우스 알프레드Les Malheurs d'Alfred'(1972), 장 피에르 주네Jean-Pierre Jeunet의 '아멜리에 Amélie'(2001)(p.025 참고) 등 여러 영화의 배경으로 사랑받아왔다.

레 장팡 페흐듀 Les Enfants Perdus

운하에서 골목으로 빠지면 나타나는 이곳은 <피터팬> 소설에 나오는 네버랜드의 아이들을 상호명으로 사용하는, 미니멀한 인테리어의 시크한 분위기가 돋보이는 식당. 푹신한 쿠션이 있는 안쪽 자리를 추천한다. 다양한 종류의 유기농 연어 요리가 맛있고 브런치하러 오기에도 좋다.

- Ⓜ 메트로 4, 6, 7호선 Gare de L'Est에서 도보 4분
- 🏠 9 Rue des Récollets, 75010
- ☎ +33 1 81 29 48 26
- 🕘 매일 12:00-15:00, 19:00-23:00(일요일은 16:00까지)
- @ www.les-enfants-perdus.com

카페 크라프트 Café Craft

신선하고 맛있는 음식과 친절한 스태프로 유명한 카페로 큰 테이블 자리와 콘센트, Wi-Fi가 있어 코워킹 스페이스로도 각광받는 곳이다. 샌드위치나 머핀, 쿠키 등 간단한 스낵도 판다. 1시간에 €3를 지불하거나 이에 해당하는 메뉴를 구입하고 테이블을 이용한다.

- Ⓜ 메트로 5호선 Jacques Bonsergent에서 도보 5분
- 🏠 24 Rue des Vinaigriers, 75010
- ☎ +33 1 40 35 90 77
- 🕘 월~금요일 09:00-19:00, 토~일요일 10:00-19:00
- @ www.cafe-craft.com

르 카페 아 Le Café A

그림 같은 테라스가 명당으로 비밀로 두고 싶을 정도로 넓고 예쁜 카페. 공원까지 걸어갈 여력이 없는 귀찮음 가득한 사람을 위한 널찍하고 해가 잘 드는 정원이 있다. 메뉴는 평범하지만 간단한 요기를 하거나 오후의 간식으로 모자람이 없다.

- Ⓜ 메트로 4, 6, 7호선 Gare de L'Est에서 도보 2분
- 🏠 148 Rue du Faubourg Saint-Martin, 75010
- ☎ +33 9 81 29 83 38
- ⏱ 월~일요일 10:00-00:00
- @ www.facebook.com/cafea10

아타자르 Artazart

예술 전공 학생이라면 들어가보지 않을 수 없는 책들이 큼지막한 쇼윈도에 걸려 있다. 강렬한 붉은색 서점으로 들어서면 순수 미술, 건축, 디자인, 사진 등 예술 전문 서적이 가득하다. 로모 카메라, 아이들을 위한 동화책, 여러 전시회의 도록 등도 볼 수 있다.

- Ⓜ 메트로 5호선 Jacques Bonsergent에서 도보 5분
- 🏠 83 Quai de Valmy, 75010
- ⏱ 월~금요일 10:30-19:30, 토요일 11:00-19:30, 일요일 14:00-20:00
- @ www.artazart.com

우안 Rive Droite

Quartier 베르시 Bercy

베르시는 19세기 세계 최대의 와인 시장이었다. 인사불성이 될 때까지 마시는 것을 두고 프랑스 사람들은 '베르시 병Fièvre de Bercy'이라고 부르기도 했다. 빌라쥬에 모여 있는 아기자기한 상점들을 돌아보고, 빗자루를 다리에 끼고 해리 포터의 퀴디치 놀이를 하는 동네 아이들을 구경하다가, 시네마테크의 전시와 영화까지 보고 나면 식욕이 제대로 돌 것이다. 와인과 함께하는 포도 향 가득한 저녁으로 베르시에서의 하루를 마무리해보자.

베르시 공원 Parc de Bercy

베르시 지구의 개발 계획에 따라 조성된 총면적 14만 m²의 공원으로, 공간을 여러 개로 나누어 미로, 향기, 장미, 허브, 철학가의 정원 등 여러 주제로 조성했다. 시몬 드 보부아르Simone de Beauvoir 다리로 이어져, 산책을 마치고 강 건너편의 프랑스 국립도서관으로 이동하기도 쉽다.

- Ⓜ 메트로 6, 14호선 Bercy에서 도보 8분
- 🏠 128 Quai de Bercy, 75012
- 🕐 월~금요일 08:00-20:30, 토~일요일 09:00-20:30
- @ www.paris.fr/equipements/parc-de-bercy-5

시네마테크 프랑세즈
Le Musée de la Cinémathèque Française

프랑스 영화에 푹 빠진 사람들을 위한 환상적인 영화 세계. 저명한 건축가 프랑크 게리가 설계한 건물에 자리한다. 프랑스 영화 발전을 위한 중요한 기관으로 영화 속 소품이나 관련 자료를 모아두 영구 전시가 있고, 다양한 장르의 영화를 상영한다. 2만 권이 넘는 책과 1만 여 편에 가까운 필름을 소장하고 있는 영화 도서관, 기념품 상점도 있다.

- Ⓜ 메트로 6, 14호선 Bercy에서 도보 5분
- 🏠 51 Rue de Bercy, 75012
- 🕐 월요일, 수~일요일 12:00-19:00, 화요일 휴무
- € €5, 학생 등 할인가 €4, 18세 미만 €2.5, 박물관 & 영화 €8
- @ www.cinematheque.fr

팔레 옴니스포츠
Palais Omnisports de Paris-Bercy
(아코르호텔스 아레나 AccorHotels Arena)

피라미드 모양의 이 뾰족한 스타디움에서는 파리 마스터스 테니스 토너먼트Paris Masters ATP Tour를 포함해 사이클링, 농구, 권투 등 다양한 스포츠 경기가 열린다. 훌륭한 사운드 시스템을 갖추고 있어 카일리 미노그, 셀린 디온 등의 가수들이 공연을 하기도 했다.

- Ⓜ 메트로 6, 14호선 Bercy에서 도보 6분
- 🏠 8 Boulevard de Bercy, 75012
- @ www.accorhotelsarena.com

Paris City Travel
Rive Droite

베르시 빌라쥬 Bercy Village

19세기~20세기 초 파리 와인 거래의 중심지였던 베르시에 남아 있는 거대한 와인 창고들을 개조해 쇼핑 지구가 생겨났다. 레스토랑, 와인 바, 상가 등으로 구성되었다. 2001년 완공 후 인기 주말 나들이 장소로 꼽힌다. 와인을 나르던 레일이 1900년대 모습 그대로 복원되어 있다.

- Ⓜ 메트로 14호선 Cour Saint-Émilion에서 도보 1분
- 🏠 28 Rue François Truffaut, 75012
- 🕐 매일 11:00-21:00
- @ www.bercyvillage.com

베르시 빌라쥬 볼거리 먹거리 놀거리

놀이공원 박물관 Musée des Arts Forains
배우 겸 앤티크 미술상이었던 장 폴 파방Jean Paul Favand의 수집품을 전시한다. 베네치아 살롱Salon Vénitien, 놀라운 극장Théâtre du Merveilleux, 유원지 박물관Musée des Arts Forains으로 나뉘어 있다. 놀이공원을 즐기고 이에 대한 다양한 정보도 얻을 수 있는 흥미로운 곳이다.
- Ⓜ 메트로 14호선 Cour Saint-Émilion에서 도보 4분
- 🏠 53 Avenue des Terroirs de France, 75012
- 🕐 매일 10:00-18:00
- € €16, 장애인 €12, 4~11세 €8, 4세 미만 무료
- @ arts-forains.com

앨리스 델리스 Alice Délice
가게를 통째로 가져오고 싶은 주방 용품점. 널찍한 매장 안에는 비슷한 상품이 하나도 없다. 주방 용품과 요리책을 구경하다보면 요리 숙맥도 용기가 생긴다.
- Ⓜ 메트로 14호선 Cour Saint-Émilion에서 도보 1분
- 🏠 7/9 Cour Saint-Émilion, 75012
- 🕐 월~토요일 11:00-21:00, 일요일 11:00-20:00
- @ www.alicedelice.com

라 큐르 구르망드 La Cure Gourmande
한입에 다 넣을 수 없을 정도로 큰 봉봉 사탕, 캐러멜, 누가 등을 판다. 한국에도 지점이 입점해 있다. 넉넉히 나누어주는 샘플을 받아먹으며 넓은 상점 안을 구경하면 선물하거나 기념으로 가져가고 싶은 철제 용기에 담긴 사탕과 초콜릿에 금방 마음이 사로잡히게 된다.
- Ⓜ 메트로 14호선 Cour Saint-Émilion에서 도보 1분
- 🏠 26 Cours Saint-Emilion, 75012
- 🕐 일~목요일 10:30-21:00, 금~토요일 10:30-22:00
- @ curegourmande.fr

시테 섬 & 생 루이 섬
Île de la Cité & Île Saint-Louis

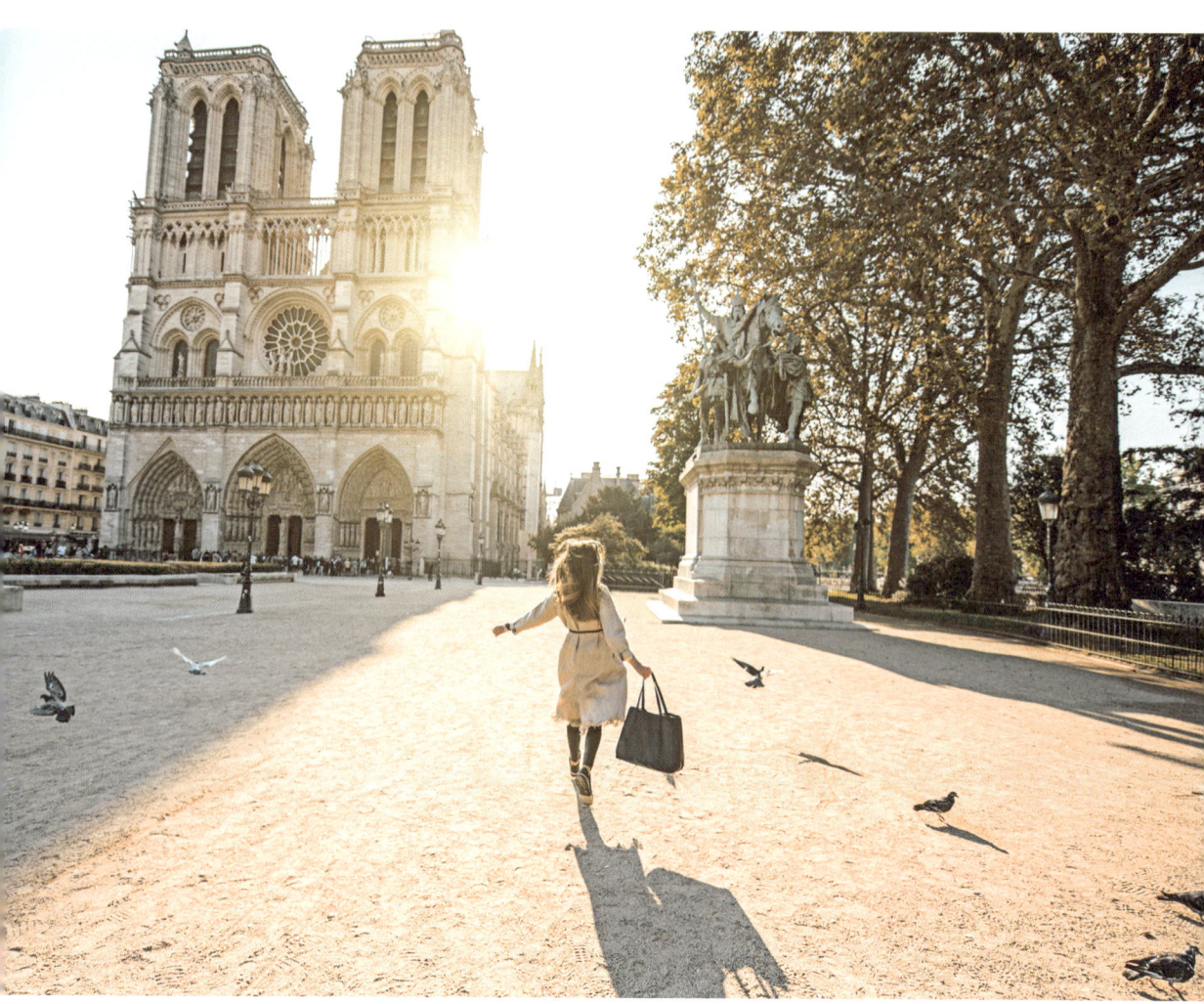

Paris City Travel
Île de la Cité & Île Saint-Louis

시테 섬 Île de la Cité

파리에서 가장 먼저 사람이 거주했던 루테시아Lutetia라는 동네가 지금의 시테 섬이다. 퐁 뇌프와 노트르담 대성당과 같은 파리 최고 인기 명소들과 경찰청 등 도시의 중요한 행정 부처도 이 작은 섬에 자리한다.

생 루이 섬 Île Saint-Louis

시테 섬보다도 더 작은 생 루이 섬은 금방 돌아볼 수 있을 것 같으나 센강 한가운데에서 동서남북 어느 방향을 보아도 그림 같은 풍경이 아름다워 쉽게 떠날 수 없는 곳이다. 아기자기한 맛집과 기념품 가게가 많은, 의외의 쇼핑 플레이스이기도 하다.

노트르담 대성당 Cathédrale Notre-Dame de Paris

12세기 고딕 건축의 걸작. 루이 16세의 결혼식, 나폴레옹의 황제 대관식도 이곳에서 거행되었다. 전망대와 북쪽의 '성모 마리아의 문', 남쪽의 '성 안나의 문', 중앙의 '최후의 심판 문' 그리고 스테인드글라스, 특히 '장미창'이 아름답기로 유명하다. 빅토르 위고의 <노트르담의 꼽추Notre Dame de Paris>에 등장하는 큰 종도 이곳에 매달려 있다. 2019년 4월 15일, 화재로 처참하게 타는 애통한 사건이 발생하여 무기한으로 문을 닫고 복원 작업에 힘쓰고 있다.

@ www.notredamedeparis.fr

포앙 제로 Point Zéro des Routes de France

노트르담 근처, 파리의 정확한 중앙 점을 표시해놓은 곳이다. 팔각형의 놋으로 된 판으로 땅에 박혀 있으며 소원을 빌고 가는 행운의 장소로 오랫동안 여겨져왔다. 발 하나를 얹어놓고 기도를 하거나 사랑하는 사람과 입을 맞추면 영원한 사랑이 이루어진다는 등 여러 가지 속설이 있다.

Ⓜ 메트로 4호선 Cité에서 도보 5분 🏠 Parvis Notre-Dame-Place Jean-Paul II, 75004

콩시에주리 La Conciergerie

단두대와 피의 역사를 엿볼 수 있는 파리 최초의 형무소. 현재는 국립 역사 기념관으로 중세부터 19세기까지 감옥으로 사용되었다. 1793~1795년에만 약 2600명이 콩시에주리의 단두대에서 처형당했다. 마리 앙투아네트도 그중 한 명이었으며 그녀가 갇혀 있었던 감옥도 볼 수 있다.

- Ⓜ 메트로 4호선 Cité에서 도보 1분 🏠 8 Boulevard du Palais, 75001
- 🕐 매일 09:30-18:00, 1/1, 5/1, 12/25 휴관
- € €9, 26세 이하 €7   @ www.paris-conciergerie.fr

생트샤펠 Sainte-Chappelle

황홀한 스테인드글라스로 유명한 레요낭 양식 고딕 성당으로 콘스탄티노플 황제에게서 받은 가시면류관과 같은 성유물을 안치하기 위해 루이 9세의 명으로 1248년에 세워졌다. 높이 솟은 고딕 첨탑이 위엄 있다. 1000개가 넘는 구약성서의 이야기를 그린 이곳의 스테인드글라스 창은 파리에서 가장 오래된 것으로 높이가 14m나 된다.

- Ⓜ 메트로 4호선 Cité에서 도보 1분 🏠 8 Boulevard du Palais, 75001
- 🕐 1~3월 매일 09:00-17:00, 4~9월 매일 09:00-19:00, 10~12월 매일 09:00-17:00, 월요일, 1/1, 5/1, 12/25 휴관
- € €10, 학생 €8, 18세 미만, 장애인 무료, 생트샤펠과 콩시에주리 묶음 입장권 €15, 학생 €12.5
- @ www.sainte-chapelle.fr

꽃과 새 시장 Marché aux Fleurs et aux Oiseaux

파리의 아침을 가장 먼저 맞는 사람들이 모인 작은 시장. 빼곡히 들어찬 싱그러운 꽃과 나무로 정신을 차리기가 힘들다. 원예 전문가들이 직접 나와 있어 궁금한 것이 있다면 얼마든지 물어보고 살 수 있다. 일요일에는 새를 판매한다. 정교하고 다양한 모양의 새장과 모이, 장난감이나 새를 기르는 데 필요한 것들이 있다.

- Ⓜ 메트로 4호선 Cité에서 도보 1분
- 🏠 Place Louis Lépine, 75004
- 🕐 꽃 시장 매일 08:00-19:30 새 시장 일요일 08:00-19:00
- @ www.facebook.com/Marche.Aux.Fleurs.Reine.Elizabeth.2

최고 재판소 Palais de Justice

프랑스 역사를 논할 때 빠질 수 없다. 중세 시대부터 프랑스 법체계의 중요한 역할을 해온 곳이다. 16세기부터 대혁명까지는 파리 의회로 사용되었다. 10~14세기에는 시테 궁이라 불리는 왕궁이었는데 철문의 황금빛 장식이 아직 남아 있는 웅장한 느낌을 전한다.

- Ⓜ 메트로 4호선 Cité에서 도보 1분
- 🏠 10 Boulevard du Palais, 75001   @ www.justice.fr

HOT TIP

파리에 열리는 또 다른 꽃 시장으로는 마들렌 광장(Place de la Madeleine, 75008, 월~토요일 08:00-19:30)과 테흔 광장(Place des Ternes, 75017, 화~일요일)이 있다.

좌안
Rive Gauche

에펠탑 La Tour Eiffel

프랑스혁명 100주년을 기념해 1889년 파리의 만국박람회장에 세워진 파리의 상징. 약 300m 높이로, 이때까지 파리에 세워진 어떤 건물보다도 2배가량 키가 커서 경관을 해친다는 반발에 부딪혔으나 지금은 몇 시간씩 줄을 서서라도 올라가고야 마는 명소다. 2~3층에 전망대가 있고 겨울에는 2층에 아이스 스케이트 링크를 오픈해 계절마다 색다른 매력을 뽐낸다.

- Ⓜ 메트로 6호선 Bir-Hakeim 및 메트로 8호선 École Militaire에서 도보 11분
- 🏠 Avenue Gustave Eiffel, 75007
- @ www.toureiffel.paris/fr

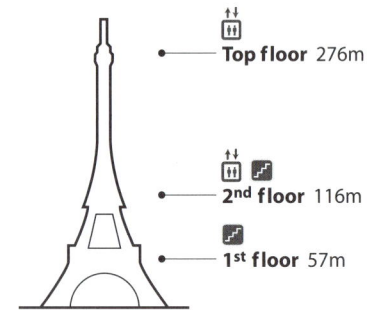

꼭대기
6/21~9/2 리프트 09:00-24:45 (마지막 입장 23:00)
그 외 기간 리프트 09:20-23:45 (마지막 입장 22:30)

2층
6/21~9/2 리프트 & 계단 09:00-24:45 (마지막 입장 24:00)
그 외 기간 리프트 09:30-23:45 (마지막 입장 23:00)
계단 09:30-18:30 (마지막 입장 18:00)

	성인	12~24세	4~11세 (4세 미만 무료)
2층 리프트	€16.6	€8.3	€4.1
꼭대기 리프트	€25.9	€13	€6.5
2층 계단	€10.4	€5.2	€2.6
2층 계단+꼭대기 리프트	€19.7	€9.8	€5

르 쥘 베른 Le Jules Verne

에펠탑 2층에 있는 고급 레스토랑으로 <해저 2만 리>, <80일간의 세계일주> 등으로 유명한 프랑스 작가 쥘 베른의 이름을 땄다. 지상 125m에서 내려다보는 뷰를 보며 식사할 수 있다. 에펠탑에 입장하지 않고 이곳으로 바로 이어지는 엘리베이터를 타고 들어올 수 있다. 알랭 뒤카스의 수제자인 총주방장 파스칼 페호 드Pascal Féraud가 뒤카스의 창의적인 메뉴를 선보인다.

- Ⓜ 메트로 6호선 Bir-Hakeim 및 메트로 8호선 École Militaire에서 도보 11분
- 🕐 매일 12:00-13:30, 19:00-21:30
- @ www.toureiffel.paris/fr/utile/jules-verne

카루셀 Carrousel

카루셀은 프랑스어로 '회전목마'를 뜻한다. 파리의 여러 카루셀 중 에펠탑 앞의 것이 가장 인기다. 밤에 타면 천천히 빙그르 돌며 반짝이는 에펠탑과 센강을 감상할 수 있다. 몽마르트르의 사크레쾨르 대성당 부근의 카루셀(Place Saint-Pierre, 75018)도 하루 종일 어른, 아이 할 것 없이 많은 사람들을 태우고 빙글빙글 돈다.

- Ⓜ 메트로 6호선 Bir-Hakeim에서 도보 7분
- 🏠 Promenade Quai Branly, 75007
- 🕐 매일 10:00-20:00

샹 드 마스 Champ de Mars

프랑스 육군사관학교의 연병장으로 쓰였던 곳으로 1780년부터 일반인에게 출입을 허용했으며 19세기 말~20세기 초에는 만국박람회를 개최했다. 세계 최초의 기구 풍선을 띄운 곳, 첫 혁명 기념일 행사를 했던 곳, 파리의 첫 시장 징 실뱅 바일리Jean Sylvain Bailly가 처형당한 곳 모두 샹 드 마스다. 파리의 역사를 묵묵히 지켜본 전쟁의 신 마르스의 들판은 오늘날 에펠탑을 가까이 구경하려는 사람들을 맞는다.

- Ⓜ 메트로 8호선 École Militaire에서 도보 8분
- 🏠 2 Allée Adrienne Lecouvreur, 75007

평화의 벽 Mur Pour la Paix

2000년, 세계 평화를 위하는 마음으로 세운 유리로 된 벽이다. 샹 드 마스 끝 쪽에 있으며 여러 언어로 평화를 적어놓았다. 한국어도 물론 찾아볼 수 있다. 1900년 만들어진 에펠탑과 샹 드 마스를 사이에 두고 세워진 현대적인 건축물.

- Ⓜ 메트로 8호선 École Militaire에서 도보 5분
- 🏠 Rue du Champ de Mars, 75007
- @ murpourlapaix.org

군사 박물관 앵발리드 Musée de L'Armée Invalides

나폴레옹을 포함해 프랑스를 대표하는 군 지도자들이 여기 잠들어 있다. 원래는 노쇠한 군인을 위한 병원 겸 주택으로, 현재도 국립 병원과 함께 군사 입체 모형 박물관Musée des Plans-Reliefs, 해방 훈장 박물관Musée de l'Ordre de la Libération, 현대사 박물관Musée d'Histoire Contemporaine 등 여러 박물관으로 쓰인다. 그중 파리 군사 박물관Musée de L'Armée이 규모가 가장 크다.

- Ⓜ 메트로 8호선 La Tour-Maubourg에서 도보 1분
- 🏠 129 Rue de Grenelle, 75007
- 🕐 4~10월 매일 10:00-18:00, 11~3월 매일 10:00-17:00(마지막 입장 폐관 30분 전), 크리스마스와 봄방학 기간 동안 ~17:30, 나폴레옹 묘(돔Dôme 성당) 7~8월에는 ~19:00, 1/1, 5/1, 12/25 휴관
- € €12, 하절기 매일 17:00 이후, 동절기 매일 16:00 이후 입장, 화요일 저녁, 파리 비지트 소지자 €10(영구전, 특별전, 나폴레옹의 묘, 생 루이 성당, 샤를 드골 기념비, 입체지도 박물관, 해방 훈장 박물관에 대한 입장 포함), 18세 미만, 파리 뮤지엄 패스 소지자 무료
- @ www.musee-armee.fr/accueil.html

프랑스 육군사관학교 École Militaire

루이 15세가 가난한 집안의 사관후보생 교육을 위해 1750년 설립한 학교로, 소년 나폴레옹이 훈련받았던 곳이다. 1784년 당시에는 어린 신사들을 위한 학교 École des Cadets-gentilshommes라 불렸다. 중앙 출입구의 코린트식 기둥과 사각 돔으로 알 수 있듯 프랑스 고전주의 양식으로 설계되었다.

- Ⓜ 메트로 8호선 École Militaire에서 도보 2분
- 🏠 1 Place Joffre, 75007
- @ www.irsem.fr

프랑수아 미테랑 도서관 Bibliothèque François-Mitterrand

모든 사람들이 최신 기술을 배우고 거리낌 없이 지식에 접근할 수 있도록 하겠다는 프랑스 문화 정책의 이념을 펼치는 곳이다. 1988년 7월 14일 혁명 기념일을 맞아 세계에서 가장 큰 국립 도서관을 확장하고 유기된 공업지대를 개조하기 위한 미테랑 대통령의 프로젝트 일환으로 대대적인 보수를 거쳐 탄생했다.

- Ⓜ 메트로 14호선 및 RER C선 Bibliothèque François Mitterrand에서 도보 5분
- 🏠 11 Quai François Mauriac, 75013   @ www.bnf.fr
- 🕐 월요일 14:00-19:00, 화~토요일 09:00-19:00, 일요일 13:00-19:00, 공휴일 휴무

생 쉴피스 성당 Église Saint-Sulpice

작가 마르키 드 사드 Marquis de Sade와 샤를르 보들레르 Charles Baudelaire가 세례를 받았던, 파리에서 두 번째로 큰 교회. 6700여 개의 파이프로 이루어진 세계에서 가장 큰 파이프오르간이자 프랑스에서 가장 섬세한 음을 내는 오르간이 있다. 2개의 탑 중 오른쪽이 왼쪽보다 살짝 낮은데, 설계자가 탑 건축 중 자살하는 바람에 오른쪽이 미완성으로 남아 5m가 부족하다.

- Ⓜ 메트로 4호선 Saint-Sulpice에서 도보 4분
- 🏠 2 Rue Palatine, 75006
- @ pss75.fr/saint-sulpice-paris/

생제르맹데프레 성당 Église de Saint-Germain-des-Prés

파리에서 가장 오래된 성당으로 8세기부터 1만 7000개의 수도원을 거느리고 있는 베네딕트 수도원의 거점 역할을 해왔다. 파리의 주교 제르맹이 이곳에 매장되어 '들판의 생제르맹 수도원'이라고 불린다. 프랑스대혁명 때 대부분이 파괴되어 19세기 초 재건되었다. 내부에는 14세기의 성모자상, 17세기의 수도원장이었던 장 카시밀의 묘비, 데카르트의 묘비 등이 있다.

- Ⓜ 메트로 4호선 Saint-Germain des Prés에서 도보 1분
- 🏠 3 Place Saint-Germain des Prés, 75006
- @ www.eglise-saintgermaindespres.fr

몽파르나스 타워 Tour Montparnasse

메트로 역과 연결되어 있는 210m 높이의 마천루로 2011년까지 프랑스에서 가장 높은 건물이었다. 59개 층은 대부분 사무실로 쓰이고 56층의 레스토랑과 오를리 공항에서 이륙하는 비행기도 볼 수 있다는, 40km 거리까지 보인다는 꼭대기 층 테라스 전망대가 있다.

- Ⓜ 메트로 4, 6, 12, 13호선 Gare Montparnasse에서 도보 1분 🏠 33 Avenue du Maine, 75015
- 🕐 일~목요일 09:30-22:30, 금~토요일 09:30-23:00 * 마지막 승강기 운행은 마감 시간 30분 전
- € 성인 €18, 12~18세 €15, 4~11세 €9.5, 유아(만 4세 미만) 무료 / 루프톱 샴페인 1잔 €12(56층 360 Café 09:30-23:00 / 59층 테라스 전망대 12:00-20:00)
- @ tourmontparnasse56.com

Paris City Travel
Rive Gauche

프랑스 학사원 Institut de France

프랑스대혁명기인 1795년 10월 25일 설립된 프랑스 최고의 학술 기관으로 5개 주요 학술 협회로 구성되어 있다. 1000여 개의 국내외 학술 기관과 박물관 등을 직·간접적으로 관리한다. 프랑스 최고의 지성들이 회원으로, 학사원은 국가의 다양한 정책 수립에 큰 영향력을 끼친다.

- Ⓜ 메트로 7호선 Pont Neuf에서 도보 7분 / 메트로 4호선 Saint-Germain-des-Prés에서 도보 9분
- 🏠 23 Quai de Conti, 75006
- @ www.institut-de-france.fr

자유의 여신상 Statue de la Liberté

22m 높이의 미니 자유의 여신상. 뉴욕에 있는 자유의 여신상을 선물한 프랑스가 이에 대한 보답으로 프랑스 혁명 100주년을 기념하는 1889년에 받은 것이다. 왼손에는 미국 독립 기념일(IV. JUILLET 1776)과 프랑스 혁명일(XIV. JUILLET 1789)이 새겨진 서판이 들려 있다. 원래 에펠탑을 향하고 있었지만 1937년 파리 만국 박람회 때 몸을 틀어 지금은 뉴욕의 여신상 쪽을 바라본다.

- Ⓜ 메트로 10호선 Charles Michels에서 도보 6분
- 🏠 Pont de Grenelle, île des Cygnes, 75015

카타콤 Les Catacombes

종교적인 박해를 피해 만들어진 로마의 카타콤에 비해 파리의 카타콤은 역사적, 종교적 의미는 없다. 단순한 유해 더미이지만 십자가, 하트 등 다양한 모양으로 쌓인 해골의 수가 어마어마해 으스스한 지하 무덤이다. 출구에서 자주 가방 검사를 하니 아주 작은 뼛조각도 탐내지 말 것. 14세 미만은 반드시 성인과 동반해야 한다.

- Ⓜ 메트로 4, 6호선 및 RER B선 Denfert-Rochereau에서 도보 2분   🏠 1 Avenue du Colonel Henri Rol-Tanguy, 75014
- 🕐 화~일요일 10:00-20:30(매표소 19:30까지), 월요일, 1/1, 5/1 휴관
- € 카타콤, 전시 €13, 18~26세 €11 / 카타콤 & 15분 거리에 있는 고고학 지하 박물관 La Crypte Archéologique(7 Place Jean-Paul II, Parvis Notre-Dame, 75004) 통합권 €17, 18~26세 €14 / 장애인과 동반자 1인, 18세 미만 무료 / 프랑스, 영어, 스페인어 오디오 가이드 €5(30분)

  * 온라인 사이트에서 Skip the Line권을 구입할 수 있으며 할인권은 현장에서만 구입 가능하다.
- @ catacombes.paris.fr

조세핀 베이커 수영장 Piscine Joséphine Baker

파리에 '블랙 아메리카' 돌풍을 불러일으킨, 프랑스가 사랑한 미국 슬럼 출신의 가수 조세핀 베이커를 기리는 수영장으로 2006년 개장했다. 유리와 강철의 모던한 외관으로 파리에 있는 여러 수영장 중 가장 잘 알려진 곳이다. 소독된 센강 물을 이용하고 실내외 일광욕 모두 가능하다. 파리 시민에게는 무료로 개방된다.

- Ⓜ 메트로 6호선 Quai de la Gare에서 도보 8분
- 🏠 8 Quai François Mauriac, 75013
- ⓢ 월요일 07:00-08:30, 13:00-21:00, 화, 목요일 13:00-23:00, 수, 금요일 07:00-08:30, 13:00-21:00, 토요일 11:00-20:00, 일요일 10:00-20:00(시즌별로 다를 수 있음, 비정기 점검 실시 가능)
- € 성인 €4
- @ www.piscine-baker.fr/fr

마르셀 Marcel

피시 앤 칩스, 치즈 버거, 타파스, 샌드위치 등 간단한 식사와 프랑스 요리도 먹을 수 있는 모던한 식당으로 톤 다운된 무채색 인테리어와 낮은 조도의 조명으로 인기다. 주말에는 시리얼, 달걀 등 미국식 브런치 메뉴를 맛볼 수 있다. 몽마르트르 지점도 있다(1 Villa Léandre, 75018).

- Ⓜ 메트로 10, 12호선 Sèvres-Babylone 및 메트로 10호선 Vaneau에서 도보 4분
- 🏠 15 Rue de Babylone, 75007
- ☎ +33 1 42 22 62 62
- ⓢ 월~금요일 10:00-22:30, 토~일요일 10:00-18:30
- € 피시 앤 칩스 €18, 치킨 버거 €17
- @ www.restaurantmarcel.fr

페르실레 콤트와 아 비앙드 Persillé - Comptoir à Viande

농장에서 자유롭게 키운 100% 프랑스 고기만 판매하는 정육점으로 식당을 겸한다. 직접 고기를 골라 요리를 부탁할 수 있으며 냉장고에는 프랑스 어느 지역의 어느 농장에서 언제 구입을 해왔는지 고기마다 설명이 자세해 믿고 먹을 수 있다. 감자튀김도 맛있다.

- Ⓜ 메트로 14호선 및 RER C선 Bibliothèque François Mitterrand에서 도보 3분
- 🏠 66 Rue du Chevaleret, 75013
- ⓢ **식당** 매일 12:00-14:30, 19:00-22:30 **정육점** 매일 10:00-21:00
- @ www.persille.fr

카페 뒤 마르셰 Café du Marché

연중무휴로 아침 일찍 문을 열고 새벽까지 영업하는, 닭고기 요리가 맛있는 동네 맛집. 아침에 커피와 크루아상을 먹으러 오는 사람도 많다. 편하게 들를 수 있는 부담 없는 식당으로 넓은 테라스 자리가 인기다.

- Ⓜ 메트로 8호선 École Militaire 및 La Tour-Maubourg에서 도보 4~5분
- 🏠 38 Rue Cler, 75007
- ☎ +33 1 47 05 51 27
- ⓢ 매일 07:00-01:00
- @ menuonline.fr/en/cafedumarche75007

르 프로코프 Le Procope

파리에서 가장 오래된 카페로 1686년 개업했다. 18세기에는 볼테르, 디드로 등 이름난 프랑스 학자와 예술가들이 매일같이 모여 토론하고 작품 활동을 했고, 프랑스혁명 기간에도 뮈세나 아나톨 프랑스, 베를랭과 같이 혁명을 주도하던 사람들의 모임터였다. 지금은 그 시절을 간직한 클래식한 인테리어로 라탱 지구 미식가들을 불러 모은다. 꼬꼬뱅과 같은 프렌치 요리가 맛있다.

- Ⓜ 메트로 4, 10호선 Odéon에서 도보 2분
- 🏠 13 Rue de l'Ancienne Comédie, 75006
- ☎ +33 1 40 46 79 00
- 🕐 일~수요일 12:00-24:00, 목~토요일 12:00-01:00
- € 메뉴 프로코프(월~금요일 12:00-19:00) 2코스 €21.9, 3코스 €28.9
- @ procope.com

완더러스트 Wanderlust

'돌아다니다Wander'와 '욕망Lust'이 공존하는 신나는 주말의 파티 플레이스. DJ 공연과 전시회, 다양한 테마의 파티가 열린다. 아침에는 테라스에서 요가 수업을 하기도 한다. 패션 영화 관람, 요리 강습, 바느질 수업 등 문화 전반에 걸쳐 관심이 가는 것이라면 무엇이든 한다는 실험적이고 저돌적인 콘셉트의 공간이다.

- Ⓜ 메트로 6호선 Quai de la Gare에서 도보 5분
- 🏠 32 Quai d'Austerlitz, 75013
- @ wanderlustparis.com

파리의 어린 왕자 상점 Le Petit Prince Store Paris

어린 왕자와 관련된 것이라면 무엇이든 찾아볼 수 있는 캐릭터 상품점이다. 책의 구절을 새긴 쿠션이나 필기구, 냉장고 자석, 인형, 피규어 등 잘 만든 크고 작은 소품이 꽤 넓은 상점을 가득 메우고 있다. 여러 출판사에서 나온 영어, 프랑스어 책도 판매한다.

- Ⓜ 메트로 10호선 Mabillon에서 도보 3분
- 🏠 8 Rue Grégoire de Tours, 75006
- 🕐 월~토요일 11:00-19:30, 일요일 13:00-19:00

> 좌안 Rive Gauche

SHAKESPEARE AND COMPANY Café

Quartier 라탱 지구 Latin

영국의 어느 대학 평가 기관은 '학생들을 위한 최고의 도시 평가'에서 세계 각국의 98개 도시 중 파리에게 1위의 영예를 수여했다. 삶의 질, 물가, 취업 환경 등 다양한 요인을 고려해 학생들이 공부하기 좋은 글로벌 도시를 평가했는데, 파리의 면학 분위기를 가장 잘 느낄 수 있는 곳이 바로 여기, 골목마다 서점이 보이는 라탱 지구다. 라탱이라는 이름이 붙여진 이유는 중세 시대 파리의 대학들이 대부분 가르쳤던 라틴어가 언제나 골목골목 들려왔기 때문이다. 학생이 주 고객이기에 값싸고 푸짐한 먹거리가 많다. 수업 중간중간 거리로 쏟아져 나오는 학생들을 구경하다보면 절로 이 동네의 학구적인 분위기에 휩싸이게 된다.

생미셸 분수 Fontaine Saint-Michel

프랑스의 수호천사를 기리는 대형 분수로, 파리지앵들의 만남의 광장 역할을 한다. 1855년 나폴레옹 1세가 프랑스의 수호성인 미카엘 천사를 기념하여 세웠다. 분수를 꾸미는 조각들은 천사가 사탄과 그의 부하들을 제압하는 모습을 표현한다. 청동 사자와 같은 큼직한 조각과 동상들이 앞을 지키고 서 있다.

Ⓜ 메트로 4호선 및 RER B, C선 Saint-Michel-Notre-Dame에서 도보 1분
🏠 7B Place Saint-Michel, 75006

205

팡테온 Panthéon

파란만장한 역사를 지닌 파리의 납골당. 교회, 지하 묘소, 왕실의 묘, 예배당 등 여러 용도로 사용되다가 1885년 작가 빅토르 위고의 유해가 안치되면서 사원 겸 묘소가 되었다. 물리학자 푸코가 지구 자전 실험을 하기도 했던 곳으로 그때 사용했던 진자가 천장에 걸려 있다. 나선형 계단을 따라 내려가면 퀴리 부인, 볼테르 등이 잠들어 있는 지하 납골당이 나타난다.

- Ⓜ 메트로 10호선 Cardinal Lemoine에서 도보 7분 🏠 Place du Panthéon, 75005
- 🕐 10~3월 매일 10:00-18:00, 4~9월 매일 10:00-18:30, 마지막 입장 폐관 45분 전, 1/1, 5/1, 12/25 휴관
- € €9, 18세 미만 무료 @ www.paris-pantheon.fr

소르본 대학교 La Sorbonne

1257년 개교한 유럽 지성의 산실. 프랑스의 지성들이 수학하는 명문 대학이다. 우리가 소르본이라 부르는 대학은 파리의 13개 대학교 중 문학, 언어학, 음악학을 가르치는 4대 학교를 말한다. 여러 대학 건물이 이 주변에 있어 라탱 지구를 하나의 대형 캠퍼스처럼 보이게 한다. 파리 시내에는 1대학에서부터 9대학까지 있고 10대학과 11대학은 베르사유, 12대학과 13대학은 크레테유 Créteil에 있다.

- Ⓜ 메트로 10호선 Cluny-La Sorbonne에서 도보 3분
- 🏠 47 Rue des Écoles, 75005
- @ lettres.sorbonne-universite.fr

셰익스피어 앤 컴퍼니 Shakespeare and Company

1920년대 문을 연 영문 서점으로 파리에서 활동하는 여러 영미권 작가들을 후원해왔다. 2층의 허름한 침대는 가난한 작가에게 무료로 내어주고 작가 초청 행사가 매달 열린다. 왼쪽 건물은 희귀 서적을 취급해 헤밍웨이나 제임스 조이스 등의 초판을 판다. 원래 인기가 많았지만 영화 '비포 선셋Before Sunset'에 등장하며 파리의 관광 명소에서 빼놓을 수 없는 곳이 되었다.

HOT TIP

내부 사진 촬영은 금지하며 홈페이지에서 뉴스레터를 구독하면 매월 행사 일정을 안내받을 수 있다. 바로 옆에 오픈한 카페에서는 건강하고 맛있는 스낵, 음료와 함께 독서를 즐길 수 있다.

- Ⓜ 메트로 4호선 및 RER B, C선 Saint-Michel-Notre-Dame에서 도보 2분
- 🏠 37 Rue de la Bûcherie, 75005
- 🕐 10:00-22:00
- @ www.shakespeareandcompany.com

파리의 영문 서점

셰익스피어 앤 컴퍼니 외에도 일찍이 이 아름다운 예술의 도시를 찾아 건너온 수많은 영미권 예술가들의 영향으로 파리에는 영미 서점이 여럿 있다. 프랑스어보다는 그나마 더 익숙한 언어로 된 파리 관련 가이드라든지 지도를 찾는다면, 또는 대부분 작고 허름해 다락방 같은 분위기의 서점에서 오래된 종이 냄새를 맡고 싶다면 다음의 주소를 참고한다.

샌프란시스코 북 컴퍼니 San Francisco Book Company
- Ⓜ 메트로 4, 10호선 Odéon에서 도보 2분
- 🏠 17 Rue Monsieur le Prince, 75006
- @ www.sfparis.com

지베르 준 Gibert Jeune
- Ⓜ 메트로 4호선 Saint-Michel에서 도보 1분
- 🏠 5 Place Saint-Michel, 75006
- @ www.gibertjeune.fr

애비 북숍 Abbey Bookshop
- Ⓜ 메트로 10호선 Cluny-La Sorbonne에서 도보 1분
- 🏠 29 Rue de la Parcheminerie, 75005

레드 윌배로우 Red Wheelbarrow
- Ⓜ 메트로 1호선 Saint Paul에서 도보 4분
- 🏠 22 Rue St Paul, 75004

라 그랑 모스케 드 파리 La Grande Mosquée de Paris

무데하르Mudéjar 양식으로 세워진 파리의 이슬람 공동체 중심지. 제1차 세계대전 당시 프랑스 군과 함께 싸우다 전사한 무슬림 병사들을 위한 추모 건물이기도 하다. 기도실, 이슬람 학교, 도서관, 터키식 욕탕 등이 있고 정원이 정말 아름답다. 내부의 식당 겸 카페는 파리에서 가장 맛있는 쿠스쿠스 맛집으로 꼽힌다. 향긋한 민트 티와 중동 디저트도 맛있다.

- Ⓜ 메트로 7호선 Censier-Daubenton 및 Place Monge에서 도보 4~6분
- 🏠 2bis Place du Puits de l'Ermite, 75005
- 🕐 금요일과 이슬람 공휴일 제외, 매일 09:00-12:00, 14:00-18:00
- € €3, 학생과 어린이 €2
- @ www.mosqueedeparis.net

무프타르 가 Rue Mouffetard

1860년 하우스만 남작의 파리 재개발 프로젝트에서 살아남아, 파리에서 가장 오래된 거리 중 하나다. 좁고 굽이치는 길을 따라 활기찬 상권이 조성되어 있고 서민적인 분위기가 매력적이다. 빅토르 위고가 <레 미제라블>을 집필할 때 영감을 주었던 곳이다. 타르트를 전문으로 하는 라 메종 데 타르트 La Maison des Tartes(67 Rue Mouffetard, 75005), 프랑스 최고의 쇼콜라티에만 취급하는 쇼콜라 모코차Chocolats Mococha(89 Rue Mouffetard, 75005) 등 맛있는 곳이 많다.

- Ⓜ 메트로 7호선 Censier-Daubenton 및 Place Monge에서 도보 3~5분

무프타르 시장 & 몽쥬 시장 Marché Mouffetard & Marché Monge

좁은 무프타르 거리에 아침마다 서는 장으로 좋은 가격에 건강한 유기농 과채와 해산물, 가공 육류, 페이스트리 등 공정 무역 상품을 구입할 수 있다. 수, 금, 일요일에는 몽쥬역 앞에도 장이 선다. 빵이 맛있기로 특히 유명하다.

- Ⓜ 메트로 7호선 Censier-Daubenton 및 Place Monge에서 도보 3~5분
- ⓘ 화, 목, 토요일 08:00-13:00, 수, 금요일 07:00-14:30, 일요일 07:00-15:00, 월요일 휴무

프랑스 국립 자연사박물관
Muséum National d'Histoire Naturelle

1793년 왕립 약초원을 프랑스 국립 자연사박물관으로 개관한 것으로 동물원, 식물원, 우주 진화와 인간-자연의 관계를 보여주는 대진화관Grande Galerie de l'Evolution과 고생물학실, 비교 해부학실, 광물학실, 고식물학실, 곤충학실 등 수천만 점의 동식물 표본, 광석, 화석이 세밀하게 분류, 전시되어 있다.

- Ⓜ 메트로 7, 10호선 Jussieu에서 도보 4분 🏠 57 Rue Cuvier, 75005
- ⓘ 수~월요일 10:00-18:00(마지막 입장 폐관 45분 전), 화요일, 1/1, 5/1, 12/25 휴관
- € 대진화관 영구 전시 €10, 식물원Jardin des Plantes, 인간 박물관Musée de l'Homme, 파리 동물원Paris Zoo 입장권 소지자 €7, 3세 미만, 장애인과 동반자 무료
- @ www.mnhn.fr

아헨 드 루테스
Arènes de Lutèce

1세기에 조성되어 1만 5000명을 수용했던 로마 시대 원형경기장으로, 41개의 입구가 있었다고 추정되는 본 경기장은 완벽히 보존되지 않았으나 터와 경기장의 흔적은 여전히 남아 있다. 빅토르 위고를 위시한 여러 학자들이 이곳의 보존을 위해 기금을 조성하기도 했다. 계단과 벤치가 있어 동네 사람들의 쉼터로 애용된다.

- Ⓜ 메트로 7, 10호선 Jussieu에서 도보 5분
- 🏠 49 Rue Monge, 75005
- ⓘ 08:00 / 09:00-18:00 / 19:30 / 20:30(계절별로 다름)

오 프티 그렉 Au P'tit Grec

한국 손님이 워낙 많이 찾아와 한국어로 인사를 건네는 유쾌한 아저씨가 뜨거운 철판에 즉석으로 만들어주는 크레페! 기호에 따라 치즈, 햄, 토마토, 달걀, 가지, 버섯 등을 넣어 주문한다. 바 자리 몇 개가 있어 먹고 갈 수도 있다. 아주 배고플 때 가야 하나를 겨우 다 먹을 수 있을 정도로 양이 많다.

- Ⓜ 메트로 7호선 Place Monge에서 도보 5분
- 🏠 68 Rue Mouffetard, 75005
- ☎ +33 6 50 24 69 34
- 🕐 매일 11:00-00:30
- @ auptitgrec.com

오데트 Odette

주인 할머니 이름을 딴 카페. 짙은 붉은색, 녹색 벨벳 인테리어가 고혹적이다. 셰익스피어 앤 컴퍼니와 노트르담이 창 너머로 보이는 2층 자리가 좋다. 한입에 쏙 넣으면 금세 사라지는, 몇 개를 먹어도 아쉬운 슈크림 빵과 진한 쇼콜라 쇼가 맛있다.

- Ⓜ 메트로 4호선 및 RER B, C선 Saint-Michel-Notre-Dame에서 도보 2분
- 🏠 77 Rue Galande, 75005
- 🕐 월~목요일 10:00-19:30, 금~일요일 09:00-19:30
- @ www.odette-paris.com

파라플루이 시몽 Parapluies Simon

영화 '쉘부르의 우산Les Parapluies de Cherbourg'의 아름다운 카트린느 드뇌브의 모습을 잊지 못하는 사람들에게 추천하는 우산 가게. 다양한 소재로 만든 색색의 우산과 양산을 판매한다. 세찬 비에는 감히 펼쳐볼 수도 없을 정도로 섬세하고 연약해 보이는 것부터 몇 년이고 사용할 수 있는 튼튼한 굵은 대의 것까지 수백 개의 우산이 걸려 있다.

- Ⓜ RER B선 Luxembourg에서 도보 6분 / 메트로 10호선 Cluny-La Sorbonne에서 도보 7분
- 🏠 56 Boulevard Saint-Michel, 75006
- 🕐 월~토요일 10:00-19:00, 일요일 휴무
- @ www.parapluies-simon.com

라 데팡스 La Défense

파리에서 서쪽으로 6km가량 떨어진 약 152만 m²의 땅 위에 계획적으로 조성된 부도심으로 매일 50만 명이 넘는 사람들이 드나드는 교통과 경영, 경제 허브다. 첨단 업무, 상업, 판매, 주거 시설이 빽빽하게 세워진 고층 건물들에 들어서서 파리에서는 보기 어려운 21세기의 모습으로 가득하다. 라 데팡스 개발위원회(EPAD)는 1958년부터 30여 년에 걸친 장기적인 개발 구상을 마련한 후 1980~1990년대에 공사를 마치고 라 데팡스를 완성했다. '새로운 개념의 미래 도시'라 불리는 라 데팡스는 대단위 지역을 고층, 고밀도로 개발할 때 건물들과 함께 지하철, 주차장, 교통, 보행 공간 등을 체계적으로 배치하는 기법을 훌륭히 사용하여, 이와 같은 개발법을 '라 데팡스식 개발'이라고 부른다. 도시 설계를 공부하는 학생들이 많이 찾는다.

`Travel Course` 우선 라 그랑 아시에 올라 라 데팡스를 내려다보자. 파리의 다른 곳들과는 확실히 차별되는 현대적인 분위기를 즐기며 유럽에서 가장 큰 쇼핑몰 중 하나인 레 카트르 텅을 돌아보고, 라 데팡스 곳곳에 있는 세계적 예술가들의 조형물을 감상한다.

라 그랑 아시 드 라 데팡스 La Grande Arche de la Défense

프랑스혁명 200주년을 기념해 1989년 7월 14일 에펠탑과 몽파르나스 타워와 축을 이루는 위치에 세운 신 개선문이다. 프랑스혁명의 표어인 자유, 평등, 우애 중 '우애의 대 아치La Grande Arche de la Fraternité'라고도 부른다. 반투명 유리와 흰 대리석으로 되어 있으며 샹젤리제 개선문의 2배나 되는 105m의 높이를 자랑한다. 꼭대기에 올라 360도 파노라마 전망대에서 파리와 근교를 살펴볼 수 있다.

- Ⓜ 메트로 1호선 및 RER A선 Gare de La Défense에서 도보 3분
- 🏠 1 Parvis de la Défense, 92044 ⏰ 매일 10:00-19:00
- € 전망대 €15, 학생 €10, 3~18세 €7, 3세 미만 무료
- @ www.lagrandearche.fr

정보과학 박물관 Musée de l'Informatique

컴퓨터의 변천사를 체계적으로 정리, 전시한다. '과거를 알고 현재를 이해하고 미래를 상상하라'는 멋진 슬로건 아래 2008년 라 그랑 아시의 맨 꼭대기 층에 개관했다. 1942년 이후의 전시품이 주를 이루며 19세기 후반부터 지금까지의 컴퓨터와 각종 기계 발전의 역사를 볼 수 있다. 몇 년 전 기술적인 문제로 영구 전시를 폐관 상태이고 라 그랑 아시 외부에 임시전을 연다.

- Ⓜ 메트로 1호선 및 RER A선 Gare de La Défense에서 도보 3분
- 🏠 1 Parvis de la Défense, 92044
- ⏰ 월~토요일 10:00-19:00, 일요일 휴무
- @ www.museeinformatique.fr

Paris City Travel
La Défense

라 데팡스 광장
Parvis de La Défense

라 데팡스의 안뜰. 라 그랑 아시가 위치하고 주요 볼거리와 쇼핑센터들이 이 직사각형 형태의 3만 6000㎡ 넓이 광장 주위를 둘러싸고 있다. 4만 명까지 수용할 수 있는 공간으로 라 데팡스의 다양한 행사가 여기에서 열린다.

- Ⓜ 메트로 1호선 및 RER A선 Gare de La Défense에서 도보 8분
- 🏠 76 Route de la Demi-Lune, 92800 Puteaux
- @ www.ladefense.fr/en/le-parvis

레 카트르 텅
Les Quatre Temps

여러 개의 영화관과 230여 개의 상점, 40여 개의 식당을 갖춘 10만 5000㎡ 규모의 쇼핑몰이다. 연간 4400만 명이 찾으며 완공 당시에는 유럽에서 가장 규모가 컸다. 스페인 예술가 호안 미로의 알록달록한 작품 '두 개의 환상적인 존재Deux Personnages Fantastiques'가 쇼핑몰 앞에 세워져 있다. 라 그랑 아시와 메트로 역으로 연결되어 있다.

- Ⓜ 메트로 1호선 및 RER A선 Gare de La Défense에서 도보 2분
- 🏠 1 Place du Dôme, 92800 Puteaux
- 🕐 월~토요일 10:00-20:30, 일요일 10:00-20:00
- @ www.les4temps.com

신산업 기술 센터
Centre des Nouvelles Industries et Technologies, CNIT

프랑스 내 고도의 경제성장과 신기술 발전을 이끄는 부도심이라는 라 데팡스의 목적에 부합하기 위해 탄생한 면적 2만 7800㎡의 산업, 기술 센터. 힐튼, 에어프랑스 등 40여 개 기업이 들어서 있다. 지하 녹색 지대와 앙드레 말로 광장Place de André Malaux으로 향하는 계단이 있고 대중교통과도 연결되어 있다.

- Ⓜ 메트로 1호선 및 RER A선 Gare de La Défense에서 도보 5분
- 🏠 2 Parvis de la Défense, 92092
- 🕐 월~토요일 10:00-20:00, 일요일 11:00-19:00
- @ www.ladefense.fr/en/tour/cnit

콜더의 붉은 거미 Araignée Rouge Calder

비구상주의 예술가 콜더의 작품으로 그가 사망한 1976년에 세워진 이 커다란 거미는 라 데팡스의 상징이 되었다. 15m의 키와 무려 75톤이라는 몸무게를 자랑한다. 생동감 넘치는 긴 다리와 높은 채도의 색감이 카메라 플래시 세례를 부른다. 콜더가 사망하기 직전 지금 조형물 자리를 지정해 이곳에 놓였다.

- Ⓜ 메트로 1호선 및 RER A선 Gare de La Défense에서 도보 6분
- 🏠 4 Avenue de la Division Leclerc, 92400 Puteaux
- @ www.ladefense.fr/fr/oeuvres-d-art/araignee-rouge

세자르의 엄지손가락 Le Pouce de César

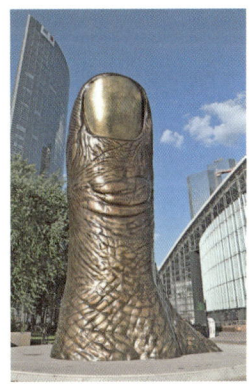

가장 중요한 20세기 프랑스 조각가 중 하나로 꼽히는 세자르의 1994년 대작. 이 작품 덕분에 라 데팡스는 단순한 현대적인 상업 지구뿐 아니라 예술적인 면에서도 호평을 받게 되었다. 원래 40cm의 엄지손가락이었던 이 작품은 여러 형태와 크기로 만들어졌고 라 데팡스에 설치된 것은 12m에 이르는, 세계에서 가장 큰 엄지손가락이다.

- Ⓜ 메트로 1호선 및 RER A선 Gare de La Défense에서 도보 6분
- 🏠 14 Place Carpeaux, 92800 Puteaux
- @ www.ladefense.fr/en/oeuvres-d-art/le-pouce

라 빌레트 La Villette

프랑스 파리 북동쪽에 자리한 라 빌레트에는 본래 1867년에 세워진 도축장이 있었다. 1970년대에 이 가축 시장을 파리 교외로 옮기면서 빈민가가 되었다가 파리 시의 문화 공간 재개발 계획으로 지금의 라 빌레트가 탄생했다. 과학관과 음악당으로 구성된 복합 문화 공간과 함께 넓은 공원도 갖추어 주말 나들이나 여유로운 문화생활을 즐기기에 좋다. 일정이 빠듯해 근교 여행을 포기해서 아쉬운 여행자에게 권하고 싶은 곳으로, 시내와 동떨어진 여유 넘치는 분위기가 특징이다. 바스티유 광장 쪽까지 내려가는 카노라마(p. 137 참고)를 타고 천천히 이동해도 좋고 생마르탱 운하 쪽으로 걸어 내려가도 좋다.

라 빌레트 과학 산업관 Cité des Sciences et de l'Industrie

우주·물·빛을 상징하는 유리·콘크리트·철로 지어 1986년 3월 개관했고 총 5층으로 구성되어 있다. 평균 일일 방문객이 1만 6000명에 이르며 약 1100점의 체험형 전시물이 있는 상설 전시관과 6개의 기획 전시를 진행하는 임시 전시관으로 나뉜다. 어린이들이 과학을 쉽게 접할 수 있는 데 중점을 둔 '어린이들의 도시' 공간이 특별하다. 훌륭한 인력과 정부의 아낌없는 예산 지원, 전시물의 빠른 교체로 재방문이 많다.

- Ⓜ 메트로 7호선 Corentin Cariou에서 도보 9분
- 🏠 30 Avenue Corentin Cariou, 75019
- ⏰ 화~토요일 10:00-18:00, 일요일, 공휴일 10:00-19:00, 월요일, 1/1, 5/1, 12/25 휴관
- € €12, 학생 €9
- @ www.cite-sciences.fr

라 빌레트 공원 Parc de la Villette

저명한 스위스 건축가 베르나르 추미Bernard Tschumi가 설계한 참신한 디자인의 공원이다. 고정관념에서 벗어나는 새로운 공간을 탄생시킨다는 목적으로 만들어졌다. 총면적 35만 ㎡로 10개의 테마 정원과 산책로, 문화시설, 광장 등으로 구성되어 있다. 폴리Folies라고 불리는 다양한 모양의 26개 붉은 구조물은 공원의 상징이다.

- Ⓜ 메트로 5호선 Porte de Pantin에서 도보 2분
- 🏠 211 Avenue Jean Jaurès, 75019
- ⏰ 매일 06:00-01:00
- @ www.lavillette.com

르 제니스 파리 – 라 빌레트
Le Zénith Paris – La Villette

'제니스'는 최소 3000명의 관객을 수용할 수 있고 라이브 공연, 뮤지컬, 연극 등 다양한 장르의 공연을 상연할 수 있는 설비를 갖춘 프랑스의 대형 실내 공연장에게 붙이는 이름이다. 현재 프랑스에는 17개의 제니스가 있으며 이곳은 1993년 개관했다. 프랑스 국민 가수 조니 할리데이와 브리트니 스피어스 등 세계적인 가수들이 공연한 바 있다. 2011년에는 대한민국의 SM엔터테인먼트의 SM Town Live가 열렸다.

- Ⓜ 메트로 5호선 Porte de Pantin에서 도보 3분
- 🏠 211 Avenue Jean Jaurès, 75019
- @ www.zenith-paris.com

음악 박물관 Musée de la Musique

17세기부터 현재까지의 유럽 음악사를 다룬다. 라 빌레트 공원 남쪽의 음악관 시테 드 라 뮤지크 Cité de la Musique 내에 있다. 파리 음악학교 Conservatoire de Paris의 수집품을 기반으로 각 시대의 음악을 연주한 악기와 악보를 비롯해 사진과 모형 등 6500여 점을 소장, 전시한다. 데이비드 보위, 존 레논 등 현대 뮤지션을 주제로 한 전시도 연다. 종종 견학 오는 프랑스 초등학교, 중학교 학생들도 마주칠 수 있다.

- Ⓜ 메트로 5호선 Porte de Pantin에서 도보 3분
- 🏠 221 Avenue Jean Jaurès, 75019
- 🕐 화~토요일 12:00-18:00, 일요일 10:00-18:00, 12/24, 12/31 ~17:00, 월요일, 1/1, 5/1, 12/25 휴관
- € 영구 전시 €8, 학생 €6, 26세 이하, 파리 뮤지엄 패스 소지자, 장애인과 동반 1인 무료
- @ philharmoniedeparis.fr/fr/musee-de-la-musique

우르크 운하 Canal de l'Ourcq

1802년 나폴레옹 보나파르트의 지시로 만들어졌다. 생 드니 운하 Canal Saint-Denis, 라빌레트 선착장 Bassin de la Villette, 생마르탱 운하와 함께 130km의 파리 운하 네트워크를 이룬다. 파리 하수도 설비에 필요한 절반의 양을 108.1km 길이의 우르크 운하가 담당하여 나르고 있어 센강 못지않게 파리에 없어서는 안 될 물줄기라고 할 수 있다.

- Ⓜ 메트로 7호선 Corentin Cariou 및 Crimé / 메트로 5호선 Porte de Pantin 및 Ourcq

Paris et apres...

파리 그리고...

파리까지 와서 호텔 건너편에 있는 카페에 다녀오는 것이 버거운 날이 있듯, 파리를 출발지로 삼고 짧은 여행을 떠나고 싶은 날도 있는 것이다. 조금의 수고로 색다른 문화와 역사, 맛과 멋에 빠져보자. 일정이 고단해도 우리를 기다리는 파리로 돌아갈 수 있다니, 참 멋진 일이다.

베르사유 Versailles

프랑스의 화려함을 마음껏 뽐내는 유네스코 세계 문화유산지. 17세기 말~18세기에 지어진 부르봉 왕조의 호화스러운 궁전과 정원으로 이루어진 베르사유는 원래 왕실의 사냥터였다. 루이 16세와 마리 앙투아네트가 처형되면서 화려한 베르사유의 시대가 끝나기 전까지, 루이 14세가 1672년 파리에서 베르사유로 왕궁을 옮긴 후 약 100년 가까이 되는 시간 동안 프랑스 정치와 문화의 중심지 역할을 했다.

· 베르사유 가는 길 ·

파리의 남서쪽 22km 지점에 있는 베르사유는 시내와 30분가량 떨어져 있어 접근성이 좋다.

RER	Invalides(M 8, 13 & RER C)역 기준 → RER C, 약 28분 → Château de Versailles Rive Gauche역 하차, 궁전까지 도보 10분
메트로+버스	Franklin D. Roosevelt(M 1, 9)역 기준 → M 9, 약 21분 → Pont de Pont de Sèvres역 하차, 171번 버스 탑승 → 버스 약 30분 → Château de Versailles 하차, 궁전까지 도보 6분
셔틀버스	바토 파리지엔 선착장에 있는 코치 정류장 → 베르사유 익스프레스Versailles Express 탑승 → 버스 약 40분 → 베르사유 하차, 궁전까지 도보 4분. 하루 2~3회 운행 자세한 정보는 www.versaillesexpress.com 참고
기차 (1~4존 티켓)	몽파르나스역Gare Montparnasse → 기차 직행 12~14분, 완행 26분 → 베르사유 샹티에역Versailles Chantiers 하차, 궁전까지 도보 18분 생 라자르역Gare Saint-Lazare → 기차 35~39분 → 베르사유 히브 드홧역Versailles Rive Droite 하차, 궁전까지 도보 17분

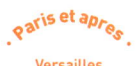

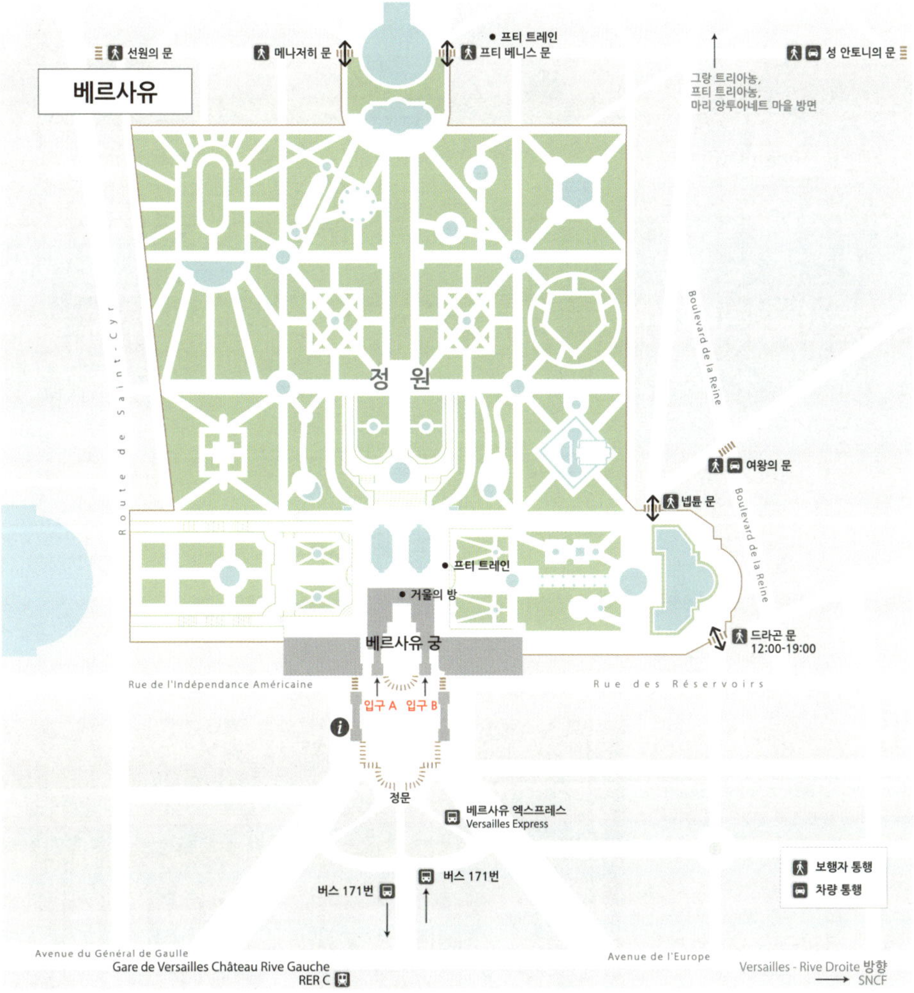
선원의 문
베르사유
메나저히 문
프티 트레인
프티 베니스 문
성 안토니의 문
그랑 트리아농,
프티 트리아농,
마리 앙투아네트 마을 방면
Route de Saint-Cyr
정 원
Boulevard de la Reine
여왕의 문
넵튠 문
프티 트레인
거울의 방
베르사유 궁
드라곤 문
12:00-19:00
Rue de l'Indépendance Américaine
Rue des Réservoirs
입구 A
입구 B
정문
베르사유 엑스프레스
Versailles Express
버스 171번
버스 171번
보행자 통행
차량 통행
Avenue du Général de Gaulle
Gare de Versailles Château Rive Gauche
RER C
Avenue de l'Europe
Versailles - Rive Droite 방향
SNCF

HOT TIP

- 베르사유는 늘 많은 사람들로 붐빈다. 파리 시내의 많은 박물관, 미술관이 화요일에 문을 닫고 베르사유는 화요일에 문을 열어, 화요일에 특히 사람들이 몰리는 편이다. 홈페이지에 궁과 트리아농 사유지, 정원 등 방문자 현황도 실시간으로 알리고 파업으로 인한 지연 오픈, 예정된 공연 취소 등의 소식이 가장 빨리 업데이트되니 베르사유를 방문할 예정이라면 주기적으로 들어가 확인하자.
- 미리 가고 싶은 곳을 정해 둘러보는 것이 좋다. 베르사유 궁과 넓은 정원, 트리아농과 마리 앙투아네트 마을까지 모두 보려면 하루 종일 걸린다. 예상 소요 시간 : 궁 1시간 30분, 정원 2시간, 트리아농 사유지 3시간.
- 베르사유 궁을 구성하고 있는 정원과 궁전들의 개장 시간이 제각각이고 음악 분수 행사 등 특별한 이벤트도 있으니 파리 시내 일정을 조정하자. 인기 있는 프로그램이 있을 때 당연히 더 붐비고 정원과 분수의 광경 역시 날씨 영향을 받으니 일기예보도 확인해두도록 한다.

Paris et apres
Versailles

베르사유 궁 Le Château de Versailles

프랑스의 가장 화려했던 역사를 품고 있다. 50년이라는 오랜 시간과 어마어마한 비용을 들여 지은 만큼 입을 다물지 못하게 하는 화려한 로코코 장식으로 프랑스 심미주의의 극치를 엿볼 수 있다. 1682년 대대적으로 개조된 궁은 약 810만 m²나 되는 부지에 지어진 3개의 궁전 건물로 이루어졌으며 2300여 개의 방은 최대 1만 명까지 수용할 수 있다. 태양왕 루이 14세를 뜻하는 태양을 중심에 두고 이 주변을 맴도는 행성들(왕의 일가 친척)을 모티브로 하여 설계되었다. 루이 16세와 마리 앙투아네트의 결혼식이 거행되었던 '왕실 예배당', 그리스 로마 신화에 등장하는 신들의 이름을 붙인 '헤라클레스 방', '비너스 방', '다이아나 방', '마르스 방', '아폴론 방' 등을 볼 수 있다.

거울의 방 La Galerie des Glaces

베르사유 궁에서 가장 유명한 곳은 여러 종류와 크기의 거울로 장식된 호화로운 후기 바로크 양식의 '거울의 방'으로 전체 길이가 73m다. 거울과 함께 정원을 향해 나 있는 17개의 창문과 크리스털 샹들리에, 황금 촛대 등으로 사방이 눈부시다. 1919년 6월 28일 독일과 연합군 사이의 제1차 세계대전의 종지부를 찍는 베르사유 조약이 이루어진 곳이기도 하다. 6월 중순~9월 중순에는 음악과 춤이 함께하는 로얄 세레나데 공연이 매주 토요일 저녁에 열린다. 좀 더 자세한 사항은 www.chateauversailles-spectacles.fr/en에서 The Royal Serenade in the Hall of Mirrors 참고. 좀 더 자세한 사항은 en.chateauversailles-spectacles.fr에서 The Royal Serenade in the Hall of Mirrors 검색.

로얄 세레나데 공연

- 🕐 18:30 / 18:50 / 19:10 / 19:30 / 19:50
- € €24, 6~17세, 학생 €21, 5세 이하 무료 / 로얄 세레나데+밤 분수 쇼 콤보 티켓 €42, 6~17세, 학생 €35(당일 현장 구매는 €2 추가), 5세 이하 무료 / 로얄 세레나데+뮤지컬 분수 쇼 콤보 티켓 €28, 6~17세, 학생 €24, 5세 이하 무료

Paris et apres
Versailles

정원
Les Jardins

유네스코 무형문화재에 등재될 정도로 예술성이 뛰어나다. 저명한 조경 설계사 앙드레 르 노트르André Le Notre의 설계로 1668년 완성된 이탈리아식 베르사유 정원에는 인공 연못, 형형색색의 화단, 신화를 주제로 한 다양한 조각상이 배치되어 있다. 물줄기를 꽃처럼 뿜어내는 50개의 분수도 있다. '물의 정원'에서 바라보는 경관이 특히 아름답다.

마리 앙투아네트 마을
Le Hameau de la Reine

프티 트리아농에서 북쪽으로 이어진 오솔길을 따라 걸으면 호수 주변으로 소담스러운 '마리 앙투아네트 마을'이 나타난다. 18세기에는 왕족이나 귀족들이 자신의 이름으로 마을을 소유하고 평민과 같은 소소한 생활을 즐기는 것이 유행했는데 마리 앙투아네트도 이곳에서 농촌 생활을 즐겼다. '마리 앙투아네트의 집', '물레방앗간' 등 10여 채의 건물에는 모두 각각의 정원이 있다.

🏠 Place d'Armes, 78000 Versailles

그랑 트리아농 & 프티 트리아농 Grand Trianon & Petit Trianon

루이 14세와 마리 앙투아네트의 분홍색 대리석 별궁 그랑 트리아농과 프티 트리아농. 그랑 트리아농은 바로크 양식의 대가인 왕실 건축가 쥘 아르두앙 망사르Jules Hardouin-Mansart가 설계를 맡은 단층 건물로 루이 14세가 애첩 맹트농 부인을 위해 1687년경 지었다. 본궁에서 조금 떨어진 북서쪽 소왕하 근처에 있다. 중국의 청화자기를 본뜬 도기와 도판으로 내외를 장식해 영국식과 중국식을 혼합한 실내장식이 특이하다. 프티 트리아농은 1760년대 이후 유행한 신고전주의 양식의 단아한 취향을 반영하는 소박한 건물로, 본래 루이 15세의 정부 퐁파두르 부인을 위한 것이었으나 1774년 루이 16세가 마리 앙투아네트에게 선사했다. 그녀는 이곳을 격식과 의무로 가득 찬 궁정 생활에서 벗어날 수 있는 도피처로 사용했다.

Versailles

베르사유 오픈 시간 및 입장료

오픈		4~10월		11~3월
궁	화~일요일	09:00-18:30	화~일요일	09:00-17:30
트리아농 사유지		12:00-18:30		12:00-17:30
코치 갤러리		12:30-18:30		12:30-17:30
정원	매일	08:00-20:30	매일	08:00-18:00
공원		07:00-20:30		07:00-18:00
말리 사유지		07:00-19:30		07:00-17:30

궁, 트리아농 사유지, 코치 갤러리 월요일, 1/1, 5/1, 12/25 휴무
말리 사유지 5월 중순~9월 초 주말 07:00-21:30, 9월 초~9월 중순 주말 07:00-20:30
뮤지컬 정원 3월 말~5월 중순, 8월 초~10월 말 화요일, 4월 초~10월 말 금요일 09:00-19:00
뮤지컬 분수 쇼 3월 말~10월 말 주말, 5월 말~6월 말 화요일, 일부 특별 추가일(홈페이지 확인) 09:00-19:00
밤 분수 쇼 6월 중순~9월 중순 토요일 공연 20:35-23:05, 분수 쇼 20:30-22:45, 불꽃놀이 22:50-23:05

티켓 종류	가격	베르사유 궁 (+오디오 가이드)	트리아농 사유지	뮤지컬 분수 쇼	뮤지컬 가든
베르사유 궁	€18	○			
트리아농 사유지	€12		○		
패스포트 1일권	€20	○	○	×	×
	€27			○	○
패스포트 2일권	€25	○	○	×	×
	€30			○	○
공원	€9.5			○	
말리 사유지	€8.5				○

- 가든(분수 쇼 제외)과 코치 갤러리는 무료
- 18세 미만과 장애인과 동반자 1명 무료, 뮤지컬 분수 쇼와 뮤지컬 정원의 날에는 6세 미만 무료
  무료 입장자에 해당하는 경우 신분증을 가지고 뒤푸흐 파빌리온Dufour Pavilion의 A 출입문으로 들어가면 된다.
- 밤 분수 쇼 €26, 6~17세 학생, 장애인과 동반 1인 €22 / 여름 시즌 토요일만 진행
- 뮤지컬 분수 쇼, 뮤지컬 가든의 스케줄 및 좀 더 자세한 정보는 en.chateauversailles-spectacles.fr, en.chateauversailles.fr 참고

지베르니 Giverny

인상파의 거장 클로드 모네Claude Monet는 파리에서 태어나 1883년 지베르니로 이주해 1926년 세상을 떠날 때까지 무려 43년이나 이곳에서 작품 활동을 했다. 그가 살던 집과 대표 작품 <수련>의 영감이 된 정원이 있어, 오랑주리 미술관에 있는 <수련Les Nymphéas>을 보고 많은 사람들이 꿈꾸는 청초한 여행지가 되었다. 반 목조건물이 늘어선 목가적 분위기의 한적한 외곽으로 모네가 아니었다면 이렇게 많은 발걸음이 지베르니에 와 닿았을까 싶을 정도로 고요하고 평온하다. 모네의 집, 버드나무와 이름 모를 꽃들이 흐드러지게 피어 있고 일본식 다리가 놓인 연못, 프랑스와 미국의 인상주의 작품이 전시되어 있는 지베르니 인상파 미술관Musée des Impressionnismes Giverny이 주요 볼거리다. 겨울에는 개방하지 않는다.

지베르니 가는 길

지베르니는 파리 북서쪽으로 약 80km 떨어진 노르망디 지역에 있다.

생 라자르역 Gare Saint-Lazare → 루앙Rouen 또는 르 아브르Le Havre행 기차 (45~55분 소요, 왕복 약 €30) → 베르농Vernon 하차 → 셔틀버스 (20분 소요, 왕복 €10, *티켓은 탑승하여 구입) → 지베르니

Giverny

모네의 집 La Maison de Claude Monet à Giverny

- 3월 23일~11월 1일 매일 09:30-18:00(마지막 입장 17:30)
- €9.5, 어린이, 학생 €5.5, 장애인 €4, 7세 미만 무료
- @ fondation-monet.com/giverny/la-maison-de-monet

> **HOT TIP**
>
> 모네의 집에서 운영하는, 파리에서 출발하는 반나절 투어 프로그램이 있다(giverny.org/tour). 3월 말~10월 말까지 운영하며 미니밴이나 버스를 타고 이동한다. 인원이 많다면 전용 차량 투어도 신청할 수 있고, 베르사유와 오베르 쉬르 우아즈Aubers sur Oise와 묶어 운영하는 프로그램도 있으니 확인해보자.

지베르니 인상파 미술관
Musée des Impressionnismes Giverny

- 3월 30일~7월 15일, 7월 27일~11월 4일 매일 10:00~18:00(마지막 입장 17:30)
- €7.5, 12~17세, 학생 €5, 7~11세 장애인 €3.5, 7세 미만과 매달 첫 번째 일요일 무료
- @ www.mdig.fr

> **HOT TIP**
>
> 오르세 박물관에 있는 <지베르니의 정원Le Jardin de l'Artiste à Giverny> 또한 지베르니 여행 전후로 감상하기 좋은 작품이다. 모네의 집 아틀리에에는 그의 작품이 전시되어 있는데 모두 복사본으로, 진품은 파리 시내의 마르모탕 모네 미술관Musée Marmottan Monet 등으로 이전되었다.

몽 생 미셸 Mont St. Michel

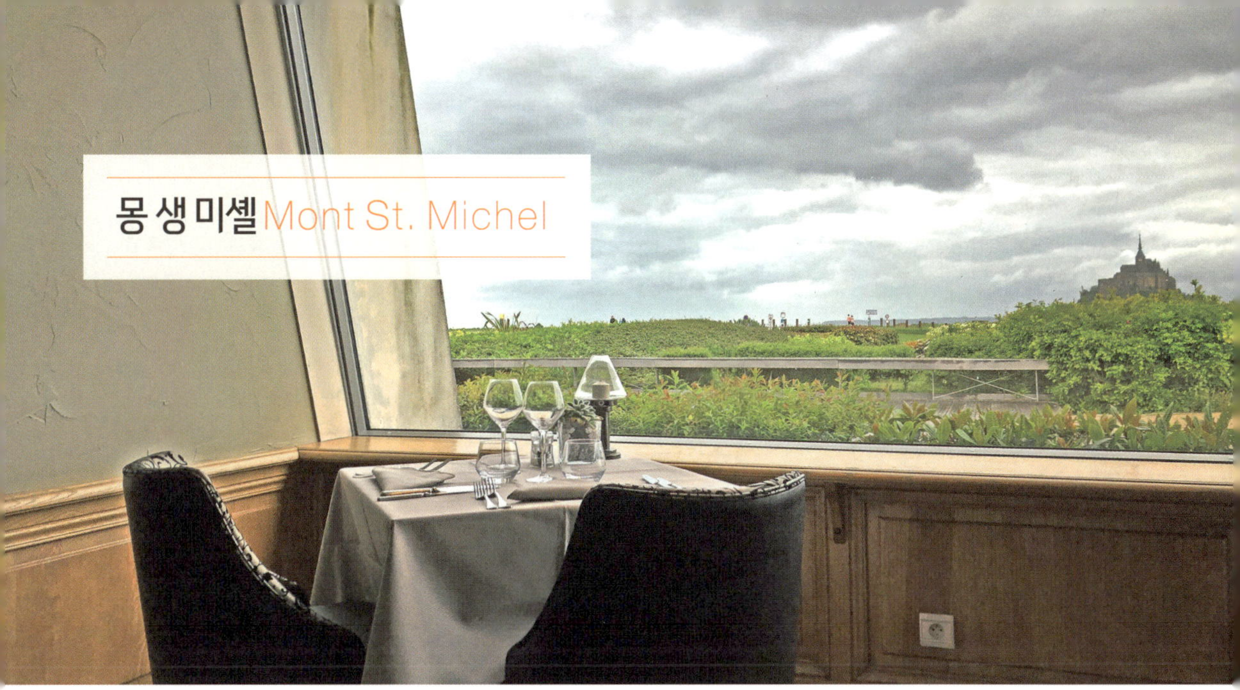

몽 통브Mont Tombe라는 이름의 바위섬이 708년 대천사 미카엘을 위한 수도원이 세워지며 천사의 섬으로 거듭났다. 대천사 미카엘이 주교의 꿈에 나타나 이곳에 수도원을 세울 것을 명했다는 설이 전해진다. 과거에는 프랑스 군의 요새로, 프랑스혁명 때는 감옥으로 쓰였으며 1979년 유네스코 세계 문화유산에 등재되었다. 현재는 해마다 350만 명 이상의 관광객을 맞는, 프랑스를 대표하는 관광지다. 갯벌이 있어 밀물 때와 썰물 때의 모습이 확연히 다르고 이른 아침, 낮, 밤의 모습이 제각각이라 하루 여러 번 색다른 모습에 취할 수 있다.

몽 생 미셸 가는 길

프랑스 북부 브르타뉴와 노르망디 지역 경계에 있다.

몽파르나스역 Gare Montparnasse → TGV 1시간 30분~2시간 소요 → **헨Renne 하차** → 키올리스Keolis 버스 1시간 30분 소요, €15 (12세 미만 무료, 26세 미만 학생 25% 할인) 자세한 사항은 keolis-armor.com 참고 → **몽 생 미셸 하차 및 수도원까지 무료 셔틀, 마차, 도보 중 택일하여 이동**

몽 생 미셸
- 도보 35분
- 무료 셔틀버스 10분
- 유료 마차 서비스 25분

Paris et après
Mont St. Michel

몽 생 미셸

하늘에서 보는 아름다운 몽 생 미셸

노르망디 ULM은 20년의 비행 경험이 있는 노련한 항공사와 함께 몽 생 미셸 상공을 날 수 있는 기회를 제공한다. 두 종류의 비행기 중 하나를 골라 함께 탑승하고 생 말로Saint-Malo 등 근교까지 날아볼 수 있다. 아이들도 탑승할 수 있는 10분(€50) 코스부터 샴포Champeaux 절벽까지 다녀오는 30분(€120) 코스, 몽 생 미셸 반경 40km까지 날아보는 1시간 코스(€210)까지 다양한 프로그램이 마련되어 있다. 10세 이상, 신장 ~195cm, 체중 ~95kg까지 비행을 할 수 있다.

@　www.normandie-ulm.com

주요 볼거리

수도원 아래에는 상점, 식당, 거주민의 집이 옹기종기 모여 있는 귀여운 골목들이 주도로 그랑 뤼Grand Rue 주변으로 뻗어 있다. 입장하여 800년 가까이 걸려 건축한 수도원의 설립 과정을 보여주는 모형, 꼭대기에 세워져 있는 성당, 기도실, 여러 개의 예배실 등을 구경해보자. 내부의 볼거리도 좋지만 몽 생 미셸 여행의 묘미는 멀리서 자태가 드러나기 시작할 때 쿵쿵 뛰는 심장 소리에 발맞춰 한 걸음씩 더 커지는 설렘이다.

€　€10, 오디오 가이드 €3
@　www.ot-montsaintmichel.com/index.htm

HOT TIP

파리에서 몽 생 미셸까지 편도로 약 4시간 정도 소요되어 투어 업체를 이용하는 사람이 많다. 야경이 특히 예뻐 1박을 하는 여행자도 있지만 파리에서 출발하는 심야 투어 프로그램이 많아서 당일치기도 가능하다.

에트르타 & 옹플뢰르 Étretat & Honfleur

에트르타 Étretat

파리에서 한참을 달려야 나타나는 노르망디의 작은 해변가 마을이 유명한 이유는 바로 다몽 절벽 때문이다. 다몽 문 La Porte d'Amont으로도 불리는데, 높이 해발고도 70m로 마치 거대한 코끼리가 코를 해안가에 늘어뜨린 듯한 모습을 하고 있어 코끼리 절벽이라고도 부른다. 조금 떨어진 곳에는 코가 짧은 아기 코끼리 절벽도 있다. 굵은 자갈이 깔린 해안과 마을 곳곳의 훌륭한 해산물 식당들도 에트르타를 찾는 이유다. 절벽 위에서 바닷바람을 맞으며 해변과 코끼리 절벽을 감상하노라면 과연 모파상, 모네, 쿠르베 등 수많은 예술가에게 영감을 불러일으킨 절경임에 동의하며 고개를 끄덕이게 된다.

· 에트르타 가는 길 ·

에트르타는 파리 북서쪽으로 약 200km 떨어진 곳에 있다.

생 라자르역 Gare Saint-Lazare	르 아브르 Le Havre행 기차 → 약 2시간 10분 소요	르 아브르 Le Havre 하차	24번 버스 → 약 50분 소요	에트르타 Mairie(Étretat) 정류장 하차
	르 아브르 Le Havre행 기차 → 약 1시간 50분 소요	브리오테-뵈즈빌 Bréauté-Beuzeville 하차	17번 버스 약 40분 소요 → *17번은 봄~가을만 운행	

옹플뢰르 Honfleur

에트르타를 여행할 때 함께 들르는 작은 항구 마을 옹플뢰르는 에트르타에서 차로 50분 소요된다. 직행 대중교통이 없어 두 곳 모두 대중교통으로 다녀오려면 르 아브르로 다시 왔다가 이동해야 한다. 옹플뢰르는 18세기에 지어진 타운하우스와 보트들이 정박되어 있는 아름다운 구항구Vieux-Bassin로 유명하다. 에트르타처럼 모네와 부댕, 쿠르베 등이 찾아 그림을 그렸으며 메종 사티Maison Satie와 외젠 부댕 박물관Musée Eugène Boudin도 있다. 파리에서 에트르타와 옹플뢰르를 함께 돌아보는 투어 프로그램이 있어 두 곳을 하루에 여행할 수 있다.

HOT TIP

파리에서는 자동차로 2시간 30분 걸린다. 대중교통을 이용하려면 생 라자르역에서 기차를 타고 트루빌-도빌Trouville-Deauville, 리지오Lisieux 또는 퐁에브크Pont-Eveque역에 하차해 베르 칼바도스 버스Bus Verts Calvados 20번 또는 50번을 탄다.

메종 사티

자신만의 확고한 음악으로 유명한 에릭 사티Eric Satie의 생가 겸 박물관으로 옹플뢰르 항구에서 도보 5분이면 닿는다.

🏠 67 Boulevard Charles V, 14600 Honfleur
🕐 5~9월 수~월요일 10:00-19:00, 10~4월 수~월요일 11:00-18:00, 화요일, 1/1~2/10, 12/25 휴관
€ €6.3, 16~25세 학생, 장애인 €4.8, 16세 미만, 장애인 동반자 무료
@ www.musees-honfleur.fr/maison-satie

외젠 부댕 박물관

외젠 부댕을 비롯해 19세기 인상파 화가들의 그림을 감상할 수 있고 노르망디 지역의 생활상을 엿볼 수 있는 전시관도 마련되어 있다.

🏠 Rue Homme de Bois, 14600 Honfleur
🕐 4월 초~7월 초, 9월 수~월요일 10:00-12:00, 14:00-18:00, 7~8월 수~월요일 10:00-18:00, 그 외 기간 수~월요일 14:30-17:30, 화요일, 5/1, 7/14, 10/18, 12/25, 1/8~2/2 휴관
€ 7월 초~10월 중순 €8, 학생, 장애인 동반자 €6.5, 16세 미만, 장애인 무료, 오디오 가이드 €2, 그 외 기간 €6, 학생, 장애인 동반자 €4.5
@ www.musees-honfleur.fr/musee-eugene-boudin

파리 디즈니랜드 Disneyland Paris

작은 자유의 여신상 레플리카와 함께 1992년 개장한 꿈과 희망의 나라! 마블, 인디아나 존스, 캐리비안의 해적, 피노키오, 포카혼타스, 스타 워즈, 알라딘 등 인기 디즈니 영화 캐릭터를 테마로 한 구역은 물론, 쥘 베른의 소설 <해저 2만 리>를 모티브로 한 노틸러스의 미스터리Les Mystères du Nautilus와 같이 프랑스에 최적화된 파리 디즈니랜드만의 볼거리도 있다. TV와 영화 프로덕션에 초점을 맞춘 어트랙션으로 가득한 월트 디즈니 스튜디오 파크도 바로 옆에 있고, 하루에 두 곳을 모두 가볼 수 있는 티켓으로 이용할 수 있다. 여유롭게 한 곳씩 다녀오는 것도 물론 좋다. 이곳의 하이라이트는 역시 잠자는 숲속의 공주 성 위의 밤하늘을 수놓는 불꽃놀이니 저녁까지 꼭 기다려서 보고 가자. 홈페이지(www.disneylandparis.com)에 퍼레이드와 공연, 특별 행사 등을 안내한다.

파리 디즈니랜드 가는 길

파리에서 동쪽으로 30km 정도 떨어진 디즈니랜드는 대중교통으로 쉽게 다녀올 수 있다. RER A선 Gare de Marne-la-Vallée-Chessy역에서 하차하면 바로 입구가 보인다. 편도 약 1시간 소요.
- 디즈니랜드 파크 10:00-23:00, 월트 디즈니 스튜디오 파크 10:00-20:00
- 성수기/비성수기에 따라 미니, 매직, 슈퍼 매직으로 티켓 등급을 나눈다. 보통 평일이 미니, 주말이 매직, 크리스마스, 여름방학 등 성수기를 슈퍼 매직으로 분류한다.

종류	요금(€) 성인(12세 이상)	3~11세
예매 슈퍼매직 1일/1파크	74	68
예매 슈퍼매직 1일/2파크	94	88
당일 슈퍼매직 1일/1파크	87	80
당일 슈퍼매직 1일/2파크	107	100
2일권	169	156
3일권	221	195
4일권	249	229

파리의 기차역 Gares à Paris

더 이상 증기기관차의 칙칙폭폭 소리는 들리지 않지만 그럼에도 여전히 기차역은 낭만으로 가득하다. 빛바랜 가죽 트렁크를 여럿 싣고 떠나고 싶은, 또각또각 구둣발 소리가 넓은 플랫폼을 울리는 기차역에서, 떠날 예정이 없더라도 차르륵 돌아가는 기차 시간표 안내판을 바라보는 것만으로도 좋다. 20세기 초 기차 여행의 노스탤지어가 진하게 남아 있는 파리의 여러 기차역을 살펴보자. 우리를 데려다줄 목적지와 역 안의 특별 시설 등 저마다의 특징이 뚜렷하다. 프랑스 철도청 홈페이지(gares-sncf.com) 참고.

북역 Gare du Nord

파리Paris - 아미엥Amiens - 릴Lille 열차가 생긴 역으로 1846년에 완공되었다. 프랑스 북부로 이동하는 열차와 벨기에, 독일, 네덜란드, 영국으로 향하는 열차를 담당하는, 유럽에서 가장 바쁜 기차역이다. 장 루이 잘레Jean-Louis Jaley의 런던-비엔나, 프랑수아 쥬프르와François Jouffroy의 브뤼셀-바르샤바처럼 파리를 가운데 두고 역사에 세계 각 도시가 8개 조각으로 새겨져 있다.

Ⓜ 메트로 4, 5호선 및 RER B, D선 Gare du Nord
🏠 18 Rue de Dunkerque, 75010

테르미누스 노르 Terminus Nord

파리에 도착하는 여행객을 가장 먼저 맞이해주는 북역의 비스트로. 열차에서 제대로 먹지 못하고 내리는 많은 여행객이 가장 먼저 달려가는 브라스리로, 1925년부터 자리한 아르 누보, 아르 데코의 식당이다. 유로스타를 타고 도착하는 영국 여행객에게는 이미 이름난 곳이다. 길게 늘어뜨린 보랏빛 차양이 역사 밖으로 나서자마자 한눈에 들어올 것이다.

Ⓜ 메트로 4, 5호선 및 RER B, D선 Gare du Nord에서 도보 2분
🏠 23 Rue de Dunkerque, 75010
☎ +33 1 42 85 05 15
🕐 월~목요일 11:00-24:00, 금~토요일 11:00-24:30, 일요일 08:30-23:00
@ www.terminusnord.com

Paris et apres
Gares à Paris

리옹역 Gare de Lyon

1900년 만국박람회 때 완공된 파리 열차 여행의 큰 축이다. 파리 일정을 마치고 프랑스 남부, 이탈리아, 스위스로 떠나는 사람들이 리옹역에서 기차를 탄다. 1900년에 건설되어 아직도 건재한 고풍스러운 외관이 매력이다. 런던의 빅벤과 닮은 대형 시계탑이 있다.

- Ⓜ 메트로 1, 14호선 및 RER A, D선 Gare De Lyon
- 🏠 Boulevard Diderot, 75012

르 트렁 블뢰 Le Train Bleu

로코코 시대의 궁전을 떠올리게 하는 화려한 벨 에포크 데코의 이 식당은 아름다운 인테리어로 유명하다. 열차 시간을 기다리다가 식사를 하러 들르는 사람보다 특별한 날을 기념하기 위해 예약을 하고 잘 차려입고 오는 사람이 많다. 1901년 문을 연 이래로 항상 최고의 인기를 누리고 있다. 1970년대에 문을 닫을 뻔했지만 프랑스 문화부 장관이 프랑스의 역사 유물로 지정하면서 현재에 이르고 있다.

- Ⓜ 메트로 1, 14호선 및 RER A, D선 Gare De Lyon
- 🏠 Gare de Lyon, 75012
- 🕐 바 라운지 매일 07:30-22:00 레스토랑 매일 11:30-14:45, 19:00-22:45
- @ www.le-train-bleu.com

동역 Gare de l'Est

북역에서 몇 걸음 떨어진 곳에 프랑스 동쪽으로 출발하는 기차들이 모인 동역이 있다. 1849년 스트라스부르Strasbourg로 가는 열차를 위한 역사로 지어져 스트라스부르 플랫폼이라 불렸다. 지금도 동역의 서쪽 파사드에는 스트라스부르 도시를 상징하는 동상이 세워져 있다. 멀하우스Mulhouse와 파리를 잇는 열차가 신설되며 1854년 지금의 동역이라는 이름으로 바뀌었다. 1883년에는 이스탄불 행 오리엔트 익스프레스Orient Express가 이곳에서 처음 출발했다.

- Ⓜ 메트로 4, 5, 7호선 Gare de l'Est
- 🏠 Place du 11 Novembre 1918, 75010

몽파르나스역 Gare Montparnasse

남부 유럽으로 달리는 열차들이 이 역에서 출발한다. 1840년에 첫 열차 운행이 이루어졌다. 몽파르나스역에서 남프랑스 등으로 가는 열차를 탄다면 넉넉하게 시간을 잡고 일찍 도착하는 것이 좋다. 4개의 메트로 노선이 지나고 3개의 기차역(메인Maine, 파스퇴르Pasteur, 바지하드Vaugirard)이 통합된 것이라 역이 크고 복잡하다.

- Ⓜ 메트로 4, 6, 12, 13호선 Montparnasse-Bienvenüe
- 🏠 17 Boulevard de Vaugirard, 75741

Paris et apres
Gares à Paris

생 라자르역 Gare Saint-Lazare

파리와 나머지 프랑스 지역들을 연결한다. 파리 내에서는 북역 다음으로 큰 역이며 유럽에서는 두 번째로 바쁜 역이다. 매일 45만 명, 해마다 1억 명의 승객을 프랑스 전역으로 실어 나르는 꽉 찬 스케줄에 늘 바쁘다. 역사가 예뻐서 여행 일정이 없어도 지나가다 들러볼 만하다. 프랭탕과 라파예트 백화점 너머로 조금만 더 걸어 올라가면 나타난다.

- Ⓜ 메트로 3, 12, 13, 14호선 St. Lazare
- 🏠 13 Rue d'Amsterdam, 75008

오스테를리츠역 Gare d'Austerlitz

파리 남동쪽, 좌안에 있는 역으로 파리-보르도 Paris-Bordeaux 철도가 여기서 시작된다. 나폴레옹 1세가 1802년 승리한 전장의 이름을 땄다. 몽파르나스역에서 출발하는 TGV 열차들이 소개되면서 프랑스 남서부 루트를 상당히 잃고 현재는 연간 3000만 명(몽파르나스역 이용자의 반 정도)이 오스테를리츠를 이용하는 수준으로 아주 바쁜 역은 아니다. 오를레앙 Orléans, 툴루즈 Toulouse 등으로 가는 열차가 이곳에서 출발한다.

- Ⓜ 메트로 5, 10호선 및 RER C선 Gare d'Austerlitz
- 🏠 7 bis Boulevard de l'Hôpital, 75013

플릭스뷔스와 위뷔스 FlixBus & OuiBus

일찍 예약하는 기차표보다 훨씬 싼 가격을 메리트로 젊은 여행자들에게 크게 어필하는 유럽 내 이동 수단인 두 버스를 알아보자. 어떤 루트는 기차 편이 없거나 환승을 여러 번 해야 해서 가격이 아니더라도 버스를 타는 것이 더 편하기도 하다. 놀랄 만한 가격이 장점이라면 단점은 이동 시간. 기차보다 2~3배 더 오래 걸리는 것이 예사라서 밤새 달려 아침에 도착하는 편으로 이동하는 여행자도 많다.

플릭스뷔스 FlixBus

2013년 독일 뮌헨에서 젊은이 셋이 시작한 스타트업이 매일 25만 편 이상의 버스를 운행하는, 유럽에서 가장 바쁜 버스 회사가 되었다. 28개국, 1700개 목적지를 잇는다. 앱과 e-티켓, 무료 Wi-Fi와 플러그 등 여행자의 편의성을 고려해 다양한 서비스를 계속 개발 중이다. 2018년에는 미국에도 지점을 냈다. 지역 버스 회사들과 연계되어 있어 유럽 대부분의 도시에 운행 편이 있다. 좀 더 자세한 정보는 www.flixbus.com 참고.

위뷔스 OuiBus

프랑스 철도청이 운영하는 저가 버스 노선이다. 2012년 유럽 지역의 코치 버스 서비스로 시작해 현재 파리, 니스, 샤를 드골 공항, 아비뇽, 아를, 마르세유, 암스테르담, 바르셀로나, 브뤼셀, 베른, 바젤, 런던, 피렌체, 밀라노 등 약 300개 도시를 잇는다. 파리, 리옹, 릴에 거점을 두고 빠른 속도로 루트를 개발하고 있다. 무료 Wi-Fi, 플러그가 모든 버스에 장착되어 있으며 장애인도 탑승할 수 있다. 좀 더 자세한 정보는 fr.ouibus.com 참고.

현지 한인 투어 Korean Tours

물설은 곳에서 근교 여행을 준비하기란 얼마나 어려운지. 타지에서 들려오는 한국어보다 반가운 것이 있을까? 현지에서 오랜 시간을 보낸 베테랑들이 선보이는 알찬 투어로 베르사유부터 몽 생 미셸까지 다녀오자. 호텔 픽업까지 제공하는 프로그램을 이용하면 전 일정 내내 몸 편히 다녀올 수 있다. 파리 시내 여행 계획에 더 많은 시간을 할애할 수 있고 전문가의 배경지식을 나눔 받아 더욱 깊이 있는 여행이 가능하다.

마이리얼트립 My Real Trip

한국 여행자를 위한 종합 자유 여행 플랫폼으로 현지에 거주하는 가이드가 진행하는 투어를 비롯해 액티비티, 티켓은 물론 에어텔, 한인 민박, 항공 상품을 제공한다. 혼자 가기 어려운 근교 소도시 투어, 프라이빗 투어, 이색 투어 등 다양한 상품과 모바일 애플리케이션과 웹사이트를 통한 간편한 예약 및 결제 방법이 장점이다.

@ myrealtrip.com

유로 자전거나라

경험이 많은 노련한 유로 자전거나라는 현지 한국인 여행 업체 1세대로 검증된 가이드들이 인솔하는 알찬 투어 프로그램을 운영한다. 옹플뢰르+몽 생 미셸, 지베르니+에트르타+루앙, 베르사유+오베르 쉬르 우아즈 등 다양한 근교 여행 프로그램이 있어 일정에 맞는 것을 골라 이용하기에 좋다. 자전거나라에서 국내 유일의 수도원 100분 투어를 진행하는 몽 생 미셸의 경우 1박 2일 투어도 마련되어 있다.

@ www.eurobike.kr

인디고트래블

프랑스를 비롯한 세계 여러 나라의 맞춤 여행을 진행하고 액티비티, 호텔, 여행자 보험 등 다양한 여행 상품을 판매한다. 포켓 Wi-Fi, 바토 무슈 승선권 등 현지에서 유용한 여행 상품과 파리 박물관, 야경 워킹 투어, 베르사유와 몽 생 미셸 투어 프로그램이 있다.

@ www.indigotravel.co.kr

모나미프랑스

파리 현지 여행사 최초로 화가 마을+베르사유 1day 투어를 진행한다. 벨기에, 루아르 고성, 알자스 등의 근교 투어와 소그룹 시내 투어, 맞춤 투어 등 프로그램이 다양하다.

@ monamifrance.com

헬로우트래블

유럽 주요 도시의 투어를 운영한다. 파리 투어는 8개가 있다. 시내 여행 프로그램 4개와 몽 생 미셸, 베르사유, 지베르니 투어. 일행과 단독으로 진행하는 단독 투어와 친구를 사귈 수 있는 즐거운 단체 투어 두 종류로 나뉜다.

@ hellotravel.kr

클룩 Klook

전 세계 여행 액티비티 & 어트랙션 예약 플랫폼. 파리 시내의 여러 투어와 랭스 샴페인 투어, 퐁텐블로, 루아르 고성, 몽 생 미셸, 베르사유, 지베르니 데이 투어를 진행한다. 어트랙션 입장권도 좋은 가격에 판매한다.

@ www.klook.com

와그 Waug

전 세계 여러 명소의 입장권과 액티비티를 할인가에 구입할 수 있는 자유 여행 예약 플랫폼. 유럽 36개국 30일 심 카드, 인천공항 마티나 라운지, 바토 파리지앵 크루즈 등 여행에 유용한 상품과 함께 20여 개의 파리 투어를 진행한다.

@ www.waug.com

Les Nuits

파리의 밤

파리의 고요한 밤과 모두가 잠든 이른 새벽은 어쩌면 에펠탑과 모나리자보다 더 큰 감동이다. 벅차게 행복했던 오늘을 되돌아보고 더 기쁠 내일을 설레는 마음으로 준비할, 짧은 시간 동안 집이라 부를 수 있는 숙소들을 엄선해 소개한다.

HOT TIP

어느 동네에서 묵어야 할까?

여행자의 기호와 취향에 따라 가장 많은 시간을 보낼 예정인 지역에 숙소를 잡는 것을 추천한다. 파리 1~2존 범위에 포함되는 1~20구 지역 안 교통은 어디에서든 비슷한 수준으로 편리하다. 13, 14, 17~20구와 10구의 북역, 동역 부근은 상대적으로 치안이 그리 좋지 않아 여자끼리 또는 혼자 여행을 한다면 피하는 게 좋고, 15~16구에는 한인 숙소가 특히 밀집되어 있다. 2~3존으로 나가면 숙소 가격이 저렴하지만 이동 시간이 꽤 걸려서 막차 시간을 잘 계산하여 일정을 짜야 한다. 캐리어를 끌고 다니기도 힘드니 우버나 픽업 차량을 이용하지 않는다면 위치를 잘 보고 숙소를 정하도록 한다.

호텔 플라자 아테네
Hotel Plaza Athénée ★★★★

명품 숍이 즐비한 몽타뉴 가에 1913년에 문을 연 파리를 대표하는 럭셔리 호텔이다. 아르 데코 양식의 건물에 예쁜 테라스를 장식한 빨간 차양과 제라늄이 눈길을 끈다. '요리의 살아있는 전설' 알랭 뒤카스Alain Ducasse의 레스토랑과 디올 프레스티지 라인을 사용한 스파 프로그램은 도심 속 미식과 휴식을 누리기에 그만이다.

- Ⓜ 메트로 9호선 Alma-Marceau에서 도보 5분, 메트로 메트로 1, 9호선 Franklin D. Roosevelt에서 도보 7분
- 🏠 25 Avenue Montaigne, 75008
- ☎ +33 1 53 67 66 65
- @ www.dorchestercollection.com/en/paris/hotel-plaza-athenee
- € 2인 기준 비수기 €961~ / 성수기 €1029~

호텔 르 쌩끄 꼬데
Hotel Le Cinq Codet ★★★★★

앵발리드가 보이는 부촌 7구에 있는 호텔로, 부티크와 럭셔리 호텔의 장점을 모두 갖추었다. 스파와 피트니스 센터, 정원, 바에서 조용한 휴식을 취할 수 있고 자전거도 무료로 대여해준다. 복층 구조의 듀플렉스 룸은 르 쌩끄 꼬데의 호사스러움을 최고로 누릴 수 있는 객실. 조식이 맛있기로 유명하니 늦잠 자지 말자. 24시간 프런트 데스크와 전담 컨시어지가 투숙객의 여행 전반 사항을 꼼꼼히 챙겨준다.

- Ⓜ 메트로 8호선 École Militaire에서 도보 4분
- 🏠 5 Rue Louis Codet, 75007
- ☎ +33 1 53 85 15 60
- @ lecinqcodet.com
- € 2인 기준 비수기 €256~ / 성수기 €351~

호텔 릿츠 파리
Hôtel Ritz Paris ★★★★★

1898년 오픈한 유서 깊은 릿츠 호텔은 고급스러운 호텔의 대명사. 프루스트와 오드리 헵번도 단골이었다는 릿츠 파리는 상상 가능한 모든 편의성과 럭셔리를 갖추었다. 프렌치 레스토랑과 3개의 바, 뷰티와 웰니스 클럽, 실내 수영장, 피트니스 센터, 헤어 살롱, 샤넬 스킨 케어 센터, 단독 입점 브랜드 부티크, 아이들을 위한 키즈 프로그램 등 차별화된 서비스를 자랑한다.

- Ⓜ 메트로 1, 8, 12호선 Concorde 및 메트로 7, 14호선 Pyramides역에서 도보 6분
- 🏠 15 Place Vendôme, 75001
- ☎ +33 1 43 16 30 30   @ www.ritzparis.com
- € 2인 기준 비수기 €1000~ / 성수기 €1200~

. Les Nuits .
Accommodation

호텔 마리냥 샹젤리제 Hotel Marignan Champs-Élysées ★★★★★

샹젤리제와 몽타뉴 거리 인근에 자리한 호텔이다. 인테리어 전문가 피에르 요바노비치Pierre Yovanovitch가 현대적인 고급스러움으로 꾸몄으며 북적거리는 도심 속에서도 고요한 섬 같은 분위기를 느낄 수 있다. 에펠탑이 보이는 스위트가 인기이며 3~6인까지 숙박할 수 있는 객실이 있어 가족 여행객에게도 좋다.

- Ⓜ 메트로 1호선 Franklin D. Roosevelt에서 도보 4분
- 🏠 12 Rue de Marignan, 75008   ☎ +33 1 40 76 34 56
- @ www.hotelmarignanelyseesparis.com
- € 2인 기준 비수기 €322~ / 성수기 €425~

만다린 오리엔탈 Mandarin Oriental ★★★★★

아름다운 1930년대 건물에 자리한 만다린 오리엔탈은 오트 쿠튀르와 세계적인 패션 브랜드에서 영감을 받은 인테리어가 시크한 파리지앵의 분위기와 가장 잘 어울리는 호텔이다. 호텔 곳곳에서 프랑스 특유의 섬세한 화려함과 동양의 아름다움이 조화를 이루고 있다. 총면적 900m²의 스파와 미슐랭 별 2개를 단 고메 레스토랑으로 진정한 힐링을 원하는 젯셋족과 미식가들에게 찬사를 받는다.

- Ⓜ 메트로 1, 8, 12호선 Concorde에서 도보 3분
- 🏠 251 Rue Saint Honoré, 75001   ☎ +33 01 70 98 78 88
- @ www.mandarinoriental.com
- € 2인 기준 비수기 €1025~ / 성수기 €1235~

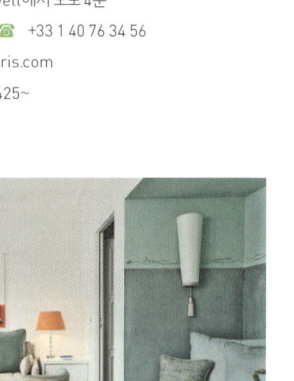

르 버건디 파리 Le Burgundy Paris ★★★★★

예술을 사랑하는 수집가의 저택을 개조한 호텔로 프라이빗한 럭셔리를 표방한다. 비밀스럽고 고급스러운, 파리지앵 특유의 도도한 매력이 곳곳에서 느껴지며 소티스Sothys 스파가 특히 유명하다. 정원에서 직접 재료를 재배해 계절별로 맛있는 메뉴를 선보이는 르 파티오Le Patio 레스토랑과 바도 추천한다. 미슐랭 셰프, 페이스트리 셰프가 자랑하는 애프터눈 티를 즐기기 위해 버건디를 찾는 사람도 많다.

- Ⓜ 메트로 1, 8, 12호선 Concorde에서 도보 3분
- 🏠 6-8 Rue Duphot, 75001
- ☎ +33 1 42 60 34 12   @ www.leburgundy.com
- € 2인 기준 비수기 €505~ / 성수기 €555~

호텔 드 방돔 Hotel de Vendome ★★★★★

엘리제 궁의 건축가인 아르망 클로드 몰레Armand Claude Mollet가 1723년에 지은 고풍스러운 건물로 방돔 광장에 있다. 클래식한 분위기로 각기 다르게 꾸민 객실은 총 29개뿐이라 원하는 객실이 있다면 빨리 예약해야 한다. 오트 쿠튀르Haute Couture에서 영감을 받아 디자인한 호텔 레스토랑에서 와인이나 커피 타임을 즐겨봐도 좋다.

- Ⓜ 메트로 1호선 Tuileries에서 도보 5분
- 🏠 1 Place Vendôme, 75001
- ☎ +33 1 55 04 55 00   @ www.hoteldevendome.com/en
- € 2인 기준 비수기 €319~ / 성수기 €372~

. Les Nuits .
Accommodation

더 혹스턴 The Hoxton ★★★★

4층짜리 18세기 건물에 들어선 172개의 객실로 구성된 혹스턴은 이미 런던, 암스테르담 등 여러 도시에서 크게 성공한 부티크 체인이다. 개성 강하고 독특하지만 이질감도 불편함도 전혀 느껴지지 않는, 훌륭한 부티크 호텔의 정석이라 자랑할 만한 인테리어가 트렌드에 민감한 여행자들에게 크게 어필한다. 레스토랑과 칵테일 바도 맛과 분위기로 정평이 나있다.

- Ⓜ 메트로 8, 9호선 Bonne Nouvelle에서 도보 4분
- 🏠 30-32 Rue du Sentier, 75002
- ☎ +33 1 85 65 75 00
- @ thehoxton.com/paris/paris/hotels
- € 2인 기준 비수기 €219~ / 성수기 €269~

호텔 줄 에 짐 Hôtel Jules et Jim ★★★★

마레 지구 부티크 호텔로 23개 객실은 줄, 짐, 다락방, 듀플렉스 그리고 LG의 HI-MACS© 자재와 인체 공학 의자를 놓은 하이막스, 다섯 종류로 나뉜다. 방음과 채광, 조명에 신경 써 투숙객의 프라이버시와 수면의 질을 높이는 데 주력했다. 매종 프란시스 커정의 향초가 로비와 바를 밝히고 고급 스포츠 클럽 르 클레이Le Klay도 이용할 수 있다.

- Ⓜ 메트로 11호선 Rambuteau 및 메트로 3, 11호선 Arts et Métiers에서 도보 4~5분
- 🏠 11 Rue des Gravilliers, 75003
- ☎ +33 1 42 78 10 01
- @ www.hoteljulesetjim.com
- € 2인 기준 비수기 €214~ / 성수기 €274~

호텔 르 프라데이 Hotel Le Pradey ★★★★

개성 넘치는 모던하고 시크한 인테리어와 최고의 위치로 투숙객들의 호평이 자자하다. 호텔 오너가 직접 양조하는 랑그도크Languedoc 와인을 마실 수 있는 바와 객실에서의 마사지, 쇼핑, 쇼퍼, 식당과 명소 추천 등 여행 전반의 퀄리티를 높여줄 개별 컨시어지 서비스도 르 프라데이의 자랑이다. 개별 미팅 룸 사용, 케이터링 등 비즈니스 여행객을 위한 시설도 완비되어 있다.

- Ⓜ 메트로 1호선 Tuileries에서 도보 2분
- 🏠 5 Rue Saint-Roch, 75001
- ☎ +33 1 42 60 31 70
- @ www.lepradey.com
- € 2인 기준 비수기 €194~ / 성수기 €267~

호텔 패브릭 Hotel Fabric ★★★★

공장과 창고가 많았던 오베르캉Oberkampf 지역의 과거 모습에서 모티브를 따와 인더스트리얼하게 꾸민 세련된 호텔. 벽돌 벽과 넓은 공간, 노출 구조와 시원하게 난 창문은 힙한 이 동네와 잘 어울린다. 객실은 총 33개로 24시간 컨시어지 서비스, 피트니스와 스파, 프라이빗 함맘과 바까지 4층을 알차게 구분해 꾸며놓았다.

- Ⓜ 메트로 9호선 Saint Ambroise에서 도보 3분
- 🏠 31 Rue de la Folie Méricourt, 75011
- ☎ +33 1 43 57 27 00
- @ www.hotelfabric.com/en/
- € 2인 기준 비수기 €203~ / 성수기 €261~

Les Nuits
Accommodation

호텔 샤바넬 Hotel Chavanel ★★★★

파리 출신의 프로페셔널 건축가와 디자이너에 의해 리노베이션된 부티크 호텔로 27개의 객실은 독특한 조명과 섬세한 레이스의 커튼, 디자인 가구로 꾸며져 있어 시크하면서도 우아한 분위기를 자아낸다. 100% 오가닉 아침식사 또한 이 호텔의 자랑이다.

- Ⓜ 메트로 8,12,14호선 Madeleine에서 도보 3분
- 🏠 22 Rue Tronchet 75008
- ☎ +33 1 47 42 26 14
- @ www.hotelchavanel.com
- € 2인 기준 비수기 €157~ / 성수기 €€210~

호텔 프랑수아 프리미에 Hotel François 1er ★★★★

우아하게 꾸며진 샹젤리제 거리 근처의 부티크 호텔로 곳곳에 걸린 파리 옛 모습의 흑백 사진이 감성을 더한다. 아름다운 패브릭과 수제 가구들로 꾸며진 객실은 따뜻하고 안락한 느낌을 주며 가장 기본이 되는 클래식 객실은 18㎡이니 참고하자. 근처에 부티크 상점과 레스토랑이 많아 편안한 여행을 즐길 수 있다.

- Ⓜ 메트로 1호선 George V에서 도보 3분
- 🏠 7 Rue Magellan, 75008
- ☎ +33 1 47 23 44 04
- @ the-paris-hotel.com
- € 2인 기준 비수기 €233~ / 성수기 €333~

호텔 스플렌디드 에투알 Hotel Splendid Etoile ★★★★

에투알 개선문이 보이는 곳에 자리하며 호텔 건너편이 공항 버스 정류장이어서 파리에 짧게 머무는 경우 공항이동이 편리하다. 샹젤리제 거리도 바로 앞이어서 밤 늦게까지 관광하기에도 좋다. 고풍스러운 외관, 차분한 그레이 블루로 꾸민 깔끔하고 쾌적한 객실이 돋보이며 고객들에 대한 친절한 배려까지 갖춘 곳이다.

- Ⓜ 메트로 1, 2, 6호선 및 RER A선 Charles de Gaulle-Étoile에서 도보 3분
- 🏠 1 Avenue Carnot, 75017
- ☎ +33 1 45 72 72 00   @ www.hsplendid.com
- € 2인 기준 비수기 €193~ / 성수기 €241~

노보텔 파리 상트르 투르 에펠 Novotel Paris Centre Tour Eiffel ★★★★

에펠탑과 센강 근처에 있어 멋진 야경을 자랑하는 호텔로 컨템포러리 디자인의 넓은 객실을 보유하고 있다. 특히 소파 베드가 있는 슈페리어 룸부터는 16세 미만의 어린이의 경우 2명까지 같은 객실에 숙박이 가능하다. 호텔의 벤케이Benkay 일식 레스토랑에서도 센강의 경치를 감상하며 식사를 즐길 수 있다.

- Ⓜ 메트로 10호선 Charles Michels에서 도보 7분
- 🏠 61 Quai de Grenelle, 75015
- ☎ +33 1 40 58 20 00   @ www.novotel-paris-toureiffel.com
- € 2인 기준 비수기 €147~ / 성수기 €190~

호텔 마레 파리 카롱 드 보마르셰
Hôtel Marais Paris Caron de Beaumarchais ★★★

트렌디한 마레 지구 한가운데 우아한 자태로 서 있다. 극작가 보마르셰가 근처에 살았다고 하여 그의 이름을 땄다. 앤티크 가구 상점인지 착각할 정도로 강렬한 파란색 외관과 꽃무늬 벽지, 겨울이면 종일 불을 피우는 벽난로, 손때 묻은 오래된 의자와 <르 피가로>가 놓인 책상이 여느 호텔과 사뭇 다른 우아함을 자랑한다.

- Ⓜ 메트로 1, 11호선 Hôtel de Ville 및 메트로 1호선 Saint-Paul에서 도보 5분
- 🏠 12 Rue Vieille du Temple, 75004   ☎ +33 1 42 72 34 12
- @ carondebeaumarchais.com
- € 2인 기준 비수기 €160~ / 성수기 €195~

호텔 크레용 Hôtel Le Crayon ★★★

부티크 호텔이라고 해서 몰개성적인, 뻔한 디자인을 표방할 필요가 없다는 호텔 크레용. 독특한 콘셉트의 호텔들을 거느리고 있는 Elegancia Hotels 그룹 소속이다. 강렬한 색채와 패턴으로 26개 객실을 각각 다르게 꾸몄다. 크레용의 성공에 힘입어 발랄하고 경쾌한 디자인의 크레용 후쥬Crayon Rouge 호텔도 문을 열었다. 두 곳 모두 1구에 있어 관광과 교통이 편하다.

- Ⓜ 메트로 1호선 Louvre-Rivoli 및 메트로 1, 7호선 Palais Royal Musée du Louvre에서 도보 7분
- 🏠 25 Rue du Bouloi, 75001
- ☎ +33 1 42 36 54 19   @ hotelcrayon.com
- € 2인 기준 비수기 €147~ / 성수기 €207~

호텔 34B 아스토텔 Hotel 34B - Astotel ★★★

젊은 여행자들의 감성을 자극하는 톡톡 튀는 디자인 객실로 유명한 아스토텔 계열의 호텔로, 요즘 뜨는 9구 소피 지역에 있어 접근성도 좋다. 프랑스를 상징하는 3가지 컬러를 활용한 사랑스러운 객실은 조금씩 다른 콘셉트로 각각 꾸며져 있고, 논알코올 음료를 무료로 마실 수 있는 미니바가 구비되어 있다. 오후마다 무료로 제공되는 스낵이 24시간 프런트 데스크 쪽에 비치되어 있다.

- Ⓜ 메트로 8, 9호선 Grands Boulevards에서 도보 2분
- 🏠 34 Rue Bergère, 75009
- ☎ +33 1 47 70 34 34   @ en.astotel.com/hotel/34b-en/overview
- € 2인 기준 비수기 €126~ / 성수기 €186~

. Les Nuits .
Accommodation

호텔 몬테로사 - 아스토텔 Hotel Monterosa - Astotel ★★★

파리 오페라 가르니에를 비롯, 프랭탕과 갤러리 라파예트 같은 유명 백화점과도 가까이 있어 관광과 쇼핑에 모두 편리한 디자인 호텔이다. 톡톡 튀는 포인트 색감이 인상적인 객실은 천장이 높은 편이어서 밝고 탁 트인 느낌을 준다.

- Ⓜ 메트로 12호선 Saint Georges에서 도보 3분.
- 🏠 30 Rue la Bruyère, 75009 ☎ +33 1 48 74 87 90
- @ www.astotel.com/hotel/monterosa/overview
- € 2인 기준 비수기 €82~ / 성수기 €166~

호텔 에크타 Hotel EKTA ★★★

1970년대의 레트로 감성을 현대적으로 세련되게 디자인한 호텔 에크타는 밝은 느낌을 뿜어내 여행자들에게 활기를 불어넣어주는 사랑스러운 부티크 호텔이다. 20개 객실과 5개의 스위트로 섬세하고 개별적인 서비스를 기대할 수 있다. 샹젤리제와 면한 위치도 훌륭하고 24시간 컨시어지 서비스, 글루텐 프리 식사, 개별 주차, 익스프레스 체크아웃 등 실용적인 편의가 돋보인다.

- Ⓜ 메트로 1호선 George V에서 도보 3분
- 🏠 52 Rue Galilée, 75008 ☎ +33 1 53 76 09 05
- @ www.hotelekta.com
- € 2인 기준 비수기 €180~ / 성수기 €235~

호텔 조이스 - 아스토텔 Hotel Joyce - Astotel ★★★

경쾌하고 감각적인 분위기의 디자인 호텔로 직원들의 친절한 서비스가 기분 좋은 호텔이다. 24시간 프런트 데스크를 운영하며 유리 지붕으로 된 1층 라운지에서는 무알코올 음료와 스낵을 무료로 제공한다. 오페라 및 몽마르트르 지구를 도보로 이동할 수 있어 관광하기에도 좋다.

- Ⓜ 메트로 Saint-Georges역에서 도보 4분
- 🏠 29 Rue la Bruyère, 75009 ☎ +33 1 55 07 00 01
- @ www.astotel.com/hotel/joyce/overview
- € 2인 기준 비수기 €82~ / 성수기 €176~

마마 쉘터 Mama Shelter

엄마의 보금자리라는 정겨운 이름을 하고 있는 마마 쉘터는 필립 스탁의 독특한 인테리어로 유명하다. 1층 레스토랑 메뉴 개발에 기 사부아 미슐랭 셰프가 참여했는데, 피자가 특히 맛있다. 종종 DJ를 초대해 즐거운 저녁 이벤트를 여는 루프톱 테라스도 인기 만점. 20구에 위치하여 조용하고 경치 좋으면서도 시내 중심부와 그리 멀지 않다.

- Ⓜ 메트로3호선 Porte de Bagnolet 및 메트로2호선 Alexandre Dumas에서 도보 10분
- 🏠 109 Rue de Bagnolet, 75020 ☎ +33 1 43 48 48 48
- @ www.mamashelter.com
- € 2인 기준(미디엄 마마) 비수기 €129~ / 성수기 €169~

. Les Nuits .
Accommodation

파리벨 | 한인 민박 |

파리에서 오래 거주하며 작품 활동을 하는 작가 부부가 운영하는 아기자기하고 예쁜 숙소. 이곳에 조금 더 오래 머물기 위해 파리에 다시 와야겠다는 생각이 들 정도로 꼼꼼히 챙겨주는 주인 부부의 따뜻한 보살핌에 감동받는다. 깨끗한 잠자리와 쇼핑대로, 맛집, 대중교통과의 접근성도 좋고 브런치 레스토랑 뺨치는 아침 식사도 맛있다. 최소 2박부터 예약할 수 있고 일요일 10:00-14:00에는 체크인을 할 수 없다.

Ⓜ 메트로 6호선 Passy 및 메트로 9호선 La Muette에서 도보 3분
@ parisbelle.kr
€ 2인실 도미토리 룸 1인 €60

메종에끌라 | 한인 민박 |

주방과 욕실을 지나 편안한 침대와 큰 책상, 소파 베드가 놓인 스튜디오와 에펠탑을 마주하는 테라스가 있는 멋진 뷰의 숙소. 테라스에 와인 한 잔을 올려놓고 반짝이는 에펠팝을 바라보며 건배를 외치는 짜릿함을 어디에 견줄 수 있을까! 1, 3호점은 15구에, 2호점은 비르하켐 다리 부근에 있어 여러 명소와 대중교통과의 접근성이 좋다. 여행자의 편의를 배려한 주방과 세탁기(2호점은 세탁방)도 구비되어 있다.

Ⓜ 메트로 6호선 Dupleix에서 도보 5분
@ cafe.naver.com/maisoneclat / 카카오톡 mntblanc
€ 2인 기준 €190(1인 추가 €30)

디어마이에펠 | 한인 민박 |

새하얀 침구가 정갈하게 깔린 침대에 누우면 에펠탑이 눈에 들어와 쉽게 잠이 들 수 없는 곳. 카메라를 들고 셔터를 한참 누르다 잠이 스르르 들고, 아침에 일어나면 가장 먼저 보이는 것은 역시 하늘하늘한 커튼 사이로 우뚝 솟은 에펠탑이다. 파리에서 살게 된다면 이런 집을 갖고 싶다는 생각을 매 순간 하게 될 정도로 예쁘고 또 예쁘다. 넓은 주방과 욕실을 갖추었으나 스튜디오 구조라 연박하기에도 불편하지 않다.

Ⓜ 메트로 9호선 Alma-Marceau에서 도보 5분
@ dearmyeiffel.imweb.me / 카카오톡 디어마이에펠
€ 문의 시 확정 요금 안내(최소 2~3박 이상 숙박)

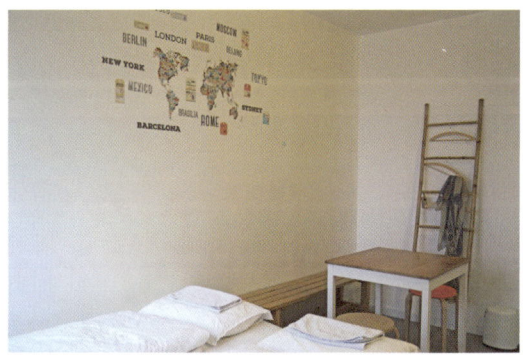

나나하우스 | 한인 민박 |

깔끔한 화이트 톤 객실이 내 방처럼 아늑하고 편안하다. 도심과 조금 떨어져 있지만 교통이 편리해 이동하기 쉽다. 체크인, 체크아웃과 여행 일정을 꼼꼼하고 다정하게 챙기는 주인 덕분에 다시 찾는 손님도 많다. 셀프 조식은 달걀, 토스트, 시리얼, 우유, 커피 등 간단한 컨티넨탈 메뉴로 제공되어 여행자 개별 스케줄에 따라 자유롭게 먹을 수 있다. 저녁마다 야식으로 컵라면도 제공한다.

Ⓜ 메트로 7호선 Porte d'Ivry에서 도보 6분
@ parisnana.modoo.at
€ 문의 시 확정 요금 안내

TRAVEL INFO
PARIS

한눈에 보는 파리 기본 정보

언어 | 프랑스어
면적 | 2733km²
시차 | 한국이 8시간(서머타임에는 7시간) 빠름
비자 | 3개월 이내 체류는 비자 필요 없음
비행시간 | 우리나라에서 비행기로 약 11시간
화폐 | 유로(EUR/€) €1=1327원(2020년 4월 기준)
전압 | 220V, 50Hz. 한국 콘센트 60Hz형은 사용 불가. 돼지코라 불리는 어댑터 필요
국제전화 | +33(국가 번호) 1(파리 지역 번호)

공휴일 (2020년 기준)

날짜	공휴일명
1월 1일	새해 첫날 Jour de l'An
4월 13일	부활절 월요일 Lundi de Pâques*
5월 1일	노동절 Fête du Travail
5월 8일	승전 기념일 Victoire 1945
5월 21일	예수 승천일 Ascension*
6월 1일	성령강림절 월요일 Lundi de Pentecôte*
7월 14일	프랑스혁명 기념일 Fête Nationale
8월 15일	성모승천 대축일 Assomption
11월 1일	만성절 Toussaint
11월 11일	휴전 기념일 Armistice 1918
12월 25일	성탄절 Noël

* 해마다 날짜 다름

관광청 사무소

지도와 쇼핑, 맛집, 숙박 가이드, 투어 예약 등 다양한 정보와 서비스를 제공한다. 브로슈어로는 부족한 사람을 위해 항시 대기하는 상담원들도 있다.

Ⓜ 메트로 7, 14호선 Pyramides에서 도보 1분
🏠 25 Rue des Pyramides, 75001
🕐 매일 10:15-19:00   @ www.parisinfo.com

파리 최고·최저 기온

월	1월	2월	3월	4월	5월	6월	7월	8월	9월	10월	11월	12월
최고기온	5.3	10.7	15.1	16.7	22	26.5	29.6	27.8	20.2	18.3	11.1	8.4
최저기온	0.6	5.4	7.6	7.2	12.2	16.3	19.2	17.1	12.2	11.5	6.1	3.8

TRAVEL INFO
PARIS

파리의 공항

샤를 드골 공항 Aéroport Paris-Charles de Gaulle

전 프랑스 대통령 이름을 딴 공항으로 파리 북쪽으로 약 27km 떨어져 있고 런던 히드로에 이어 유럽에서 두 번째로 가장 많은 승객을 실어 나른다. 여러 매체에서 세계에서 밤새우기 가장 힘든 공항으로 종종 꼽히니 공항 노숙은 가능하면 피하도록 한다.

짐 보관소

- 샤를 드골 공항 터미널 2 TGV-RER 역, 4층 쉐라톤 호텔맞은편
- 06:00-21:30
- 기내용 캐리어 ~3시간 €4, 12~24시간 €15, 30kg 수하물 ~3시간 €5, 12~24시간 €18
- @ parisaeroport.fr/en/passengers/services/book-a-service/luggage-storage

샤를 드골 공항 터미널

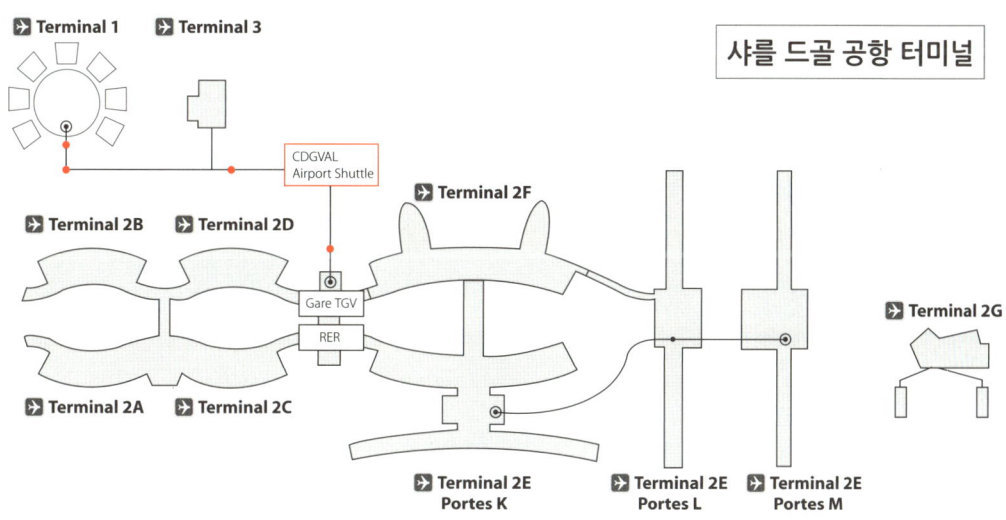

TRAVEL INFO
PARIS

공항에서 시내로

르와시 버스 Roissy Bus

| 샤를 드골 공항 T1, T3, T2A-2C, T2D, T2E-2F | 약 60분, €12.5
샤를 드골 → 파리 06:00-00:30 (15~20분 간격)
파리 → 샤를 드골 05:15-00:30 (15~30분 간격) | 오페라 가르니에 근처
Rue Scribe 출·도착 |

르 뷔스 디렉트 Le Bus Direct

LIGNE 2

| 샤를 드골 공항 T2E-2F, T2A-2C-2D, T1 | 45~70분, 편도 €18, 왕복 €31
샤를 드골 → 파리 05:30-23:30 (30분 간격, T2E/2F 기준)
파리 → 샤를 드골 05:15-22:00 (30분 간격, 에펠탑 근처 기준) | 포트 마이요역 근처
Porte Maillot / Palais des Congrès
개선문 근처 Etoile / Champs-Elysées
에펠탑 근처 Tour Eiffel / Suffren |

LIGNE 4

| 샤를 드골 공항 T2E-2F, T2A-2C-2D, T1 | 40~80분, 편도 €18, 왕복 €31
샤를 드골 → 파리 05:45-22:45 (30분 간격, T2E/2F 기준)
파리 → 샤를 드골 05:15-21:45 (30분 간격, 몽파르나스역 기준) | 리옹역 Gare de Lyon
몽파르나스역 Gare Montparnasse |

RER B선

| 샤를 드골 공항 T3, T2 | 25~35분, €11.4
샤를 드골 → 파리 04:53-23:32 (10~15분 간격)
파리 → 샤를 드골 04:53-23:45 (10~15분 간격) | Gare du Nord, 25분
Châtelet-Les-Halles, 28분
Denfert-Rochereau, 35분 |

택시 Taxi

| 샤를 드골 공항 | 고정 요금 좌안 €55, 우안 €50 | 파리 시내 |

그 외 교통수단

일반 버스	샤를 드골	06:05-22:30 (15~35분 간격, 350번) / 07:10-21:40 (30분 간격, 351번)	파리 동역 Gare de l'Est (350번) 나시옹 Nation (351번)
야간 시간 운행 노선	샤를 드골 T3, T1, T2	녹틸리엔 Noctilien 버스 N140, N143 / 55분~1시간 25분, €8 00:02-04:32 (30분~1시간 간격)	파리 동역 Gare de l'Est
VEA Shuttle (Magical Shuttle)	샤를 드골 T2E-2F, T1	약 45분, €23, 3~12세 €10 / 09:00-20:00 (30분~1시간 간격, T2E-2F 기준)	디즈니랜드

오를리 공항 Aéroport de Paris-Orly

행정구역상 파리 남쪽 교외 지역인 오를리Orly에 위치해, 시내 중심지에서 약 9km 정도 떨어져 있으며 인천-파리뿐 아니라 기타 유럽 도시들로 비행기를 타고 이동할 때 종종 찾게 된다.

공항에서 시내로

오를리버스 Orlybus

약 30분, €8.7

오를리 → 파리 06:00-00:30 (10~20분 간격)
파리 → 오를리 05:35-00:00 (10~20분 간격)

Orly Sud (남 터미널) / Orly Quest (서 터미널) ↔ Place Denfert-Rochereau

르 뷔스 디렉트 Le Bus Direct

LIGNE 1

30~60분, 편도 €12, 왕복 €20

오를리 → 파리 06:30-23:50 (20분 간격, 남 터미널 기준)
파리 → 오를리 04:40-21:40 (20분 간격, 개선문 근처 기준)

Orly Sud (남 터미널) / Orly Quest (서 터미널) ↔ 몽파르나스역 Gare Montparnasse / 트로카데로 광장 근처 Trocadéro / 개선문 근처 Etoile / Champs-Elysées

RER B선

Orlyval Shuttle Train 8분 + RER B선 25~35분, €13.25
GO C Paris Bus 10분 + RER C선 25분, €6.35

Orlyval Shuttle Train 06:00-23:35 (4~7분 간격)
GO C Paris Bus 04:52-23:25 (15분 간격)

Orly Sud (남 터미널) / Orly Quest (서 터미널) ↔ Antony (RER B) / Gare de Pont de Rungis (RER C)

택시 Taxi

고정 요금 좌안 €35, 우안 €30

오를리 공항 ↔ 파리 시내

TIP | 샤를 드골과 오를리 공항을 헷갈린 경우

두 공항을 이어주는 르 뷔스 디렉트 노선 3 Le Bus Direct Linge 3을 이용한다.

70~80분, 편도 €22, 왕복 €37

샤를 드골 → 오를리 06:10-21:50 (25~40분 간격, T2E-2F 기준)
오를리 → 샤를 드골 06:35-21:50 (25~40분 간격, 남 터미널 기준)

샤를 드골 공항 T2E-2F, T2A-2C-2D, T1 ↔ 오를리 Orly Quest (서 터미널) / Orly Sud (남 터미널)

TRAVEL INFO
PARIS

보베 티예 공항 Aéroport de Paris Beauvais Tille

라이언에어Ryanair 등 유럽 내 운항하는 저가 항공사들이 이용한다. 특별한 편의 시설이 없고 쾌적하지 않아 표 가격 차이가 크지 않다면 샤를 드골이나 오를리를 권한다. 보베 티예 공항과 파리를 잇는 유일한 교통수단은 버스로 메트로 포트 마이요Porte Maillot역 바로 앞에 전용 버스 정류장이 있다. 사람이 많아 줄을 서서 기다려야 하지만 만석이 되면 다른 버스를 바로 대기, 출발시켜 비행기 시간에 늦지 않도록 한다. 라이언에어에서 운행하며, 그날의 비행 스케줄에 맞춰 비행 시간 2시간 전에 버스가 있고 약 1시간 30분 소요된다. 시간표 확인, 예매는 홈페이지(www.aeroportbeauvais.com)에서 가능하다.

€ 편도 12세 이상 €15.9, 4~11세 €9.9(온라인 가격)

파리 시내 교통

메트로 Métro

300개가 넘는 역과 16개 노선이 있다. 한국 지하철에 비해 역과 역의 거리가 무척 가까워서 어지간한 파리 메트로 역 서너 개는 걸어서 이동하기에 전혀 무리가 없다. 300개가 넘는 역 중 가장 번잡한 곳은 3개 노선과 3개 RER이 모두 만나는 샤틀레-레 알Châtelet-Les Halles역이다. 공휴일 포함 매일 05:30경 첫차가 운행을 시작하고 00:45쯤 운행을 종료한다. 금~토요일은 01:45까지 운행하고 러시아워에는 2분 간격으로 다닌다.

STORY

파리의 메트로

매일 450만 명이 파리의 메트로를 이용하며, 사람들이 많을수록 역사와 열차 안에서의 안전에 더욱 신경 써야 한다. 어떤 이들은 1900년 첫 운행을 개시한 파리 메트로가 워낙 오래되어 냄새도 나고 지저분하여 꺼려진다고 하지만, 파리지앵의 일상과 가장 밀접하게 맞닿아 있는 교통수단이기에 한 번은 타보라 권하고 싶다. Arts et Métiers, Concorde 등 독특한 인테리어 역사가 있고 1호선부터 리노베이션을 하고 있어 자동문이 있는 노선, 직접 손잡이를 위로 넘겨 돌려 열거나 버튼을 눌러 열어야 하는 노선 등 역이나 노선마다 타는 재미가 있다.

RER

파리 시내와 근교를 잇는 철도인 RER은 A, B, C, D 네 노선이 있다. 배차 간격이 더 길고 정류장도 띄엄띄엄 있어서 잘못 타면 한참 돌아가야 한다. 같은 노선이라도 특정 역을 지나면서 길이 갈려 방향이 바뀌기도 하니 들어오는 열차 방향 안내판을 꼭 확인하고 타도록 한다. 메트로에서 RER로 환승하는 경우 메트로 탈 때 사용한 티켓을 한 번 더 개찰구에 넣어 사용한다. RER에서 메트로로 갈아탈 때도 마찬가지다. RER은 출구로 나갈 때 대부분 한 번 더 티켓을 필요로 하니 버리지 말고 보관할 것. 메트로와 비슷하게 첫차 시각은 05:30쯤, 막차 시각은 00:45(공휴일 포함 매일).

TRAVEL INFO
PARIS

버스 Bus

1906년에 첫 버스가 운행을 시작했고 현재 64개 노선이 운행되고 있다. 2017년 파리 시는 70년 만에 파리 버스 노선 업데이트를 감행해 4개 노선이 추가되고 50개 이상의 노선이 수정되었다. 메트로보다 조금 어렵지만 바깥 광경을 보며 이동할 수 있어 버스를 더 선호하는 여행자도 많다. 월~토요일 07:00-20:30, 몇 개 노선은 20:30-00:30 운행하며 일요일, 공휴일에는 정규 노선의 절반만 운행한다. 00:30-05:30에 운행하는 야간 버스 녹틸리엔 노선은 47개가 있다. 모든 버스 노선은 www.ratp.fr/en/plans-lignes/plan-des-bus에서 확인할 수 있다.

유용한 버스 노선

- **22** 라파예트와 프랭탕 백화점이 있는 쇼핑 지구 9구, 오페라 가르니에, 개선문을 지난다.
- **38** 좌안 끝에서 우안 끝까지, 파리를 수직으로 가장 빠르게 이동한다. 메트로로는 보통 4호선을 타야 하는데 시간이 꽤 걸린다.
- **69** 페르 라셰즈 묘지에서 바스티유, 샤틀레, 에펠탑까지 좌안, 우안의 큼직한 명소들을 모두 지난다.
- **72** 센강 우안을 따라 시청사에서 루브르를 지나 에펠탑까지 이동한다.
- **80** 몽마르트르에서 에펠탑과 육군사관학교를 지나 포트 베르사유까지 간다.
- **86** 바스티유에서 생 쉴피스까지, 파리 동부의 좌안, 우안을 센강을 건너며 구경할 수 있다.
- **89** 라탱 지구를 꼼꼼히 여행하는 노선. 뤽상부르 공원, 팡테온, 식물원을 지난다.

벨리브 Vélib

파리가 자랑하는 24시간 자전거 대여 서비스로, 기계식(녹색)과 전기(파란색) 두 종류의 자전거를 시내 60여 개 정류장에서 자유롭게 대여, 반납할 수 있다. 1인 계정으로 한 번에 최대 5까지 대여할 수 있다. 벨리브 정류장에 설치되어 있는 안내판의 지시에 따라 정차되어 있는 자전거를 하나 선택하고 녹색등이 들어오면 자전거를 거치대에서 빼내어 타면 된다. 1일권은 €5, 7일권은 €15로, 패스를 구입하면 처음 30분은 기계식은 무료, 전기 자전거는 €1에 탈 수 있으며 60분까지는 기계식/전기 1/2, 1시간 후부터는 30분당 €1/2를 추가로 지불한다. 반납할 때도 마찬가지로 녹색등이 들어오는지, '삐-' 하는 알람 소리가 두 번 울리는지 확인하고 떠난다. 반납이 제대로 되지 않으면 그 다음 벨리브를 빌릴 수 없다. 홈페이지에서도 사용권을 구입할 수 있다. 자세한 사항은 www.velib-metropole.fr 참고.

트램 Tram

19세기에는 활발히 운행했으나 어느새 종적을 감추었던 트램이 21세기에 부활했다. 외곽 주변을 달리기에 미미한 활동 범위를 보이지만 목적지 부근으로 운행하는 노선이 있다면 한 번쯤 잡아탈 만한 독특한 교통수단이다. 노선은 T1, T2, T3, T4 4개가 있다.

지역 열차 트랜실리엔 Transilien

파리의 6개 기차역(동역, 북역, 리옹, 오스테를리츠, 몽파르나스, 생 라자르)에서 출발하며 파리 근교 지역으로 이동한다. 표는 '일 드 프랑스Ile-de-France' 매표소나 자동 매표 기계에서 구입할 수 있다.

우버 & 택시 Uber & Taxi

길거리에서 택시를 자유롭게 잡아탈 수 있으며 바가지를 쓰지 않도록 꼭 미터기를 눌러달라고 요청하자. 휴대폰 앱으로 이용하는 우버는 누구든 운전자로 등록하여 운행할 수 있는 차량 서비스로 택시보다 요금이 저렴하고 차량도 많아 시내 안에서는 택시보다 더 많이 이용되고 있다. 다만 공항에서 시내로 들어올 때는 택시 기사들의 견제가 심하고 우버와 택시 요금 차이가 거의 없어 택시를 타는 편이 좋다.

TRAVEL INFO
PARIS

투어 버스

파리 주요 관광지를 2시간 이내로 돌아볼 수 있는 2층 관광버스다. 여러 나라 언어로 자세히 설명되는 오디오 가이드를 들으며 지친 다리를 쉬고 멋진 사진을 찍을 수 있기에 꼭 시간에 쫓기지 않더라도 타볼 만하다. 자유롭게 타고 내릴 수 있어 여행 처음 1~2일은 대중교통 대신 투어 버스를 이용하는 것도 경제적이다. 여러 업체가 있는데 노선과 요금 등이 거의 동일하고 인터넷에서 사는 것이 더 저렴하다. 자세한 사항은 각 홈페이지 참고

빅 버스 투어 Big Bus Tours	1일권 성인 온라인가 €32.39, 현장가 €35.98 / 4~12세 온라인가 €16.19, 현장가 €17.49 www.bigbustours.com/en/paris/paris-bus-tours
오픈 투어 L'Open Tour	1일권 성인 €34, 4~15세 €17 www.paris.opentour.com/en/
파리 시티 비전 Paris City Vision	1일권 성인 €34, 4~15세 €17 www.pariscityvision.com

교통권

메트로, 버스, RER, 트램은 동일한 교통권으로 탑승할 수 있으며 환승도 된다. 메트로, RER 역 등에서 구입할 수 있다. 현금, 카드 모두 사용할 수 있는데 현금만, 카드만 결제 가능한 기계가 있으니 확인하고 이용하자.
1회권 €1.9 | 10회권(까르네Carnet) €14.9

렌터카

렌터카 카운터는 그날의 첫 비행기부터 마지막 비행기가 운행하는 시간까지 공항 안에 열려 있으며 공항별 모든 터미널에 있어 도착하며 차를 빌릴 수 있도록 해두었다. 하지만 파리 근교나 프랑스의 다른 지역까지 차로 여행하는 것이 아니라면 렌트를 추천하지 않는다. 파리 시내는 생각보다 작고 대중교통이 워낙 잘 되어 있어 차가 필요 없을 뿐만 아니라 주차하는 것도 만만치 않게 어렵기 때문이다.

주요 렌터카 업체명과 전화번호
아비스Avis 08 20 05 05 05 | 유로카Europcar 08 25 35 83 58 | 식스트Sixt 08 20 00 74 98 | 에르츠Hertz 01 39 38 38 38 | 내셔널 시터National Citer 08 25 16 12 12

HOT TIP

- 파리에서는 하차 시 티켓을 기계에 다시 넣어 찍지 않는다. 특별히 개찰구가 없으면 다른 교통수단을 바로 이용하면 자동으로 환승 처리된다.
- 종종 경찰들이 표를 검사 하기 때문에 나갈 때 표가 필요 없다고 탑승하여 아무 곳에나 버리지 말자. 표를 갖고 있지 않으면 벌금을 낸다.
- 존ZONE에 유의할 것! 대부분의 방문자들이 여행하는 구역은 1~2존 안에 있다. 2존을 벗어나는 지역으로는 베르사유 궁과 오를리 공항(Zone 4), 샤를 드골 공항과 디즈니랜드, 퐁텐블로 성(Zone 5) 등이 있다.

파리 여행 패스

나비고 패스 Passe Navigo

파리 시내버스, 메트로, RER, 트램, 트랜실리엔을 자유롭게 사용할 수 있는 교통 카드로, 처음 구매할 때에는 €5를 추가로 지불한다. 주/월 단위로 살 수 있으며 일주일은 나비고를 만든 날짜로부터 만 7일이 아니라 해당 주 월요일 아침 첫차 시각부터 일요일 막차 시각까지 적용된다. 나비고 월 카드는 1일부터 마지막 날까지 해당된다. 일주일 나비고 카드는 수요일 자정까지 해당 주의 카드를 판매하고 금요일부터 그 다음 주의 카드를 판매한다. 1개월 카드는 매달 20일을 전후로 판매 달이 바뀐다. 따라서 월말 또는 목요일 이후 파리에 도착한다면 나비고 카드보다는 까르네나 교통 패스를 추천한다. 거의 모든 메트로, RER 등의 정류장에서 나비고를 판매하며 3cm x 2.5cm 증명사진 한 장이 필요하다.

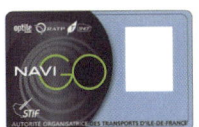

Zone	일주일 나비고	1개월 나비고
모든 ZONE	€22.8	€75.2
2~3	€20.85	€68.6
3~4	€20.2	€66.8
4~4	€19.85	€65.2

파리 뮤지엄 패스 Paris Museum Pass

루브르, 오르세, 팡테온, 베르사유 궁 등 파리 명소 50여 곳을 무료로 돌아볼 수 있는 황금 열쇠. 루브르 박물관, 오르세 미술관, 개선문, 퐁피두 센터 등을 포함하는 여러 곳에서는 줄을 서지 않고 입장할 수 있는 특혜도 적용되며 여행 전에 미리 사놓을 수 있다는 점도 편리하다. 레스토랑, 상점들에서의 할인 혜택도 제공한다. 공항, 관광 사무소, 여러 박물관, 명소에서 구입할 수 있다. 18세 미만은 대부분의 파리 명소를 무료로 입장할 수 있으니 구입하지 않아도 된다. 자세한 사항은 en.parismuseumpass.com 참고.

2일권 €48   4일권 €62   6일권 €74

파리 비지트 패스 Paris Visite Pass

일정 기간 동안 파리 대중교통(버스, RER, 메트로, 트램)을 자유롭게 이용할 수 있는 교통권이다.

	1일권		2일권		3일권		5일권	
	1~3존	1~5존	1~3존	1~5존	1~3존	1~5존	1~3존	1~5존
성인	€13.2	€27.8	€21.5	€42.2	€29.4	€59.2	€42.2	€72.4
4~11세	€6.6	€13.9	€10.8	€21.1	€14.7	€29.6	€21.1	€36.2

파리 패스립 Paris Passlib'

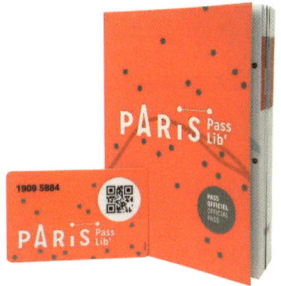

가격에 따라 센강 크루즈 1시간권, 오픈 투어 버스 1일권, 11개 박물관 특별전 입장권, 파리 뮤지엄 패스와 파리 비지트 패스의 기능을 통합하여 사용할 수 있다.

	성인	12~25세	4~11세
미니	€40	€35	€26
2일	€109	€65	€35
3일	€129	€70	€39
5일	€155	€90	-

TRAVEL INFO
PARIS

파리 패스 Paris Pass

파리 뮤지엄 패스 혜택과 파리 비지트 패스 혜택을 포함하며 빅 버스 투어 1일권, 상점과 식당 할인, 센강 크루즈, 오페라 가르니에 투어 등 파리 여행 편의 혜택을 모두 모아놓은 것으로 개별 혜택을 따져 여러 패스를 일정에 맞춰 구입하기 귀찮다면 파리 패스 한 장으로 모든 준비를 마칠 수 있다는 장점이 있다.
www.parispass.com (온라인 구매 시 할인)

	성인	12~17세	4~11세
2일	€130	€75	€40
3일	€165	€95	€55
4일	€205	€115	€65
6일	€245	€145	€80

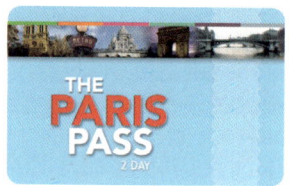

장기 여행자를 위한 정보

일주일에 유럽 4개국을 돌던 패키지 여행 붐은 사라진 지 오래다. 자유 여행이 인기를 끌고, 어딘가에서 한 달 살기를 해보는 것이 많은 사람들의 버킷 리스트에 오른다. 파리에서 한 달을 살아보려면 어떤 것들을 생각해야 할까?

숙소 - 프랑스에 거주하는 한인을 위한 온라인 커뮤니티 프랑스존(www.francezone.com)에서 많은 정보를 얻을 수 있다. 방학이나 개인 사정으로 잠깐 한국에 들어오는 유학생들이 집을 임대하니 에어비앤비보다 쉽게 숙소를 구할 수 있다. 숙소 말고도 채용, 투어 서비스 광고 등 다양한 이야기를 나누는 사이트다.

교통 - 한 달 이상 체류한다면 증명사진을 가지고 나비고 패스를 만드는 편이 경제적이다. 1개월 패스는 그 전달의 20일부터 구입할 수 있고 해당 월의 19일까지 유효하다. 일주일 패스는 그 전주 금요일에 판매가 시작되고 해당 주의 목요일까지 유효하다. 많은 메트로 역과 ATM, 홈페이지에서 구입할 수 있다. 좀 더 자세한 사항은 www.ratp.fr/en/titres-et-tarifs/navigo-monthly-and-weekly-travel-passes 참고.

식사 - 프랑프리Franprix, 모노프리Monoprix, 까르푸Carrefour 등의 슈퍼마켓은 동네마다 있다. 냉동식품 전문 체인인 피카드Picard도 알아두면 좋다. 비닐봉지는 유료이고 장을 많이 보면 불편하기도 하여 대부분 장 본 물건을 담을 가방을 가지고 온다. 일요일에는 문을 열지 않는다. 더욱 신선한 식재료를 원하면 주기적으로 서는 동네 시장을 찾아가보자. 식료품 가격은 한국과 비슷하거나 오히려 더 싼 편이다.

1년 체류 - 2009년부터 프랑스와 워킹 홀리데이 협정을 맺으면서 만 18~30세의 한국인은 평생 한 번은 프랑스 워홀을 떠날 수 있게 되었다. 하지만 프랑스어가 유창하지 않으면 현지에서 할 수 있는 일이 한정되기에 프랑스 워홀로 돈을 벌어 간다거나 하기는 어렵다. 1년 동안 프랑스를 여행하는 비자를 받았다고 생각하는 편이 더 맞겠다. 어학원에 다니거나 가까운 이웃 나라로 여행을 갈 수도 있고, 학생 비자를 받는 것보다 훨씬 간편하니 장기 체류를 원한다면 워홀 비자를 고려해보아도 좋다.

택스 리펀 Tax Refund

여행지에서 구입한 물품을 자국으로 가져가는 조건으로 부가가치세VAT를 환급해주는 제도. EU에 거주하지 않고 프랑스에 6개월 미만 머무른 만 16세 이상의 외국인 여행자에 한해 같은 날 같은 상점('TAX FREE' 표시가 있음)에서 €175 이상을 구입하면 받을 수 있다. 최대 환불 금액은 €1000. 파리는 백화점을 비롯한 여러 상점에서 부가가치세 환급 혜택을 제공하며 환급율은 12% 정도다. 동일 품목 최대 15개로 한정되며 혜택을 받지 못하는 품목으로는 담배, 의약품, 자동차와 자동차 부품, 무기류, 50년 이상 된 문화재 등이 있다.

> **HOT TIP**
> 3개월 이상 장기 여행을 하는 경우 귀국일 기준 3개월 이내 구입한 물건만 가능하며 3개월 이내에 출국해야 한다. 학생 비자나 체류 비자로 6개월 이상 거주하는 사람은 받을 수 없다.

매장에서 공항까지 택시 리펀 절차

1. 물건 구입 후 환급 방법을 선택해 택스 리펀 서류 받기. 서류는 물품 구입처에서 작성해준다. 환급 방법으로는 현금 또는 카드가 있고, 출국 시 공항 환급 사무소에서 직원과 대면하여 받을 것인지 PABLO라는 기계를 이용하여 바코드를 찍고 환급받을 것인지도 선택한다. 혹시 모르니 세관에 가기 전에 모든 영수증은 사진을 찍어두자.

2. 출국 시 공항의 택스 리펀 사무소에서 물건과 영수증 대조 후 택스 리펀 서류에 도장 받기. 택스 리펀은 유럽을 떠날 때 마지막 EU 국가의 택스 리펀 사무소에서 받아야 한다. 파리가 마지막 일정이라면 파리 공항에서, 다른 유럽연합 국가를 여행하고 귀국한다면 해당 마지막 나라의 공항에서 도장을 받는다. 구매 품목은 미리 수화물로 보내지 않고 세관원의 확인 후 부쳐야 한다. 내용물을 확인하니 한 가방에 담아가면 편리하다.

3. 도장을 받은 택스 리펀 서류를 가지고 또는 PABLO 터치 스크린을 이용해 바코드를 스캔하고 도장과 동일한 OK 메시지를 받고 세금 환급소를 찾아 선택한 방법에 따라 환급을 완료한다. 신용카드 환급은 1~3개월 소요되며 서류에 적힌 번호로 진행 상황을 조회할 수 있다. 현금 환급의 경우 Travelex 사무소로 이동해 바로 현금으로 받는다.

> **HOT TIP**
> **파블로 PABLO란?**
> 영어, 스페인어, 중국어, 일본어, 러시아어, 프랑스어 등을 지원하는 자동화된 환급 기기로 환급 사무소 내에 비치되어 있다. 보통 택스 리펀 서류, 영수증, 환급용 봉투를 주는데, 택스 리펀 서류에는 구입한 물건의 제품명, 날짜, 영문 이름, 여권 번호, 환급받는 방법(카드 또는 현금), 환급액이 적혀 있다. 개인 보관용 영수증은 한국으로 입국 시 세관 신고에 필요하므로 반드시 갖고 있어야 한다.

현금으로? 카드로?

현금으로 환급을 신청하면 카드 환급보다 1% 정도 추가로 수수료를 공제하고 현장에서 바로 환급을 해준다. 보통 공항의 세관 바로 옆에 택스 리펀 대행사 사무실이 있다. 이곳에 세관 확인 도장을 찍은 택스 리펀 서류를 제출하면 바로 현금으로 환급받을 수 있다. 몇몇 공항에서는 현금 환급 시 한국 돈으로 주기도 하는데, 유로화로 받아 한국에서 환전하는 편이 낫다.

카드로 신청하면 공항에서 세관 확인 도장을 받은 택스 리펀 서류를 환급용 봉투에 넣고 해당 대행사의 공항 우편함에 넣으면 된다. 보통 환급까지는 1~3개월 정도 소요된다. 카드 환급의 경우 택스 리펀 서류에 적힌 환급액 전부를 받을 수 있다. 환급 완료까지 긴 절차를 거치고 싶지 않다면 약간의 수수료 손해를 보더라도 바로 환급받는 현금 환급이 편리하다. 하지만 현금 환급의 경우 사람이 많으면 줄을 서서 기다려야 한다.

택스 리펀 금액 확인하기

택스 리펀(세금 환급)을 받아보면 막상 환급된 금액이 명시된 부가세율과 일치하지 않는데 택스 리펀 업무를 담당하는 대행사가 7~8% 정도의 수수료를 공제하기 때문이다. 대표적인 택스 리펀 대행사로는 글로벌 블루 Global Blue(www.planetpayment.com/en/shoppers)와 프리미어 PREMIER(premiertaxfree.com)가 있다. 돌려받을 수 있는 정확한 환급 금액은 택스 리펀 서류에 적혀 나오는데 그전에 미리 알고 싶다면 웹사이트 www.globalblue.com/tax-free-shopping/refund-calculator에서도 확인할 수 있다.

공항에서의 주의 사항

- 일반적으로 비행기 이륙 시간보다 2시간 정도 일찍 공항에 도착하는 것에 더해, 1시간~1시간 30분 정도 더 일찍 도착해야 한다. 특히 중국인 관광객이 많아지면서 택스 리펀 절차에 더욱 많은 시간이 소요된다.
- 아무리 바빠도 택스 리펀 서류에 세관의 확인 도장을 받아야 한다. 현지 공항에서 현금 환급을 받을 시간이 없거나 택스 리펀 서류를 우편함에 넣지 못한 경우, 한국에 돌아와서 국제우편으로 발송할 수 있다. 프리미어 PREMIER의 경우 하나은행 전 지점에서 프리미어 택스 리펀을 진행해주기 때문에 택스 리펀 서류와 영수증, 여권 또는 신분증을 갖고 가면 €4~5 정도의 수수료를 공제하고 택스 리펀을 받을 수 있다. 글로벌 블루 Global Blue의 경우 서류를 국제우편으로 보내고 메일을 보내 문의하면 처리가 가능하다.

VAT 환급 사무소

샤를 드골 공항
- 터미널 1 : CDGVAL, 6번 홀
- 터미널 2A : 출국 층, 5번 게이트
- 터미널 2C : 출국 층, 12번 게이트
- 터미널 2D : 출국 층, 6번 게이트
- 터미널 2E : 출국 층, 4번 게이트
- 터미널 2F : 도착 층 | 터미널 3 : 출국 층

오를리 공항
- 남 터미널 출국 층 G 게이트 | 서 터미널 도착 층 E 게이트

스마트폰 사용하기

아무리 일상 탈피를 위한 여행이라도 휴대폰을 사용할 일은 생각보다 많다. 모르는 곳에서 당황스러운 상황에 의지할 것은 온라인상의 정보뿐일 때도, 여행의 행복한 순간을 한국에 있는 소중한 사람들과 사진이나 음성을 통해 나누고 싶은 순간도 있다. 하지만 여행을 마친 후 요금 폭탄을 맞지 않기 위해 경제적인 요금제와 SIM 카드 사용법을 알아두자.

통신사 로밍

한국에서 본인이 사용하는 통신사의 로밍 서비스. 파리 도착 시 자동으로 통신사에서 프랑스에서 수신, 발신하는 문자, MMS, 통화에 대한 요금을 알리는 문자를 보내주니 이에 따라 이용한다. 자동 로밍이 된 상태에서 전화나 문자를 사용하지 않더라도 애플리케이션, 인터넷을 사용하면 데이터를 소비하니 주의한다. 휴대폰 설정 메뉴에서 데이터 서비스를 해지하고 Wi-Fi만 켜놓으면 무선 인터넷을 제공하는 숙소나 카페에서만 데이터를 필요로 하는 애플리케이션과 서비스를 사용하니 문제없다.
SKT www.sktroaming.com | KT product.olleh.com | LG U+ www.uplus.co.kr

SIM 카드

미리 준비를 해야 마음이 놓이는 여행자들의 경우 국내에서 미리 해외에서 사용할 유심을 사가도 되고, 공항이나 시내의 통신사 지점에서도 쉽게 구입할 수 있다. 유의할 점은 유심을 바꿔 사용하면 전화번호도 바뀐다는 점이다. 한국에서 쓰던 번호로 연락을 취하면 받을 수 없으니 지인들에게 바뀐 번호를 알려줘야 한다. 구입 시 보상, 교환 정책도 잘 알아보자. 프랑스 통신사 오항쥬 Orange 10G 유심이 가장 혜택이 좋은 심으로 인기가 많다.

HOT TIP

- **데이터 차단**
데이터를 사용하고 싶지 않다면 이동통신사에 '데이터 로밍 차단 서비스(무료)'를 신청하거나 환경 설정에서 '데이터 로밍 비활성화'를 체크하면 데이터 로밍을 차단할 수 있다.

- **애플리케이션 자동 업데이트 해지**
Wi-Fi가 잡혔을 때만 업데이트가 되도록 앱 설정한다. 업데이트도 데이터를 대량으로 사용한다.

- **부정 사용 피해 요금 보상 서비스**
LG U+는 해외에서 휴대전화(유심)을 도난, 분실 시 발생하는 부정 사용 피해 요금을 보상해주는 보험 서비스를 제공한다. 휴대전화 분실 후 24시간 이내에 LG 유플러스 고객 센터(+82-2-3416-7010)로 분실 신고 및 정지 요청을 하면 30만 원을 초과해 발생한 금액에 대해 면제를 받는다.

- **휴대폰 도난에 대비한 비밀번호 설정**
개인 신상과 관련한 정보를 쉽게 도난당하지 않기 위해 비밀번호 설정을 권한다.

대표적인 국내 구매처
오봉파리 www.obonparis.com | 소쿠리패스 www.socuripass.com
유심스토어 www.usimstore.com | 유심플러스 www.usimplus.com
유심월드 www.usimworld.co.kr

파리 다음 여행지는 어디?

지평선 너머로 펼쳐진 라벤더 꽃밭처럼
구석구석 재미난 이야기를 간직한 프랑스 여행
샬레와 함께 프랑스 남부의 보석같은 도시
프로방스에 방문해 보세요.

FRANCE TRAVEL

소도시 방문까지 렌터카와 단독가이드 이용으로 편리하게,
전문가가 알아서 맞춰주는 간편한 여행준비 샬레트래블앤라이프

Chalet
TRAVEL & LIFE
www.chalettravel.kr

파리 전도

- 뱅센 성 **P.56** / Château de Vincennes
- 뱅센 숲 **P.56** / Bois de Vincennes
- 르 제니스 파리 - 라 빌레트 **P.50, P.65** / Le Zénith Paris - La Villette
- 파리 필하모니 **P.211** / Philharmonie de Paris
- 마마 셸터 **P.236** / Mama Shelter
- 시네마테크 프랑세즈 **P.190** / Le Musée de la Cinémathèque Française
- 베르시 공원 **P.190** / Parc de Bercy
- 베르시 빌리지 **P.191** / Bercy Village
- 놀이공원 박물관 **P.191** / Musée des Arts Forains
- 라 퀴르 구르망드 **P.191** / La Cure Gourmande
- 엘리스 델리스 **P.191** / Alice Délice
- 라 빌레트 과학 산업관 **P.210** / Cité des Sciences et de l'Industrie
- 라 빌레트 공원 **P.210** / Parc de la Villette
- 음악 박물관 **P.211** / Musée de la Musique
- 페르 라셰즈 묘지 **P.62** / Cimetière du Père Lachaise
- 조세핀 베이커 수영장 **P.201** / Piscine Joséphine Baker
- 프랑수아 미테랑 도서관 **P.198** / Bibliothèque François-Mitterrand
- 페르실레 콤투아 아 비앙드 **P.201** / Persillé - Comptoir à Viande
- 생투앙 벼룩시장 **P.142** / Marché aux Puces de St. Ouen
- 사크레쾨르 대성당 / Basilique du Sacré-Cœur
- 파리 01
- 파리 03
- 루브르 박물관 / Musée du Louvre
- 노트르담 대성당 / Cathédrale Notre-Dame de Paris
- 파리 05
- 카타콩 **P.200** / Les Catacombes
- 방브 벼룩시장 March **P.143** / Marché aux Puces de la Porte de Vanves
- 에투알 개선문 / L'Arc de Triomphe de l'Étoile
- 파리 02
- 오르세 미술관 / Musée d'Orsay
- 에펠탑 / La Tour Eiffel
- 파리 04
- 몽파르나스 타워 / Tour Montparnasse
- 라 카브 데 파피유 **P.115** / La Cave des Papilles
- 루이 비통 재단 미술관 **P.55** / Fondation Louis Vuitton
- 샬레 데 일 **P.55** / Le Chalet des Îles
- 발자크의 집 **P.43** / Maison de Balzac
- 자유의 여신상 **P.200** / Statue de la Liberté
- 앙드레 시트로엥 공원 / Parc André Citroën
- 홀리데이 카페 **P.94** / Holiday Café
- 라 그랑 아쉬 드 라 데팡스 **P.208** / La Grande Arche de la Défense
- 세자르의 엄지손가락 **P.209** / Le Pouce de César
- 신산업 기술 센터 **P.209** / CNIT
- 쿨도미의 붉은 거미 **P.209** / Araignée Rouge Calder
- 라 데팡스 광장 **P.209** / Parvis de La Défense
- 레 카트르 탕 **P.209** / Les Quatre Temps
- 불로뉴 숲 **P.54** / Bois de Boulogne
- 파리 프랑스 공원 **P.50, P.58** / Parc des Princes

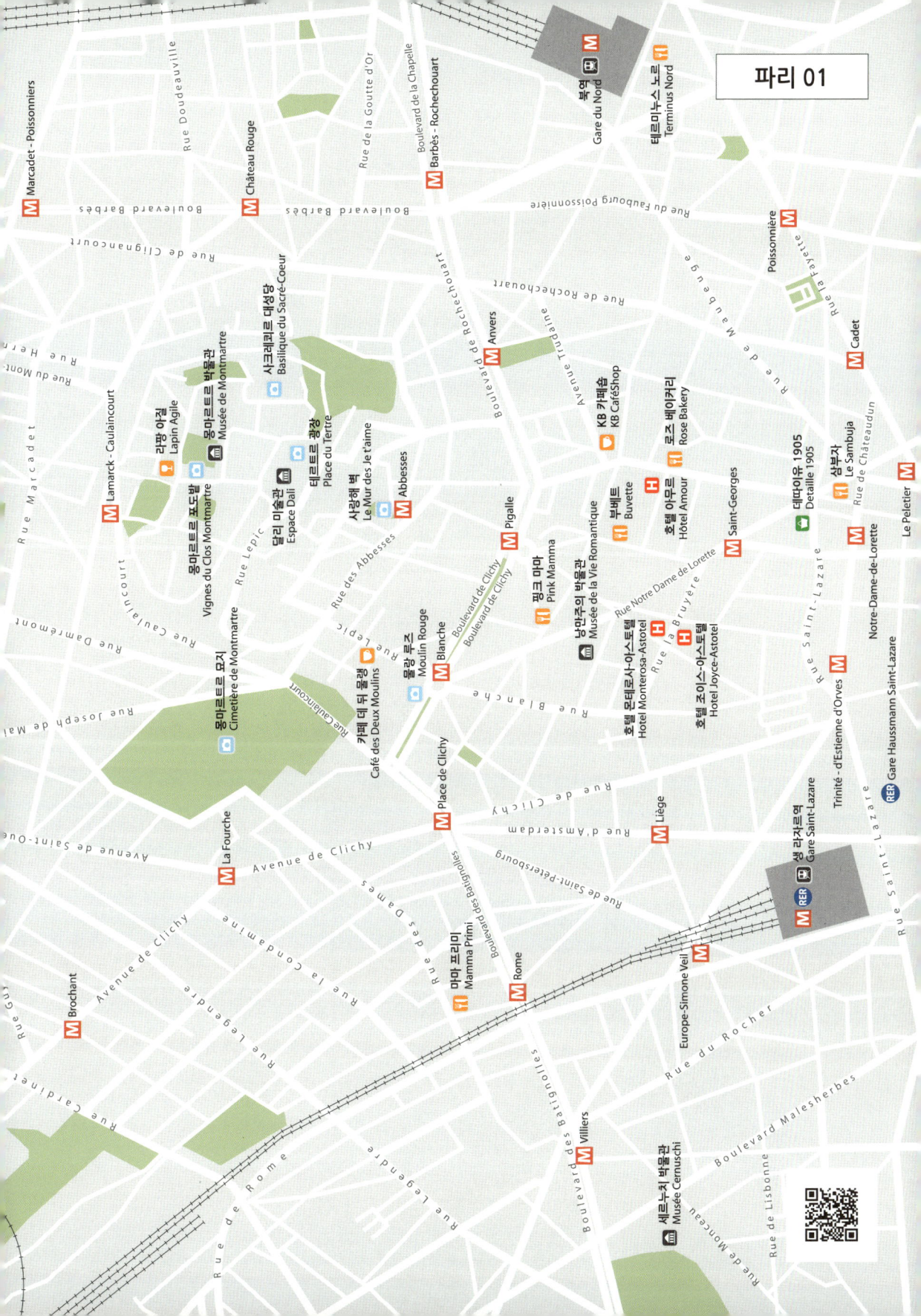

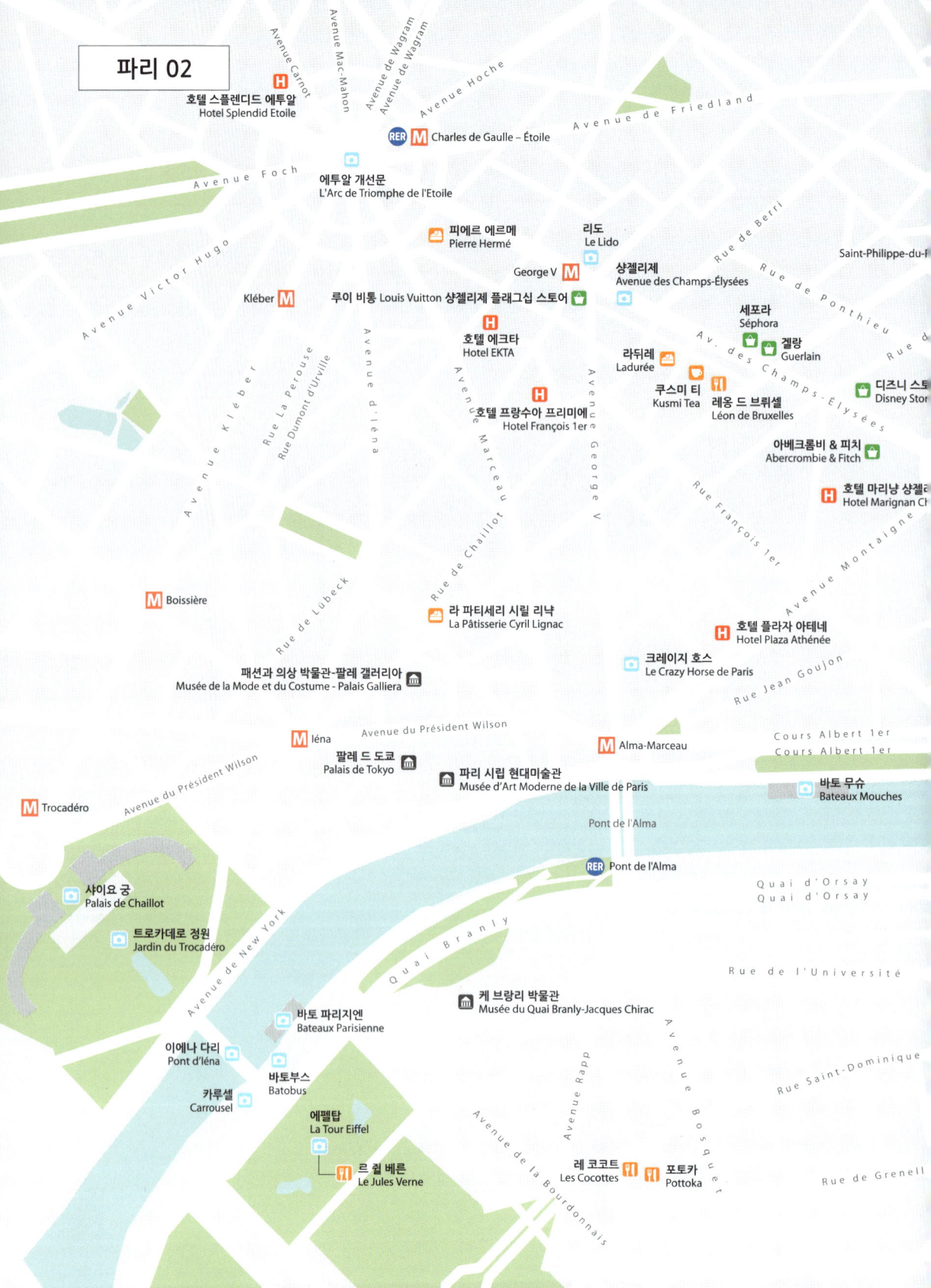

살레트래블북

PARIS
파리

초판 발행 2018년 12월 1일
개정 1판 발행 2020년 6월 1일

글 | 맹지나
사진 | 맹지나
펴낸곳 | ㈜샬레트래블앤라이프
편집 | 우지선
디자인 | 최윤선
지도 | 김선애
출판등록 | 제313-2009-66
주소 | 서울시 마포구 서교동 어울마당로 5길 26. 1~5F
전화 | 02-323-1280
판매문의 | 02-336-8851 shop@chalettravel.kr
내용문의 | travelbook@chalettravel.kr

ISBN 979-11-88652-23-5(13920)
값 16,000원

CHALET Travel Book은 ㈜샬레트래블앤라이프의 출판브랜드입니다.

이 책의 저작권은 저작권법에 보호받는 저작물이므로 무단 전재와 무단 복제를 금합니다.
잘못된 책은 구입하신 곳에서 교환해 드립니다.

www.chalettravel.kr